ई.वी.एम.

ई.वी.एम.

इलेक्ट्रॉनिक वोटिंग मशीन की सच्ची कहानी

आलोक शुक्ला

प्रकाशक • **प्रभात प्रकाशन प्रा. लि.**
4/19 आसफ अली रोड,
नई दिल्ली–110002

संस्करण • 2025
मूल्य • चार सौ रुपए
मुद्रक • सीता फाईन आर्ट, प्रा॰ लि॰, दिल्ली

E.V.M. (Electronic Voting Machine) *by* Shri Alok Shukla ₹ 400.00
Published by Prabhat Prakashan Pvt. Ltd., 4/19 Asaf Ali Road, New Delhi-2
by arrangement with Leadstart Publishing Pvt. Ltd., Mumbai
e-mail: prabhatbooks@gmail.com ISBN 978-93-5322-636-7

मेरी आत्मा और प्रेरणा
रेखा के लिए

प्राक्कथन

भारत एक विविधता से भरा देश है, जिसमें एक सुव्यवस्थित, स्थिर, जीवंत और विशाल लोकतंत्र है। इसकी प्रजातांत्रिक परंपरा को सुदृढ़ बनाने के लिए स्वतंत्र और निष्पक्ष चुनाव आवश्यक हैं। ठीक ही कहा गया है कि निर्वाचन ही प्रजातंत्र की नीव है। भारत के चुनाव पूरे विश्व में स्वतंत्र, निष्पक्ष, विश्वसनीय और जनभागीदारीपूर्ण माने जाते हैं। सच यह है कि यहाँ पर चुनाव 'लोकतंत्र का त्योहार' हैं, जो एक प्रकार से बैलेट की शक्ति से अपना भाग्य स्वयं लिखने की लोगों की अदम्य भावना का जश्न हैं। भारत निर्वाचन आयोग लोगों के अपने प्रतिनिधि चुनने के अधिकार की पुरजोशी से सुरक्षा करनेवाली तथा निष्पक्षता से चुनाव करानेवाली संवैधानिक संस्था है।

भारत में चुनावों का इतिहास प्राचीन काल तक जाता है। स्वतंत्रता आंदोलन ने अंग्रेजों को बाध्य किया कि वे ब्रिटिश संसद् द्वारा समय-समय पर पारित भारत सरकार अधिनियमों के माध्यम से भारत में प्रजातंत्र लाएँ, परंतु ब्रिटिश काल में मतदान का अधिकार सभी नागरिकों को नहीं दिया गया था। संपत्ति और शैक्षणिक अर्हताओं आदि के आधार पर केवल कुछ ही लोगों को मतदान का अधिकार मिला था। समावेशन और निर्वाचन की प्रक्रिया में सभी अर्ह नागरिकों की साझेदारी के विचार स्वतंत्रता आंदोलन के दौरान बढ़े।

1947 में स्वतंत्रता प्राप्ति और 1950 में संविधान को अंगीकार करने से भारत एक गणतंत्र बन गया। इसके साथ सार्वभौमिक वयस्क मताधिकार की संकल्पना भी अंगीकार की गई। देश में उस समय व्याप्त गरीबी और निरक्षरता के कारण पश्चिम में भारत की इस संकल्पना की बड़ी आलोचना की गई, परंतु निर्वाचित लोकतंत्र की सफलता ने इन चिंताओं को निर्मूल कर दिया है। भारत निर्वाचन आयोग की स्थापना 25 जनवरी, 1950 में एक स्वतंत्र संवैधानिक प्राधिकारी के रूप में की गई। आयोग ने पहले दो सामान्य निर्वाचन 1952 एवं 1957 में प्रत्येक प्रत्याशी के लिए पृथक् मत-पेटी का उपयोग करके

कराए। आयोग ने 1962 में पहली बार मतदाता का विकल्प अंकित करने के लिए मत-पत्रों का उपयोग किया।

मत-पत्रों की अपनी अलग ही समस्याएँ थीं। कभी-कभी मतदाताओं द्वारा मत-पत्रों में गलत प्रकार से मोहर लगा देने के कारण निरस्त किए गए मत-पत्रों की संख्या जीत के अंतर से भी अधिक हो जाती थी, जिससे जनता की इच्छा का निरादर होने की आशंका थी। मत-पत्रों की छपाई और उनका उपयोग करने की प्रणाली आसान नहीं थी और महँगी तथा लंबी भी थी। समय के साथ कुछ निर्वाचन कदाचार भी उत्पन्न हो गए, जिनसे चुनावों की प्रामाणिकता पर असर पड़ने लगा। इसलिए आयोग ने प्रौद्योगिकी में उन्नति का उपयोग करके मत-पत्रों के स्थान पर इलेक्ट्रॉनिक मतदान प्रणालियों पर विचार करना प्रारंभ कर दिया। निर्वाचन आयोग द्वारा इलेक्ट्रॉनिक वोटिंग मशीनों का उपयोग करने से निर्वाचन प्रणाली में सार्थक सुधार हुआ, जिससे निर्वाचन प्रबंधन का सरलीकरण हुआ तथा निर्वाचन कदाचारों की संभावनाओं को कम किया जा सका।

आयोग ने प्रक्रिया को पूर्ण करके और सभी हितधारकों, विशेष रूप से राजनीतिक दलों से लंबा विचार-विमर्श करने के उपरांत एक कार्यपालिक आदेश द्वारा अस्सी के दशक के प्रारंभ में इलेक्ट्रॉनिक वोटिंग मशीनों का उपयोग करना शुरू किया, परंतु 1984 में एक न्यायालयीन निर्णय के उपरांत ई.वी.एम. का उपयोग लंबे समय के लिए स्थगित रखा गया। मशीनों का उपयोग दोबारा तभी प्रारंभ किया गया, जब संसद् ने इसके लिए कानून बनाया और चुनाव सुधारों पर बनाई गई दिनेश गोस्वामी समिति ने तकनीकी परीक्षण के बाद मशीनों को पूरी तरह से सुरक्षित और छेड़छाड़ से मुक्त बताया।

सन् 1988 में संसद् द्वारा कानून बना दिए जाने के बाद और दिनेश गोस्वामी समिति द्वारा इन्हें पूरी तरह सुरक्षित बताए जाने के बाद भी निर्वाचन आयोग ने तेजी से ई.वी.एम. का उपयोग करना शुरू नहीं किया, बल्कि राजनीतिक दलों के साथ विमर्श जारी रखा। 1988 से आयोग ने धीरे-धीरे कुछ निर्वाचन क्षेत्रों में इनका उपयोग करना प्रारंभ किया। मतदाताओं और राजनीतिक दलों में इनकी लोकप्रियता को दृष्टिगत रखते हुए आयोग ने वर्ष 2004 में पहली बार लोकसभा के सामान्य निर्वाचन में पूरे देश में ई.वी.एम. का उपयोग करने का ऐतिहासिक निर्णय लिया। अभी तक 3 संसदीय सामान्य निर्वाचन और 107 विधानसभा निर्वाचन में आयोग ने ई.वी.एम. का उपयोग करके कराए हैं। देश में सभी चुनाव अब ई.वी.एम. से ही कराए जाते हैं।

दुर्भाग्य से चुनावों में ई.वी.एम. का उपयोग विवादों से मुक्त नहीं रहा है। कुछ राजनीतिक दलों और कार्यकर्ताओं ने ऐसी आशंकाएँ व्यक्त की हैं कि ई.वी.एम. के साथ छेड़छाड़ की जा सकती है और उन्हें किसी प्रत्याशी के पक्ष में परिणाम लाने

के लिए परिवर्तित किया जा सकता है। पिछले 2 दशकों से ऐसा देखा जा रहा है कि यदि राजनीतिक दलों की अपेक्षा के अनुरूप परिणाम नहीं आते तो वे चुनावों में अपनी हार का दोष ई.वी.एम. पर मढ़ देते हैं। दूसरी ओर इन्हीं ई.वी.एम. से कराए गए चुनावों में सत्ताधारी दल चुनाव हारे और जीते भी हैं। भारत के लोगों ने ई.वी.एम. और निर्वाचन आयोग द्वारा उनके उपयोग पर विश्वास व्यक्त किया है। हाल के वर्षों में बढ़ते हुए मतदान के प्रतिशत से यह सिद्ध है। निर्वाचन आयोग ई.वी. एम. के उपयोग की प्रशासनिक और सुरक्षा प्रक्रियाओं में कसावट लाया है। तकनीकी सलाहकार समिति की सलाह पर ई.वी.एम. के डिजाइन में तकनीकी सुधार किए गए हैं। उच्च न्यायपालिका ने ई.वी.एम. की कार्यप्रणाली पर संतुष्टि व्यक्त की है और अनेक याचिकाएँ आधारहीन होने के कारण खारिज कर दी हैं।

निर्वाचन आयोग द्वारा अवसर दिए जाने के बावजूद कोई भी व्यक्ति अभी तक ई.वी.एम. में किसी भी प्रकार की कमजोरी नहीं दिखा सका है। भारत निर्वाचन आयोग ने कई बार पहले 2009 में और फिर 2017 में ई.वी.एम. पर लगे आरोपों पर विराम लगाया है। फिर भी ई.वी.एम. के विवाद मिटने का नाम ही नहीं लेते हैं और लगभग प्रत्येक चुनाव के बाद वापस आ जाते हैं। समाचार माध्यमों में भी ई.वी.एम. हैकिंग की संभावनाओं की कहानियाँ छपती रहती हैं। राजनीतिक वाद-विवाद का अंत अकसर किसी-न-किसी के द्वारा ई.वी.एम. पर दोषारोपण से ही होता है।

सोशल मीडिया भी चुनाव के दौरान ई.वी.एम. में आई खराबियों की असत्यापित रिपार्टों से भरा हुआ है। इस पुस्तक में यह बताया गया है कि ई.वी.एम. को हैक करना और चुनावों में ई.वी.एम. से वोट चुराना क्यों संभव नहीं है। इस बीच कुछ राजनीतिक दलों ने ई.वी.एम. के गरमी और प्रकाश के प्रति अतिसंवेदनशीलता की आशंकाओं के चलते उन्हें छोड़ने और मत-पत्रों की वापसी करने की माँग उठाई है।

ई.वी.एम. से संबंधित विवादों के फलस्वरूप वर्ष 2013 में सर्वोच्च न्यायालय ने एक निर्णय दिया, जिसमें लोगों का विश्वास ई.वी.एम. में और बढ़ाने के लिए भारत निर्वाचन आयोग को वोटर वेरिफाइड पेपर ऑडिट ट्रेल (वीवीपैट) का क्रियान्वयन चरणबद्ध तरीके से करने के आदेश दिए गए। मई 2017 में, जब मैं मुख्य निर्वाचन आयुक्त था, राजनीतिक दलों से विचार-विमर्श के बाद यह घोषणा की गई कि इसके बाद के सभी चुनाव 100 प्रतिशत वीवीपैट का उपयोग करके ई.वी.एम. से कराए जाएँगे और ई.वी.एम. में दर्शित परिणाम की तुलना करने के लिए कुछ प्रतिशत वीवीपैट पर्चियाँ भारत निर्वाचन आयोग द्वारा निर्धरित प्रक्रिया से गिनी जाएँगी। मैं समझता हूँ कि इन दो नए उपायों को अमल में लाने के बाद अब ई.वी.एम. से संबंधित सभी आशंकाएँ समाप्त हो जानी चाहिए।

इस पृष्ठभूमि में जब इस वर्ष मई माह में डॉ. आलोक शुक्ला ने मुझसे उनकी आनेवाली पुस्तक का प्राक्कथन लिखने का अनुरोध किया तो मुझे बहुत खुशी हुई और पुस्तक की पांडुलिपि को पढ़ने की इच्छा बलवती हुई।

डॉ. शुक्ला ने ई.वी.एम. और वीवीपैट के सभी पहलू इस पुस्तक में बिना तकनीकी शब्दजाल का उपयोग किए इस तरह बताए हैं कि देश के साधारण मतदाता को आसानी से समझ में आ सकें। यह पुस्तक ई.वी.एम. पर तकनीकी आलेख नहीं है। जहाँ आवश्यक हुआ है, वहाँ सरल तकनीकी विवरण दिए गए हैं, परंतु इस पुस्तक की आत्मा ई.वी.एम. के विकास, इसे विकसित करनेवाले वैज्ञानिकों और निर्वाचन प्रशासकों द्वारा झेली गई कठिनाइयों, उनकी प्रारंभिक निराशा और मायूसी तथा सफलता पाने पर प्रसन्नता और रोमांच और साथ ही ई.वी.एम. से जुड़े विवादों की कहानी है। यह पुस्तक ई.वी.एम. के विरोध तथा भारत निर्वाचन आयोग के भीतर और बाहर इस पर हुई चर्चाओं तथा वाद-विवाद की कहानी भी कहती है, जो कुछ अवसरों पर देश की सीमाओं के बाहर तक भी गया है। यह भी महत्त्वपूर्ण है कि ई.वी.एम. के विरोधियों के आरोपों को भी इस पुस्तक में पर्याप्त और उचित स्थान दिया गया है। आलोक ने प्रत्येक आरोप का विस्तार से विवरण देकर सरल भाषा में समझाया है कि वह क्यों सच नहीं है। यह पुस्तक पर्याप्त शोध तथा ई.वी.एम. बनानेवाले वैज्ञानिकों के साक्षात्कार के साथ लिखी गई है। पुस्तक में मशीन की विवेचनात्मक समालोचना भी है।

आलोक, जो एक प्रशिक्षित सर्जन हैं, ने मेरे निर्वाचन आयुक्त रहने के कार्यकाल में 2012 से 2014 तक उप-निर्वाचन आयुक्त के रूप में कार्य किया और इस दौरान वे ई.वी.एम. से संबंधित विषय आयोग में करीब से देखते थे। वे भारतीय प्रशासनिक सेवा के एक काबिल अधिकारी हैं। उनकी उपलब्धियों की लंबी सूची में प्रशासनिक उत्कृष्टता के लिए वर्ष 2010 में उन्हें मिला प्रधानमंत्री पुरस्कार शामिल है, जो उन्हें छत्तीसगढ़ राज्य में धान खरीदी तथा सार्वजनिक वितरण प्रणाली के सुधार में उनके योगदान के लिए मिला था। स्वास्थ्य के क्षेत्र में उन्होंने छत्तीसगढ़ का मितानिन कार्यक्रम प्रारंभ किया था, जो शासकीय क्षेत्र में अपनी तरह का पहला और सबसे बड़ा सामुदायिक स्वास्थ्य कार्यकर्ता कार्यक्रम माना जाता है। भारत निर्वाचन आयोग में उन्हें निर्वाचकों का राष्ट्रीय डेटाबेस बनाने, उसे सुधारने तथा ई.वी.एम. में सुधार एवं वीवीपैट के निर्माण में योगदान के लिए जाना जाता है। उनकी पुस्तक 'एंबुश टेल्स ऑफ बैलेट' काफी चर्चित रही है।

इस पुस्तक को लिखने में किया गया कठिन श्रम और शोध प्रशंसनीय है। प्रत्येक अध्याय के साथ संदर्भों की एक लंबी सूची दी गई है। पुस्तक में शोधपत्र, समाचार माध्यम और निर्वाचन आयोग की वेबसाइट सहित विश्वसनीय स्रोतों के उद्धरण हैं।

राजनीतिक दलों के बदलते कथनों का अध्याय विशेष रूप से दिलचस्प है। 2 राष्ट्रीय निर्वाचन, एक दर्जन से अधिक राज्यों के साधारण निर्वाचन और अनेक उप-चुनाव कराने के अपने अनुभव का भरपूर उपयोग आलोक ने इस पुस्तक में किया है।

यह पुस्तक बिना तकनीकी शब्दजाल और बिना कानूनी बारीकियों का उपयोग किए ई.वी.एम. और वीवीपैट की कार्यप्रणाली की एक झलक दिखलाती है। मुझे विश्वास है कि यह पुस्तक ई.वी.एम. और वीवीपैट के सभी पहलुओं के संबंध में पाठकों की जिज्ञासा शांत करने के लिए तथ्यात्मक जानकारी देगी और ई.वी.एम. तथा वीवीपैट की कार्यप्रणाली से संबंधित विवादों और संदेहों का पटाक्षेप भी कर देगी। पाठक को यह पुस्तक पढ़ने में अवश्य ही आनंद आएगा।

—नसीम जैदी

भारत के पूर्व मुख्य निर्वाचन आयुक्त

भूमिका

'क्या ई.वी.एम. से छेड़छाड़ संभव है या ये पूर्ण सुरक्षित हैं?' इस प्रश्न का उत्तर मैंने पिछले कुछ वर्षों में सैकड़ों बार दिया होगा। पहले छत्तीसगढ़ के मुख्य निर्वाचन पदाधिकारी और फिर भारत के उप-निर्वाचन आयुक्त के रूप में काम करने का एक परिणाम यह हुआ कि समय-असमय मुझे चुनावों में कदाचार की संभावनाओं से संबंधित सवालों के उत्तर देने पड़ते हैं। ई.वी.एम. से संबंधित सवालों के उत्तर देना सबसे चुनौतीपूर्ण है, क्योंकि उनमें लंबे और मुश्किल तकनीकी विवरण देने की आवश्यकता होती है और लोग अकसर कुछ ही समय में बोर होकर दूसरी बातें करने लगते हैं। ठीक प्रकार से समझ में न आने के बावजूद या फिर शायद इस कारण से ही, ई.वी.एम. से छेड़छाड़ के सवाल चुनाव के समय सार्वजनिक मंचों पर वाद-विवाद का विषय बने रहते हैं। राजनीतिक दलों द्वारा अपनी हार का दोष ई.वी.एम. पर मढ़ना रिवाज सा बन गया है। इस पुस्तक में ई.वी.एम. से संबंधित तथ्यों को सरल तरीके से दिया गया है, जिससे पाठक आरोप-प्रत्यारोप के परे जाकर तथ्यों के आधार पर स्वयं निष्कर्ष निकाल सकें।

ये आरोप-प्रत्यारोप कोई नई बात नहीं हैं। लगभग सभी राजनीतिक दलों ने कभी-न-कभी अपनी हार के लिए ई.वी.एम. को दोष दिया है। फिर भी ई.वी.एम. लंबे समय से कायम रही है और भारत की जनता का विश्वास जीतने में कामयाब भी रही है। ई.वी.एम. का उपयोग प्रथम बार प्रयोगात्मक रूप से 19 मई, 1982 को केरल राज्य के 70-परूर विधानसभा क्षेत्र के 50 मतदान केंद्रों पर किया गया था। इसके बाद निर्वाचन आयोग ने 1982-83 में विभिन्न राज्यों के 10 और विधानसभा क्षेत्रों में ई.वी.एम. का उपयोग किया। इन चुनावों में ई.वी.एम. का उपयोग बिना किसी वैधानिक प्रावधान के निर्वाचन आयोग के कार्यपालक आदेश के आधार पर किया गया था। 1984 में सर्वोच्च न्यायालय ने निर्णय दिया कि जब तक संसद् द्वारा इनके उपयोग के लिए कानून न बनाया जाए, तब तक इनका उपयोग नहीं किया जा सकता। इसलिए इसके बाद लंबे समय तक ई.वी.एम. का उपयोग नहीं हुआ। कानून में संशोधन अंततः संसद् द्वारा 1988 में किया गया, जब लोक प्रतिनिधित्व

अधिनियम, 1951 में धारा 61 क जोड़कर निर्वाचन आयोग को ई.वी.एम. का उपयोग करने की अनुमति दी गई। यह संशोधन 15 मार्च, 1989 से लागू हुआ। सर्वोच्च न्यायालय ने धारा 61 क की संवैधानिक वैधता को दिनांक 23-04-2001 (2002 UJ (1) 387) के अपने निर्णय में सही ठहराया। धीरे-धीरे भारत निर्वाचन आयोग ने चुनावों में ई.वी.एम. के उपयोग को बढ़ाया। आज सभी लोकसभा और विधानसभा चुनाव ई.वी.एम. से ही कराए जाते हैं। इसके अतिरिक्त राज्य निर्वाचन आयोगों द्वारा कराए जानेवाले अनेक स्थानीय चुनावों में भी ई.वी.एम. का उपयोग किया जाता है।

ई.वी.एम. के उपयोग ने भारत की जटिल निर्वाचन प्रणाली का सरलीकरण किया है। मत-पत्रों के समय बूथ कैप्चरिंग की अनेक शिकायतें मिलती थीं। भारत के लोग मेहम में पुलिसवालों द्वारा मत-पत्रों पर मोहर लगाने की तसवीरों को आसानी से नहीं भूलेंगे। मत-पत्रों की गिनती में अनेक दिन लग जाते थे। मुझे याद है कि शिवपुरी जिले के कलेक्टर के रूप में जब मैंने अपना पहला लोकसभा चुनाव कराया था तो अनेक दल लगातार कई शिफ्ट में काम कर रहे थे, फिर भी हमें सभी मत-पत्रों की गिनती करके परिणाम घोषित करने में 48 घंटे का समय लगा था। कई मत-पत्र संदिग्ध रूप से चिह्नित होते थे, जिनके बारे में रिटर्निंग ऑफिसर को अपने विवेक से निर्णय करना पड़ता था कि वे किस प्रत्याशी के खाते में जाएँ और कई बार हारनेवाला प्रत्याशी रिटर्निंग ऑफिसर के निर्णय से संतुष्ट नहीं होता था।

ई.वी.एम. के उपयोग से अब बूथ कैप्चरिंग संभव नहीं है, क्योंकि इनमें एक घंटे में 240 वोट से अधिक नहीं डाले जा सकते। इसी प्रकार मत-पत्र पर एक से अधिक चिह्न लगाने या चिह्न बिल्कुल न लगाने की समस्या भी अब नहीं रह गई है। मतों की गिनती बहुत सरल हो गई है और परिणाम गिनती शुरू करने के 2-3 घंटे के भीतर आ जाते हैं। यह कहना अतिशयोक्ति नहीं है कि ई.वी.एम. वह जादुई मशीन है, जिसने भारत में चुनावों की प्रक्रिया में आमूल-चूल बदलाव ला दिया है। भारत में उपयोग की जानेवाली ई.वी.एम. पूरी तरह से स्वदेशी हैं और मजबूत तकनीकी सुरक्षा से युक्त हैं। तकनीकी सुरक्षा के ये पहलू इस पुस्तक में विस्तार से वर्णित हैं। यहाँ इतना कहना पर्याप्त है कि इस सुरक्षा ने ई.वी.एम. को छेड़छाड़ की संभावनाओं से पूरी तरह मुक्त कर दिया है। तकनीकी पहलुओं के अलावा प्रशासनिक सुरक्षा उपाय भी हैं, जो ई.वी.एम. की विश्वसनीयता सुनिश्चित करते हैं।

ई.वी.एम. पर संदेह व्यक्त करनेवाले प्रारंभ में वे लोग थे, जो आयोग को अपनी बनाई मशीनें बेचना चाहते थे। 1980 में तमिलनाडु के मोहम्मद हनीफा ने अपनी ईजाद की गई मशीन के लिए आयोग से संपर्क किया। जब आयोग ने लोक उपक्रमों से ई.वी.एम. खरीदने का फैसला किया तो मोहम्मद हनीफा ने मद्रास हाई कोर्ट में एक रिट

याचिका दायर की, जिसे माननीय न्यायालय ने खारिज कर दिया। 1 अप्रैल, 2005 को कृष्णा इंस्टीट्यूट ऑफ इंजीनियरिंग एंड टेक्नालॉजी गाजियाबाद ने एक अंगुलियों की छाप पर आधारित ई.वी.एम. का प्रदर्शन किया, परंतु वह आयोग को उपयोगी नहीं लगी। 28 जनवरी, 2006 को एस. बालसुब्रमणियम ने आयोग को लिखा कि उन्होंने एक उच्च तकनीक वाली वोटिंग मशीन बनाई है। इसी प्रकार जनवरी 2006 में आशीष आनंद ने आयोग को लिखा कि उन्होंने अनेक पोस्ट–ई.वी.एम. निर्वाचन संवर्धन विकसित किए हैं। 20 अप्रैल, 2006 को आनंद ने आयोग को बताया कि उन्होंने रिमोट वोटिंग की एक प्रणाली बनाई है और घरेलू उपयोग के लिए वे अपना पेटेंट ई.सी.आई.एल. और बी.ई.एल. को देने के लिए तैयार हैं।

लोकसभा निर्वाचन 2009 के तत्काल बाद ई.वी.एम. पर सवालों की बाढ़ सी आ गई। आंध्र प्रदेश में एक अशासकीय संगठन 'जन चैतन्य वेदिका' ने अनेक जिलों का दौरा करके आयोग की ई.वी.एम. जैसी दिखनेवाली नकली मशीन पर अनेक प्रदर्शन करके आयोग की ई.वी.एम. को चुनौती देना शुरू कर दिया। दिल्ली के पूर्व मुख्य सचिव ओमेश सहगल, भा.ज.पा. के किरीट सोमैया एवं विजय मुखी, सतीनाथ चौधरी, वी.वी. राव, नेट इंडिया के हरिप्रसाद, पी.एम.के. के जी.के.मणि, भारतीय प्रशासनिक सेवा के सेवानिवृत्त अधिकारी देवश्शायम, विजयेंद्र गुप्ता आदि ने ई.वी.एम. में तकनीकी कमजोरी और छेड़छाड़ की संभावनाओं के आरोप लगाए। जवाब में आयोग ने एक खुला ऑफर दिया कि कोई भी व्यक्ति आयोग के मुख्यालय में आकर आयोग की ई.वी.एम. में छेड़छाड़ का प्रदर्शन कर सकता है। उपरलिखित कुछ लोगों ने लैपटॉप, कंप्यूटर और उनके द्वारा बनाई गई मशीनों पर कुछ प्रदर्शन किए, परंतु कोई भी आयोग की ई.वी.एम. में छेड़छाड़ करके नहीं दिखा पाया। 2014 के आम चुनाव के पूर्व ये आरोप तेज हो गए। भा.ज.पा. के जी.वी. एल. नरसिम्हा राव ने 'प्रजातंत्र खतरे में—क्या हम अपनी ई.वी.एम. पर विश्वास कर सकते हैं' शीर्षक से एक पुस्तक लिखी, जिसमें उन्होंने चुनावों में ई.वी.एम. का उपयोग न करने की वकालत की थी। यह बात नोट करने योग्य है कि इस पुस्तक का प्राक्कथन भा.ज.पा. के पितृपुरुष एल.के. आडवाणी ने लिखा था।

ई.वी.एम. के विरोध का यह कोरस 2014 के लोकसभा निर्वाचन के बाद कुछ समय के लिए थम सा गया, परंतु जब बाद के चुनावों में भी विपक्षी दलों की लगातार हार होती रही तो यह विरोध फिर से जोर पकड़ने लगा। भारतीय राष्ट्रीय कांग्रेस, तृण मूल कांग्रेस, समाजवादी पार्टी, बहुजन समाज पार्टी और आम आदमी पार्टी सहित अनेक राजनीतिक दलों के नेताओं ने ई.वी.एम. पर आरोप लगाए। 2017 में दिल्ली विधानसभा में आम आदमी पार्टी ने भारत निर्वाचन आयोग की ई.वी.एम. जैसी दिखनेवाली एक मशीन पर एक

प्रदर्शन करके दावा किया कि ई.वी.एम. को हैक किया जा सकता है। यह प्रदर्शन पूरे देश में टेलीविजन चैनलों पर भी दिखाया गया। एक बार फिर निर्वाचन आयोग ने अपनी ई.वी. एम. से छेड़छाड़ का प्रदर्शन करने की खुली चुनौती दी। किसी ने भी यह चुनौती स्वीकार नहीं की। ई.वी.एम. के विरुद्ध इस प्रकार के निराधार, अस्पष्ट और तुच्छ आरोप लगाना उचित नहीं है।

अधिकांश राजनीतिक दलों ने ई.वी.एम. का विरोध बड़ी चुनावी हार के बाद ही किया है। इसमें कांग्रेस, भा.ज.पा., बसपा जैसी राष्ट्रीय पार्टियाँ और तेदेपा, टी.आर.एस. जैसी राज्य स्तरीय पार्टियाँ सभी शामिल हैं। यह बात दिलचस्प है कि चुनाव में जीत के समय ये पार्टियाँ अपना ई.वी.एम. विरोध भूल जाती हैं। 2014 के आम चुनाव के पहले ई.वी.एम. की सबसे मुखर आलोचक भा.ज.पा. थी, परंतु चुनावों में अपनी बड़ी जीत के बाद, वह ई.वी. एम. का विरोध भूल गई। राजनीतिक दलों ने अपनी चुनावी हार को समझाने का आसान उपाय ई.वी.एम. को कोसना बना लिया है। यदि ये पार्टियाँ अपनी हार का दोष ई.वी.एम. पर मढ़ने के स्थान पर हार के सही कारणों पर मनन करें तो बेहतर होगा। हमें यह नहीं भूलना चाहिए कि ई.वी.एम. के उपयोग की अनुमति संसद् द्वारा कानून में संशोधन करके दी गई है। यदि भारत के राजनीतिक दलों को वास्तव में ई.वी.एम. पर भरोसा नहीं है तो वे एक बार फिर से कानून में संशोधन संसद् में पास करके इस प्रावधान को समाप्त कर सकते हैं। ऐसा न करना इस बात का प्रमाण है कि भारत के राजनीतिज्ञ जानते हैं कि ई.वी. एम. से छेड़छाड़ संभव नहीं है और ई.वी.एम. के विरुद्ध शोर वे केवल अपने आलोचकों को चुप कराने के लिए मचाते रहते हैं।

एक अन्य दिलचस्प बात विदेशी मीडिया द्वारा भारत में ई.वी.एम. के विरोध के संबंध में चिल्ल-पों करने की भी है। स्टैनफोर्ड विश्वविद्यालय के डेविड डिल ने एक अस्थायी काम-चलाऊ मशीन द्वारा टेलीविजन पर प्रदर्शन करके दिखाया। नीदरलैंड के रॉप गांग्रिप ने अनेक विदेशी टी.वी. चैनलों पर साक्षात्कार दिए। अमेरिका में ई.वी.एम. के विरोध में सेमिनार किया गया, जिसमें भारत के लोगों ने भी भाग लिया। इस सबके बीच भारत निर्वाचन आयोग की प्रतिक्रिया थी—पूर्ण पारदर्शिता और खुली चर्चा।

भारतीय न्यायपालिका ने चुनावों में ई.वी.एम. के उपयोग को निरंतर बरकरार रखा है। आयोग की ई.वी.एम. की कार्यप्रणाली को पहली चुनौती EP No. 29/1999 और EP No. 1/2004 द्वारा क्रमश: बॉम्बे उच्च न्यायालय (नागपुर खंडपीठ) और कर्नाटक उच्च न्यायालय में दी गई थी। तकनीकी साक्ष्यों और विशेषज्ञों के परीक्षण के उपरांत दोनों ही न्यायालय इस बात से संतुष्ट थे कि ई.वी.एम. से छेड़छाड़ संभव नहीं है। कर्नाटक उच्च न्यायालय ने तो यहाँ तक कहा कि 'यह (भारत निर्वाचन आयोग की ई.वी.एम.) ईजाद

निस्संदेह इलेक्ट्रॉनिक और कंप्यूटर प्रौद्योगिकी में महान् उपलब्धि और राष्ट्रीय गौरव है।' केरल उच्च न्यायालय ने भी EP No.4/2001 में भारत निर्वाचन आयोग की ई.वी.एम. की दक्षता और कार्यप्रणाली की प्रशंसा की है। अप्रैल 2001 में मद्रास उच्च न्यायालय ने WP Nos. 3346, 3633 etc. of 2001 में कहा है कि 'कोई वायरस अथवा बग डालने का भी सवाल ही नहीं उठता, क्योंकि ई.वी.एम. की तुलना कंप्यूटरों से नहीं की जा सकती। कंप्यूटरों की प्रोग्रामिंग के संबंध में जो कुछ कहा गया है, उसका ई.वी.एम. से कोई संबंध नहीं है। इंटरनेट से कनेक्शन के कारण और उनके डिजाइन के कारण कंप्यूटरों की स्वाभाविक सीमाएँ हैं, जिसके कारण उनके प्रोग्राम को बदला जा सकता है, परंतु ई.वी. एम. स्वतंत्र इकाइयाँ हैं और ई.वी.एम. का प्रोग्राम बिल्कुल अलग प्रकृति का है।' उन्होंने आगे कहा, 'विद्वान् अधिवक्ता का यह तर्क कि जापान और अमेरिका में ई.वी.एम. का उपयोग असफल हो गया है, कोई मायने नहीं रखता, क्योंकि हम अमेरिका या जापान में प्रचलित प्रणाली का उपयोग नहीं कर रहे हैं।'

भारत के पूर्व कानून मंत्री सुब्रह्मण्यम स्वामी ने सर्वोच्च न्यायालय में ई.वी.एम. के उपयोग को चुनौती देनेवाली एक याचिका लगाई। सर्वोच्च न्यायालय ने निर्देश दिया कि ई.वी.एम. में छेड़छाड़ के संदेहों को शांत करने के लिए वोटर वेरिफाइड पेपर ऑडिट ट्रेल (वीवीपैट) को लागू किया जाए। बी.ई.एल. और ई.सी.आई.एल. दोनों ही ने तकनीकी विशेषज्ञ समिति के परामर्श से वीवीपैट का विकास किया। वीवीपैट का उपयोग अब कई चुनावों में किया जा चुका है। वीवीपैट और ई.वी.एम. की मतगणना में समरूपता ने एक बार फिर दुनिया को दिखा दिया है कि भारतीय ई.वी.एम. विश्वसनीय हैं। भारतीय मतदाता ई.वी.एम. को चाहते हैं, इसलिए वे सदा रहेंगी। अच्छा होगा कि राजनीतिक दल याद रखें कि प्रजातंत्र की सफलता निवार्चन प्रणाली में मतदाताओं के विश्वास पर निर्भर है। ई.वी. एम. पर अपनी हार का दोष मढ़ने के स्थान पर उसके कारण उन्हें अपने कार्यक्रमों और प्रदर्शन में खोजना चाहिए।

भारतीय ई.वी.एम. की कहानी उत्कृष्टता हासिल करने के लिए धैर्य और कड़ी मेहनत की कहानी है। यह कड़ी चुनौतियों के बावजूद ईमानदारी, सत्यनिष्ठा, नैतिक साहस, दृढ़ संकल्प और सफलता की कहानी है। ई.वी.एम. कोई साधारण इलेक्ट्रॉनिक उपकरण नहीं है। यह भारत के लोगों की, बिना बाहरी सहायता के, भविष्य के लिए आधुनिक प्रौद्योगिकी के समाधान खोजने की प्रतिबद्धता है। यह गर्व की बात है कि भारतीयों ने दुनिया की सबसे सुरक्षित और विश्वसनीय वोटिंग मशीन बनाई है। यह भारतीय प्रतिभा की कहानी है।

इस पुस्तक का पहला अध्याय भारत में प्राचीनकाल से अभी तक मतदान प्रणालियों के विकास की कहानी कहता है। यह अध्याय ई.वी.एम. के बारे में नहीं है, परंतु वह

संदर्भ बताता है, जिसमें भारत के एक दूरदर्शी मुख्य निर्वाचन आयुक्त को ई.वी.एम. की आवश्यकता महसूस हुई। तकनीकी विकास और ई.वी.एम. के उपयोग से निर्वाचन प्रणाली में अधिक पारदर्शिता और निष्पक्षता आई है।

कुछ कहानियाँ काल्पनिक पात्रों और घटनाओं को लेकर सुनाई गई हैं। इन्हें मैंने 'कथा' कहा है। इनमें कही गई घटनाओं की विशिष्ट बातें और पात्र मेरी कल्पना की उपज हैं, परंतु इनमें दर्शाई गई कार्यप्रणाली वास्तविक है और उपलब्ध साहित्य के शोध पर आधारित है। इस पुस्तक में सत्य घटनाओं का विवरण भी है, जो मुझे उनमें शामिल लोगों ने सुनाया है। इन्हें मैंने उपाख्यान कहा है। भारत में निर्वाचन प्रणाली के विकास और समाज पर उसके प्रभाव की कहानी इन कथाओं एवं उपाख्यानों के माध्यम से कही गई है। इस पुस्तक के लिए शोध के दौरान ई.वी.एम. विवाद के दोनों पक्ष के लोगों से मेरी असंख्य चर्चाएँ हुईं। इनमें से कुछ को मैंने साक्षात्कार के रूप में पुस्तक में सम्मिलित किया है। पुस्तक में अनेक मीडिया प्रकाशनों के उद्धरण भी हैं। मैं मीडिया में प्रकाशित इन कहानियों की सत्यता की गारंटी नहीं ले सकता, इसलिए मैंने इन प्रकाशित खबरों के यू.आर.एल. प्रत्येक अध्याय के बाद संदर्भों के खंड में दिए है, जिससे पाठक स्वयं मीडिया में प्रकाशित इन खबरों और कहानियों को पढ़ सकें। इसी प्रकार ई.वी.एम. विरोधियों की वेबसाइटों से भी कुछ उद्धरण हैं, जिन्हें संदर्भ के खंड में दी गई इन वेबसाइटों से यू.आर. एल. से सत्यापित किया जा सकता है। भारत निर्वाचन आयोग के उद्धरण या तो उनकी वेबसाइट से डाउनलोड किए गए दस्तावेजों से लिये गए हैं और या फिर भारत निर्वाचन आयोग के अधिकारियों द्वारा मेरे शोध के दौरान दिखाए गए दस्तावेजों से लिये गए हैं। बहुत सी बातें मैंने अपनी व्यक्तिगत जानकारी के आधार पर भी लिखी हैं। ऐसी बातें प्रथम पुरुष में लिखी गई हैं।

मैंने प्रयास किया है कि पुस्तक इतनी तकनीकी न हो जाए, जिससे इलेक्ट्रॉनिक विशेषज्ञों के अतिरिक्त अन्य लोग आसानी से इसके विवरण न समझ सकें। इस पुस्तक का उद्देश्य ई.वी.एम. के तकनीकी पहलुओं पर आलेख लिखना नहीं है। यह पुस्तक सभी नागरिकों के लिए है। यह प्रजातंत्र की पवित्रता में नागरिकों का विश्वास दृढ़ करती है तथा उन्हें यह बताती है कि उनका वोट चुराया नहीं जा सकता। इसलिए मैंने तकनीकी पहलुओं को आम आदमी की समझ के लिए सरल बनाने का प्रयास किया है। मुझे आशा है कि यह पुस्तक उन सबके लिए उपयोगी होगी, जिनकी रुचि भारतीय ई.वी.एम. में है और भारतीय ई.वी.एम. से संबंधित सभी विवाद हमेशा के लिए समाप्त कर देगी।

आभार

मुझे खुशी है कि मुझे भारत में चुनावों के संचालन से नजदीक से जुड़े रहने का अवसर मिला है। नब्बे के दशक के प्रारंभ में जब मैं जिला कलेक्टर था, उस समय मत-पत्रों की छपाई, मत-पेटियों और मत-पत्रों का वितरण और वापस लाना और लाखों मत-पत्रों की गिनती करना चुनावों में हमारी सबसे बड़ी चुनौती थी। बूथ कैप्चरिंग और मत-पेटियों में मत-पत्र अवैध रूप से भरने की शिकायतें भी मिलती थीं। कई बार इन शिकायतों की ठीक प्रकार से जाँच करना कठिन होता था। ऐसे भी बहुत अवसर आते थे, जब ठीक प्रकार से मोहर न लगाने के कारण अनेक मत-पत्र अवैध हो जाते थे। चुनावों में ई.वी.एम. का उपयोग प्रारंभ होने के बाद ये बातें बदल गईं। अधिकारियों को राहत मिली, क्योंकि उनका काम आसान हो गया और चुनावों का प्रबंधन सरल हो गया। पहले मतगणना कई दिनों तक चलती रहती थी, परंतु अब यह कुछ ही घंटों में पूरी हो जाती है। मैं माननीय कर्नाटक उच्च न्यायालय की इस टिप्पणी से पूरी तरह सहमत हूँ कि ई.वी.एम. "इलेक्ट्रॉनिक और कंप्यूटर प्रौद्योगिकी में महान् उपलब्धि तथा राष्ट्रीय गर्व का विषय है।"

जब 2009 में मैंने उप-निर्वाचन आयुक्त के रूप में निर्वाचन आयोग में कार्यभार ग्रहण किया तो मुझे देश में ई.वी.एम. के बढ़ते विरोध पर बड़ा आश्चर्य हुआ। ई.वी.एम. के प्रभारी उप-निर्वाचन आयुक्त के रूप में मैं इस बात को अपना कर्तव्य मानता था कि स्वयं को तथा आयोग को इस बात से पूर्णतया संतुष्ट करूँ कि ई.वी.एम. न केवल छेड़छाड़ से मुक्त हैं, बल्कि बूथ कैप्चरिंग जैसे कदाचरण रोकने के लिए आवश्यक भी हैं। इसलिए मैंने ई.वी.एम. का गहराई से अध्ययन किया। मैं तकनीकी विशेषज्ञ समिति के सभी सदस्यों और विशेषकर आई.आई.टी., दिल्ली के प्रो. डी.टी. शाहनी का ऋणी हूँ, जिन्होंने मुझे हमारी ई.वी.एम. की जटिल तकनीकी प्रणालियों को समझने में सहायता की। मैं ई.सी.आई.एल. के श्री जी. कोटेश्वर राव एवं यशोदा तथा बी.ई.एल. की रमादेवी का भी अनुगृहीत हूँ,

जिन्होंने मेरे समस्त तकनीकी प्रश्नों के विस्तृत स्पष्टीकरण धैर्यपूर्वक दिए।

जैसे-जैसे समय गुजरा और मैंने ई.वी.एम. की शिकायतों के उत्तरों के प्रारूप तैयार करने में आयोग की सहायता करना प्रारंभ किया, मुझे विश्वास होता गया कि ई.वी.एम. के विरुद्ध यह शोर उन लोगों द्वारा मचाया जा रहा था, जो यह मानने को तैयार नहीं थे कि चुनावों में उनकी हार उनकी लोकप्रियता में कमी के कारण हुई थी, इसलिए उन्होंने ई.वी.एम. को दोष देना प्रारंभ कर दिया था। आयोग ने निर्णय किया कि अधिक सुरक्षा उपायोंवाली नए मॉडल की ई.वी.एम. विकसित की जाए। वीवीपैट की माँग के बीच आयोग ने भारतीय ई.वी.एम. के लिए उपयुक्त वीवीपैट विकसित करने का निर्णय भी लिया। निवार्चन आयोग के सचिवालय में के.एन.भार के नेतृत्व में ई.वी.एम. कक्ष में हमारी टीम ने इस प्रक्रिया को सुगम बनाने के लिए कड़ी मेहनत की। मैं ई.वी.एम. कक्ष के अधिकारियों और कर्मचारियों द्वारा इस कार्य में घंटों काम करने के लिए धन्यवाद करता हूँ। तकनीकी विशेषज्ञ समिति के कुशल मार्गदर्शन में ई.सी.आई.एल. और बी.ई.एल. के इंजीनियरों के दल ने भी बहुत कड़ी मेहनत की।

मैंने आयोग से कार्यमुक्त होने के अनेक वर्ष बाद यह पुस्तक लिखने का निर्णय किया, इसलिए मुझे आयोग के रिकॉर्ड को रिसर्च करना आवश्यक था। मुझे सारे रिकॉर्ड आसानी से उपलब्ध कराने के निर्देश देने के लिए मैं मुख्य निर्वाचन आयुक्त श्री ओ.पी. रावत का ऋणी हूँ। मैं अपने बैचमेट तथा प्रिय मित्र, उप-निर्वाचन आयुक्त श्री उमेश सिन्हा, ई.वी.एम. कक्ष के प्रभारी, उप-निर्वाचन आयुक्त श्री सुदीप जैन का भी बहुत अनुगृहीत हूँ। मैं अपने शोध में सहायता करने के लिए ई.वी.एम. कक्ष के श्री मधुसूदन गुप्ता, श्री ओ.पी. साहनी एवं श्री सतीश कुमार को हृदय से धन्यवाद करता हूँ।

मैं ई.वी.एम. को ईजाद करनेवाले श्री टी.एन. स्वामी को विशेष रूप से धन्यवाद देना चाहता हूँ। उन्होंने मुझे प्रारंभ से ई.वी.एम. के विकास की प्रक्रिया की समझ विकसित करने में बड़ी सहायता की। पूरी प्रक्रिया के संबंध में उनकी यादें इस पुस्तक में एक विस्तृत साक्षात्कार में संगृहीत हैं। मैं अपने बहनोई डॉ. अंबिकाप्रसाद उपाध्याय को विशेष धन्यवाद देता हूँ, जो मेरी ओर से श्री टी.एन. स्वामी से अनेक बार मिले और उनका साक्षात्कार भी लिया। मैं श्री हरिप्रसाद का भी बहुत सम्मान करता हूँ, जिन्होंने एक न्यायालयीन प्रकरण होने के बावजूद मुझे इ-मेल पर विस्तृत और खरा साक्षात्कार दिया। मैं उनकी स्पष्टवादिता और तत्काल प्रतिक्रिया के लिए उनका धन्यवाद करता हूँ।

मैं तकनीकी विशेषज्ञ समिति के सदस्य, आई.आई.टी., मुंबई के प्रो. दिनेश शर्मा का भी धन्यवाद करता हूँ, जिनका वीवीपैट के प्रथम उपयोग के संबंध में उपाख्यान इस पुस्तक में है। पुस्तक की पांडुलिपि को पढ़ने और इसमें दिए गए ई.वी.एम. की सुरक्षा

के तकनीकी पहलुओं की पुष्टि करने के लिए मैं तकनीकी विशेषज्ञ समिति के सदस्य और आई.आई.टी., भिलाई के निदेशक प्रो. रजत मूना का हृदय से धन्यवाद करता हूँ।

मैं पूर्व मुख्य निर्वाचन आयुक्त एवं मेरे पुराने बॉस श्री एस.एन.ए. जैदी का इस पुस्तक का प्राक्कथन लिखने के लिए ऋणी हूँ। मैं अपने पर्सनल स्टाफ संजय, श्वेता और रावतजी का विशेष धन्यवाद करता हूँ, जिन्होंने मेरे साथ रात-दिन काम किया और मेरे काम में मुझे पूरी सहायता की।

मेरा भाई अवलोक मेरे हर काम में एक शक्तिस्तंभ की भाँति रहा है। मैं उसकी सहायता और समर्थन के लिए धन्यवाद करता हूँ। मेरे पुत्र अर्थ और पत्नी रेखा ने मेरे ई.वी.एम. और अन्य चीजों पर काम के दौरान लगातार कठिनाइयाँ झेली हैं। उन्हें धन्यवाद देने के लिए मेरे पास पर्याप्त शब्द नहीं हैं।

अंत में मैं लीडस्टार्ट प्रकाशन को यह पुस्तक प्रकाशित करने के लिए और चंद्रलेखा मैइत्रा को उत्कृष्ट संपादकीय सहायता के लिए धन्यवाद करता हूँ।

अनुक्रम

1

भारत में मतदान प्रणाली का विकास, प्राचीन भारत में निर्वाचन

कथा : संथागार में एक दिन

वैशाली जनपद में यह एक ठंडी सुबह थी। सोमदत्त अभी भी सोकर नहीं उठा था। वह देर रात तक एक नगरवधू के घर पर मित्रों के साथ मदिरा का आनंद लेता रहा था। सोमदत्त जनपद के सबसे धनाढ्य श्रेष्ठी का पुत्र था। उसके आस-पास खान-पान के शौकीन नाकारा मित्रों की भीड़ सदा लगी रहती थी। उसके पिता ने उसे बदलने का बहुत प्रयास किया था, परंतु उन्हें सफलता नहीं मिली। सोमदत्त की पत्नी मैत्रेयी सुंदर तो थी ही, विद्वान् भी थी। उसने भी सोमदत्त को सही राह पर लाने की असफल कोशिश की थी। अब एक प्रहर दिन चढ़ आया था, पर सोमदत्त अभी भी रजाई ओढ़े बिस्तर में ही पड़ा था।

मैत्रेयी उसके लिए एक गिलास में गरम दूध लेकर आई और उसके पास बैठ गई। सुबह जल्दी उठकर उसने घर के सारे काम कर लिये थे। कीमती मलमल के कपड़ों में वह बहुत सुंदर लग रही थी। सोमदत्त ने उसे रजाई के भीतर खींचने की कोशिश की। मैत्रेयी ने अपना हाथ खींच लिया और मुसकराकर बोली, "अब उठ जाइए। आप शायद भूल गए कि आज आपको मासिक सभा के लिए अपने पिता के साथ संथागार जाना है।"

सोमदत्त ने मन-ही-मन कोसा और उठ गया। आज मासिक सभा का दिन था और ज्येष्ठ पुत्र होने के कारण उसे अपने पिता के साथ संथागार जाना था। राजकौशल न तो उसे आता था और न ही अच्छा लगता था। फिर भी उसके लिए इसे सीखना अनिवार्य था, क्योंकि एक महत्त्वपूर्ण कुल के उत्तराधिकारी के रूप में इस नगर-गणतंत्र की शासन व्यवस्था में योगदान करना उसका कर्तव्य था। सोमदत्त ने अपने सर्वश्रेष्ठ दरबारी कपड़े पहने और अपने पिता के निवास की ओर चल पड़ा।

पिता उसका इंतजार ही कर रहे थे। वे एक साथ संथागार पहुँचे। संथागार नगर के केंद्र में लकड़ी का बना विशाल महल था। उसका फर्श मिट्टी के पके हुए खपरों का बना था। छत 64 नक्काशीदार खंबों पर टिकी थी। संथागार के भीतर 700 लोगों के बैठने की व्यवस्था थी। बीचोबीच गण के मुखिया—राजन्य का सिंहासन था। राजन्य को नागरिकों द्वारा 5 वर्षों के लिए चुना जाता था। सिंहासन के पास 9 शक्तिशाली आमात्यों के आसन थे। ये आमात्य वित्त, रक्षा, परिवहन और व्यापार जैसे महत्त्वपूर्ण विभागों के प्रमुख होते थे। सोमदत्त के पिता व्यापार के आमात्य थे।

जब वे संथागार पहुँचे तो वह लगभग भर चुका था। सोमदत्त के पिता आमात्य के आसन पर बैठे और सोमदत्त उनके पीछे सतर्क होकर खड़ा हुआ। कुछ देर में एक तुरही बजने की आवाज के साथ राजन्य ने अपने अंगरक्षकों के साथ प्रवेश किया। राजन्य के बैठते ही शलाकाग्राहक ने सभा को सावधान किया। कार्यसूची का पहला विषय एक नया कर लगाने के संबंध में था। राजन्य ने सोमदत्त के पिता को चर्चा प्रारंभ करने का आदेश दिया। सोमदत्त के पिता ने खड़े होकर साफ और ऊँची आवाज में कहा, "इस महान् नगर गणतंत्र वैशाली के नागरिक सुनें, हमारे कारीगरों और शिल्पियों को बड़ी कठिनाई का सामना करना पड़ रहा है, क्योंकि मगध साम्राज्य के व्यापारी अपना माल यहाँ पर बहुत कम दामों पर विक्रय कर रहे हैं। वे ऐसा इसलिए कर रहे हैं, जिससे हमारे शिल्पियों को नुकसान पहुँचाकर हमारे व्यापार को समाप्त कर दें। मगध साम्राज्य उनकी सहायता कर रहा है। मैं प्रस्तावित करता हूँ कि बाहर से बिक्री के लिए लाए गए माल पर एक नया कर अधिरोपित किया जाए, जिससे हमारा माल बाहर से लाए गए माल से प्रतिस्पर्धा कर सके।"

सोमदत्त के पिता की बात समाप्त होने पर शलाकाग्राहक ने खड़े होकर कहा, "जो प्रस्ताव के पक्ष में हों, वे अपने हाथ उठाएँ।" कइयों ने हाथ उठाए। प्रस्ताव स्वीकार ही होनेवाला था कि सोमदत्त के पीछे की पंक्ति से एक मोटे से आदमी ने खड़े होकर बोलने की अनुमति माँगी। वह नगर का दूसरा सबसे धनाढ्य व्यापारी था और उसने अधिकांश धन मगध में आयातित माल को बेचकर ही कमाया था। वह नए कर के विरुद्ध था। उसने अब सभा को संबोधित किया, "यह नया कर लंबे समय में हमें अक्षम और गैर-प्रतिद्वंद्वी बना देगा। यदि हम बाजार में बने रहना चाहते हैं तो हमें सस्ता माल निर्माण करना सीखना होगा। मैं इस नए कर से सहमत नहीं हूँ। मैं मत विभाजन की माँग करता हूँ।"

शलाकाग्राहक ने राजन्य की ओर देखा और उनकी सहमति लेकर कहा, "प्रत्येक सभासद को मत विभाजन की माँग करने का अधिकार है। अब मत विभाजन लिया जाएगा।" इसके बाद उसने मत विभाजन की प्रक्रिया समझाई, "सभासदों के समक्ष विभिन्न रंगों की शलाकाएँ लाई जाएँगी। यदि आप हरे रंग की शलाका का चयन

करते हैं तो इसका तात्पर्य है कि आप प्रस्ताव के पक्ष में हैं। लाल का अर्थ है कि आप प्रस्ताव के विरोध में हैं और पीली शलाका का अर्थ है कि आप मत विभाजन से परिहार (मतविभाजन में भाग न लेना) कर रहे हैं। कृपया चयनित शलाका राजन्य के समक्ष रखे डिब्बों रख दीजिए।"

प्रक्रिया शीघ्र ही पूरी हो गई। सोमदत्त दम साधे देख रहा था। शलाकाओं को गिनकर शलाकाग्राहक ने घोषणा की, "प्रस्ताव के पक्ष में 200 मत पड़े, विपक्ष में 180 मत पड़े तथा 100 ने परिहार किया। सभा ने प्रस्ताव स्वीकार कर लिया है।"

सोमदत्त ने अपने पिता की ओर देखा। उनके चेहरे पर मुसकान थी। वे एक बार फिर जीत गए थे। 'इस जीत के लिए उन्होंने अपने शत्रुओं के साथ बड़ा मोल-भाव किया होगा,' सोमदत्त ने सोचा, 'इसीलिए मुझे राज-काज अच्छा नहीं लगता।'

प्राचीन भारत में निर्वाचन प्रणालियाँ

यह एक जानी-मानी बात है कि प्राचीन भारत में गणतंत्र थे। ये गणतंत्र वर्तमान उत्तरी बिहार और नेपाल क्षेत्र में थे। उनमें सबसे शक्तिशाली लिच्छवी गणतंत्र था। उसकी राजधानी वैशाली थी। कुछ गणतंत्र भारत की उत्तर-पश्चिमी सीमा पर भी थे। पाणिनि ने इन्हें आयुधजीवी (आजीविका के लिए आयुधों पर निर्भर रहनेवाले) कहा है। वे उग्र योद्धा थे। उनमें से कुछ तो सिकंदर की सेना के विरुद्ध भी लड़े थे। इनमें सबसे महत्त्वपूर्ण क्षुद्रक और मालव गणराज्य थे। इन गणराज्यों में सार्वभौमिक वयस्क मताधिकार नहीं था। मताधिकार धनाढ्य परिवारों तक ही सीमित था। प्रत्येक परिवार (कुल) का एक मत होता था। लिच्छवी गणराज्य में 7707 कुल थे। गणतंत्र का मुखिया राजन्य कहलाता था, जो अकसर क्षत्रिय कुल से होता था। प्रत्येक कुल को एक प्रतिनिधि गणसभा की बैठकों में भेजने का अधिकार था। गणसभा की बैठक संथागार नामक एक विशेष भवन में होती थीं। मत को छंद भी कहते थे, जिसका शब्दार्थ है—'इच्छा'। सामान्य रूप से ध्वनि मत से ही प्रस्ताव पारित होते थे, परंतु यदि कोई सभासद मत विभाजन की माँग करे तो रंगीन शलाकाओं द्वारा मत विभाजन का प्रावधान था। सभा में शलाकाओं द्वारा मत विभाजन करानेवाले अधिकारी को शलाकाग्राहक कहते थे। एक दंतकथा के अनुसार जब अनेक युद्धों के बाद भी सम्राट् अजातशत्रु वज्जिगण को नहीं हरा पाया तो वह भगवान् बुद्ध से सलाह लेने गया। उसे सीधा उत्तर देने के स्थान पर बुद्ध ने अपने प्रिय शिष्य आनंद से वज्जियों की एकता और गुणों के बारे में पूछा और फिर आनंद से कहा कि जब तक वज्जियों में एका है और गुण हैं, तब तक वे अजेय हैं। समय बीतने पर ये गणराज्य समाप्त हो गए और पास के बड़े साम्राज्यों में समाहित हो गए।

दक्षिण भारत के साहित्य में भी चुनावों का उल्लेख मिलता है। कांचीपुरम के उत्तरामेरूर अभिलेख में निर्वाचन की एक प्रणाली का विस्तृत विवरण है। इसके अनुसार लगभग 1100 साल पूर्व वार्डों की संरचना, प्रत्याशियों की अर्हताओं और निर्वाचन के तरीकों के अभिलिखित नियमों की एक निर्वाचन प्रणाली थी। एक-दूसरे अभिलेख में ताड़पत्रों का उपयोग करके निर्वाचन कराने की प्रणाली का विवरण है। मतदाता अपनी पसंद ताड़पत्र पर लिखकर एक मिट्टी के पात्र में डाल देते थे। इसके बाद इन्हें निर्धारित अधिकारी द्वारा गिना जाता था।

ब्रिटिश काल में निर्वाचन

ब्रिटिश काल में आधुनिक निर्वाचन प्रणाली भारत में सर्वप्रथम भारतीय परिषदें अधिनियम (Indian Councils Act) 1909 के द्वारा लाई गई। इस अधिनियम में केंद्रीय और प्रांतीय दोनों ही स्तरों पर विधानपरिषदों का प्रावधान था। हालाँकि निर्वाचकमंडल सीमित था, फिर भी ठीक प्रकार से निर्धारित निर्वाचन क्षेत्र, निर्वाचकों का पंजीयन और मत-पेटियों के उपयोग सहित आधुनिक निर्वाचन प्रणाली का उपयोग किया गया। बाद में भारत सरकार अधिनियम (Government of India Acts), 1915, 1919 एवं 1935 ने निर्वाचकमंडल को बढ़ाया और धीरे-धीरे अधिक लोगों को प्रतिनिधित्व दिया। परिषदों में निर्वाचित स्थान भी बढ़ाए गए। इसके बावजूद निर्वाचन का अधिकार बहुत सीमित लोगों को ही मिला था और वह करों की अदायगी, संपत्ति, साक्षरता, समुदाय आदि पर आधारित था। ब्रिटिश काल में पहला सामान्य निर्वाचन 1920 में हुआ। इसमें केंद्रीय परिषद् के साथ ही प्रांतीय परिषदों के 637 स्थानों के लिए चुनाव हुआ। कांग्रेस ने महात्मा गांधी के नेतृत्व में असहयोग आंदोलन के अंतर्गत चुनावों के बायकाट का ऐलान किया था। इसके बावजूद केवल 6 निर्वाचन क्षेत्र ही प्रत्याशीविहीन रहे। सरकार ने निर्वाचन के लिए वृहद् तैयारी की थी। इसके बारे में कुछ विवरण उस समय के अखबारों में मिलता है। कुछ मतदान केंद्रों पर कई दिनों तक मतदान चलता रहा।

इसके बाद सामान्य निर्वाचन 1923 में और फिर उसके बाद 1926, 1930 और 1934 में हुए। 1934 के चुनावों में कुल निर्वाचकों की संख्या 14,15,892 थी, जिसमें से 11,35,899 उन निर्वाचन क्षेत्रों में थे, जहाँ पर मुकाबला हुआ। कुल 6,08,198 मत डाले गए।

बढ़ते विरोध के चलते ब्रिटिश सरकार को भारत के लोगों की इच्छा के आगे झुककर ब्रिटिश प्रांतों और रजवाड़ों के लिए केंद्र में दो सदनोंवाली संघीय विधायिका और प्रांतों में विधानसभाओं का गठन करना पड़ा। इस कानून के अंतर्गत प्रांतीय निर्वाचन 1936-37 के

जाड़े में हुए। मद्रास, मध्यप्रांत, बिहार, उड़ीसा, संयुक्त प्रांत, बॉम्बे प्रेसिडेंसी, असम, नेफा, बंगाल, पंजाब और सिंध इन 11 प्रांतों में चुनाव हुए। परिणाम फरवरी 1937 में घोषित किए गए। बंगाल, पंजाब और सिंध को छोड़कर 8 प्रांतों में कांग्रेस की सरकारें बनीं, परंतु 1939 में कांग्रेस सरकारों में भारत के लोगों से सलाह किए बिना भारत को द्वितीय विश्वयुद्ध में झोंक देने के अंग्रेजों के निर्णय के विरुद्ध त्याग-पत्र दे दिया। 1937 का निर्वाचन पूर्व के चुनावों से बहुत बड़ा था। करीब 301 लाख लोगों को मताधिकार मिला, जिनमें 42.5 लाख महिलाएँ भी शामिल थीं। यह उस समय की कुल जनसंख्या का 12 प्रतिशत था। 9 लाख महिलाओं सहित 155 लाख लोगों ने मताधिकार का प्रयोग किया।

कथा : मतदान के लिए कार-यात्रा

वर्ष 1937 के सितंबर माह की सुबह थी। जाड़ा शुरू ही हुआ था और सुबह की हवा में गुलाबी ठंड थी। माधुरी अपने बगीचे में एक खूबसूरत आयातित बोन चायना के प्याले में चाय की चुस्कियाँ ले रही थी। वह 20 गाँवों के जमींदार, राव जागीरदार सिंह की इकलौती बेटी थी। उसकी माँ की मृत्यु उसे जन्म देते समय ही हो गई थी, पर उसके पिता ने दूसरी शादी नहीं की थी। जागीरदार सिंह आधुनिक विचारधारा के व्यक्ति थे। उन्होंने अपनी बेटी को केंटोनमेंट के कॉन्वेंट स्कूल में पढ़ाया था। स्कूल में माधुरी पर भी प्रजातंत्र के आधुनिक विचारों का प्रभाव पड़ा था। वह महात्मा गांधी से बहुत प्रभावित थी और उनके भाषण और लेखों को बहुत ध्यान से पढ़ती थी। उसने खादी पहना शुरू कर दिया था और कभी-कभी राष्ट्रीय विचारधारा के युवा सम्मेलनों में भाग भी लिया था। जागीरदार सिंह उसके इस व्यवहार से कुछ चिंतित थे, पर सोचते थे कि एक बार किसी अच्छे नवयुवक से उसका विवाह हो गया तो यह खुमार स्वयं ही उतर जाएगा।

प्रांतीय विधानसभा के चुनावों की घोषणा हुई तो माधुरी उत्साह से भर गई। वह बेसब्री से मतदान के दिन का इंतजार कर रही थी। माधुरी ने जल्दी से अपनी चाय खत्म की और अपने पिता के कमरे में गई। वे अभी भी बिस्तर में ही थे। "डैडी आप अभी तक उठे नहीं!" वह बोली, "क्या आपको याद नहीं कि आज मतदान का दिन है? चलिए जल्दी उठकर तैयार हो जाइए।" उसके पिता उसे देखकर स्नेह से मुसकराए, "मतदान तो 11 बजे शुरू होगा, " वे बोले, "शांत हो बच्ची! रामसिंह अंकल अपने बेटे के साथ दोपहर 3 बजे आएँगे। हम उनके साथ ही मतदान केंद्र जाएँगे।" माधुरी ने मुँह चिढ़ाया और बाहर भाग गई।

दोपहर के भोजन के बाद जागीरदार सिंह और उनकी बेटी पहली बार वोट डालने के लिए तैयार हुए। माधुरी ने सोने के जरी बॉर्डरवाली खादी की सफेद साड़ी पहनी थी।

3 बजे नौकर ने बताया कि ठाकुर रामसिंहजी अपने बेटे के साथ आए हैं। जागीरदार सिंह उन्हें लिवाने बाहर तक गए। रामसिंह और जागीरदार सिंह पुराने मित्र थे। जागीरदार सिंह ने सोच रखा था कि अपनी बेटी का विवाह रामसिंह के बेटे रघुवीर के साथ करेंगे, जो हाल ही में लंदन से बैरिस्टर बनकर आया था और इलाहाबाद उच्च न्यायालय में वकालत कर रहा था। रघुवीर ने इस अवसर के लिए बाकायदा काला सूट और काली टाई पहन रखे थे। उसके पिता ने शेरवानी पहनी थी और सिर पर साफा बाँधा था। जागीरदार सिंह ने उन्हें चाय पीने का निमंत्रण दिया, परंतु रघुवीर ने कहा कि उन्हें तुरंत ही जाना चाहिए अन्यथा देर हो जाएगी और मतदान का समय समाप्त हो जाएगा।

रघुवीर ने अपनी चमचमाती आयातित काली कार का पिछला दरवाजा अपने पिता और जागीरदार सिंह के लिए खोला। उनके बैठ जाने के बाद उसने अगली पैसेंजर सीट का दरवाजा बड़ी अदा से माधुरी के लिए खोला। वह अपनी साड़ी में बहुत सुंदर और सुरुचिपूर्ण लग रही थी। उसने माथे पर छोटी सी लाल बिंदी भी लगा रखी थी। "तो किसको वोट देने का इरादा है ?" रघुवीर ने कार को गेयर में डालते हुए बातचीत शुरू की। माधुरी उसे देखकर मुसकराई, "जाहिर है कांग्रेस को और आप भी किसी अन्य को वोट देने की हिम्मत न करें, नहीं तो दोस्ती खत्म हो जाएगी।"

मतदान केंद्र के बाहर मतदाताओं की एक छोटी सी लाइन थी। कुछ दूर पर 3 तंबू लगे थे। एक कांग्रेस पार्टी का था, दूसरा मुसलिम लीग का और तीसरा एक निर्दलीय प्रत्याशी का था। तंबुओं में चुनाव प्रचार की सामग्री बाँटी जा रही थी। चारों नए वोटर मतदान केंद्र की ओर गए। वहाँ खड़े पुलिसवाले ने जागीरदार सिंह को पहचान लिया और झुककर सलाम किया। उसने लाइन में खड़े लोगों को इंतजार करने को कहा और इन चारों को अंदर जाने दिया।

मतदान के बाद माधुरी ने रघुवीर से कुछ देर इंतजार करने को कहा और कांग्रेस के तंबू में जा पहुँची। उसकी सहेली मयूरी वहाँ पैंफलेट बाँट रही थी। माधुरी ने उसे देखा तो दौड़कर उससे मिलने पहुँच गई। माधुरी ने उसे गले लगाया और कहा, "कांग्रेस अवश्य जीतेगी। मैंने आज मतदाताओं में बड़ा उत्साह देखा है। तुम्हारी मेहनत बेकार नहीं जाएगी।"

स्वतंत्र भारत में निर्वाचन

प्रथम दो आम चुनावों में प्रत्येक प्रत्याशी के लिए अलग मत-पेटी होती थी

स्वतंत्र भारत में पहले आम चुनाम 1951-52 में कराए गए। ये चुनाव अनेक दृष्किोण से अद्वितीय थे। पहली बात तो यह कि इनमें सार्वभौमिक वयस्क मताधिकार

दिया गया था। इसके पहले 1948 में ट्रावनकोर राज्य के चुनावों में सार्वभौमिक वयस्क मताधिकार का प्रयोग किया जा चुका था, पर इतने बड़े पैमाने पर पूरे विश्व में इसका प्रयोग कभी नहीं हुआ था। दूसरी बात कि ये चुनाव भारत के संविधान के अंतर्गत गठित स्वतंत्र निर्वाचन आयोग द्वारा कराए गए थे।

उस समय निर्वान आयोग को लगा कि उसके सामने सबसे बड़ी चुनौती बड़ी संख्या में निरक्षर मतदाताओं को सुरक्षित तथा गोपनीय मताधिकार प्रदान करने की थी। यह सोचा गया कि मत-पत्रों पर मोहर लगाने की व्यवस्था निरक्षर मतदाताओं के लिए उचित नहीं थी, क्योंकि निरक्षर मतदाता प्रत्याशियों और राजनीतिक दलों का नाम नहीं पढ़ सकते थे, इसलिए उन्हें सरलता से पहचाने जानेवाले चुनाव चिह्न आवंटित करने का फैसला किया गया। आयोग ने तय किया कि मतदाताओं को मत-पत्र पर कोई चिह्न नहीं लगाना होगा। सभी मतदाताओं को एक जैसा मत-पत्र जारी किया जाएगा और प्रत्येक प्रत्याशी के लिए अलग मत-पेटी होगी। आसानी से पहचान करने के लिए प्रत्याशी का चुनाव चिह्न मत-पेटी पर लगाया जाएगा। मतदाता बिना कोई चिह्न लगाए बस मत-पत्र को अपनी पसंद के प्रत्याशी की मत-पेटी में डाल भर देगा।

मत-पेटियों पर अपने प्रत्याशी का चुनाव चिह्न खोजता हुआ एक मतदाता
[स्रोत: Scroll.in]

भारत के प्रथम मुख्य निर्वाचन आयुक्त सुकुमार सेन ने पहले आम चुनावों पर अपनी रिपोर्ट में लिखा है, 'इसलिए भारत की परिस्थिति के अनुरूप एक ऐसी प्रणाली

का विकास करना आवश्यक था, जिसमें निरक्षर मतदाता भी समझदारी से अपनी पसंद के प्रत्याशी के पक्ष में गोपनीयता से मतदान कर सके। सबसे आसान तरीका यह लगा कि प्रत्येक प्रत्याशी के लिए एक अलग मत-पेटी निर्धारित की जाए और उस पर एक अलग चिह्न लगाया जाए, जिसकी विशिष्टताओं से मतदाता को अलग-अलग प्रत्याशियों की मत-पेटियों की अलग-अलग पहचान करने में सुविधा हो और मतदान करने के लिए उसे केवल अपनी पसंद के प्रत्याशी की मत-पेटी में मत-पत्र को डालना भर हो तथा मत-पत्र पर किसी प्रकार का चिह्न लगाने की आवश्यकता न हो।'

भारत में पहले आम चुनावों की रिपोर्ट से, 1951-52

मत-पत्रों को इस प्रकार डिजाइन किया गया था कि लोकसभा और राज्य विधानसभा के लिए उनके क्रमांक एक समान थे, परंतु रंग अलग-अलग थे। प्रत्याशियों के नाम और चुनाव चिह्न मत-पत्रों पर नहीं छपते थे।

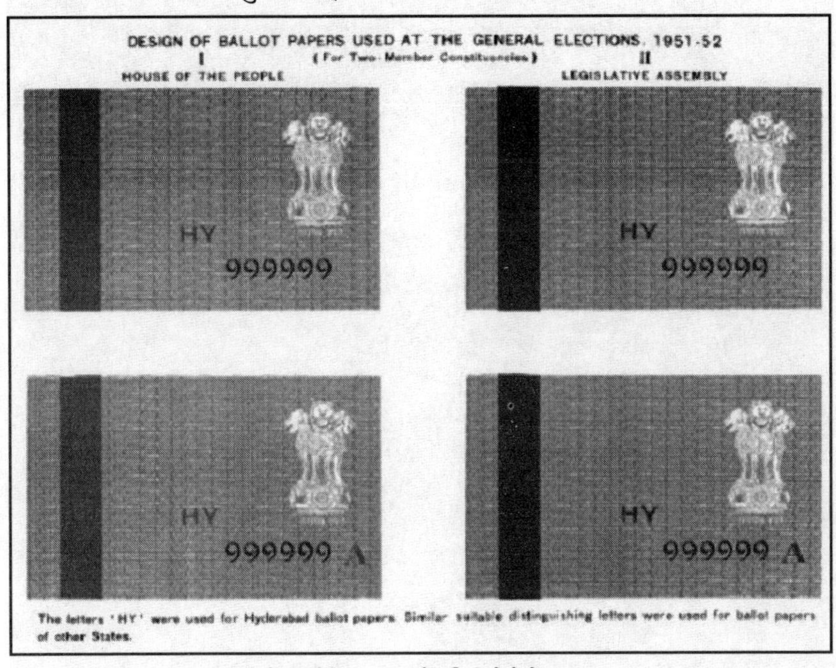

भारत में पहले आम चुनावों की रिपोर्ट से, 1951–52

इस निर्णय के कारण निर्वाचन आयोग को बड़ी संख्या में मत-पेटियाँ खरीदनी पड़ीं। इन मत-पेटियों का विवरण निम्नानुसार है—

मत-पेटियाँ 20 गेज इस्पात की बनी थीं। वे 8 इंच ऊँची, 9 इंच लंबी और 7¾ इंच चौड़ी थीं। मत-पत्र डालने के लिए लगभग 2 इंच की एक दरार मत-पेटी के ढक्कन में बनाई गई थी, जो 1/8 इंच चौड़ी थी। मत-पेटी का ढक्कन तालाबंद हो जाने के बाद भी यह दरार खुली रहती थी, जिससे मत-पेटी में मत-पत्र डाले जा सकें और मतदान समाप्त होने के पश्चात् इसे प्रभावी ढग से बंद किया जा सकता था, जिससे और मत-पत्र पेटी में न डाले जा सकें। यह मत-पेटी धोखाधड़ी से मुक्त मानी गई थी, क्योंकि इस हेतु बनी दरार के अतिरिक्त किसी अन्य प्रकार से इसमें मत-पत्र डालना संभव नहीं था। कुल 816545 टन इस्पात का उपयोग मत-पेटियाँ बनाने में हुआ। मत-पेटियाँ दो प्रकार के रंग समूहों में बनाई गई थीं। जैतूनी हरा, घास जैसा हरा, हल्का हरा और ब्रंसविक हरा रंग

लोकसभा चुनाव की मत-पेटियों के लिए था और चॉकलेटी, महोगनी, टीक, डार्क टैन तथा कांस्य रंग राज्यों की विधानसभाओं के चुनाव के लिए था।

गोदरेज मत-पेटी

[स्रोत: The Hindu Business Line]

आयोग ने अनेक निर्माताओं की मत-पेटियों का अनुमोदन किया था और राज्य सरकारों को इनमें से किसी भी निर्माता से मत-पेटियाँ क्रय करने की अनुमति थी। मेसर्स बुन्गो स्टील फर्नीचर कलकत्ता के द्वारा प्रदाय में भारी कमी आ गई, जिसका असर मद्रास, उड़ीसा एवं पश्चिम बंगाल राज्यों के प्रदाय पर पड़ा। अंततः मेसर्स गोदरेज एंड बायस मैन्यूफैक्चरिंग कंपनी लिमिटेड बॉम्बे को इन राज्यों में मत-पेटियो की कमी को दूर करने के लिए 1,62,149 अतिरिक्त मत-पेटियाँ बनाने के लिए राजी किया गया। मद्रास को 24,681 पुरानी लकड़ी की मत-पेटियों का उपयोग करने की अनुमति भी इसी कारण से दी गई। उत्तर प्रदेश में भी कुछ प्रदायकर्ता समय से मत-पेटियाँ प्रदान करने में असफल रहे और मेसर्स गोदरेज एंड बायस मैन्यूफैक्चरिंग कंपनी लिमिटेड बॉम्बे को यह

कमी दूर करने के लिए 1,94,800 मत-पेटियाँ प्रदान करनी पड़ीं।

चुनावों के दौरान यह पता लगा कि मद्रास के 4 निर्वाचन क्षेत्रों में पुनर्मतदान के कारण मतगणना में देरी होगी, क्योंकि अतिरिक्त मत-पेटियों के प्रदाय के लिए समय नहीं था। इसलिए मतगणना के पूर्व ही पर्याप्त संख्या में मत-पेटियों को मुक्त करने के लिए रिटर्निंग अधिकारियों को सशक्त करने के लिए नियम लोकप्रतिनिधित्व (निर्वाचन का संचालन एवं याचिका) नियम, 1951 में नियम 34 ग जोड़ा गया।

निर्वाचन आयोग द्वारा प्रकाशित रिपोर्ट के अनुसार कुछ मत-पेटियों की उपयुक्तता के संबंध में कुछ आलोचना भी हुई थी, परंतु इन सभी प्रकरणों में जाँच करने पर शिकायतें या तो गलत पाई गईं या फिर उनका कारण यह मिला कि पीठासीन अधिकारियों ने मतदान समाप्त होने के बाद मत-पेटियों को पर्याप्त सुरक्षित करने के निर्देशों का ठीक से पालन नहीं किया था। मत-पेटियों से छेड़छाड़ की बात चुनाव के बाद कुछ याचिकाओं में कही गई, परंतु मत-पेटियों से छेड़छाड़ का कोई प्रकरण प्रमाणित नहीं हुआ।

पहले आम चुनाव में मतगणना
[Source: ScoopWhoop]

मेसर्स गोदरेज एंड बायस मैन्यूफैक्चरिंग कंपनी लिमिटेड बॉम्बे, मेसर्स आलविन मेटल वर्क्स हैदराबाद और मेसर्स ओरिएंटल मेटल प्रेसिंग वर्क्स बॉम्बे द्वारा निर्मित मत-पेटियों में छेड़छाड़ से सुरक्षा के लिए कागज की सील लगाने की आवश्यकता थी।

कागज की ये सीलें वाटरमार्क कागज पर केंद्रीक्रत रूप से मुद्रित की गई थीं। उन पर एक ओर गुलाबी रंग में 'ELECTION COMMISSION INDIA' बारीकी से पृष्ठभूमि में मुद्रित किया गया था। मेसर्स गोदरेज एंड बायस मैन्यूफैक्चरिंग कंपनी लिमिटेड बॉम्बे द्वारा किए गए असाधारण कार्य की प्रशंसा 15 दिसंबर, 1951 के बॉम्बे 'क्रॉनिकल' अखबार में छपी थी।

THE BOMBAY CHRONICLE

15,000 BALLOT BOXES A DAY

Production At Godrej's New Factory At Vikroli

BOMBAY, Friday.

Inkpots Hurled At Rostrum

DISTURBANCE AT CONGRESS MEETING

British Rule Was Better, Says Jayaprakash

EDUCATIONAL CESS ON RICE

Kasaikal Reds To Boycott Election

बॉम्बे क्रॉनिकल की पेपर कटिंग

मत-पत्र पर मोहर लगाने की प्रणाली 1960 में प्रारंभ हुई

बिना चिह्न लगाए मत-पत्रों को अलग-अलग मत-पेटियों में डालने की प्रणाली से छेड़छाड़, बूथ कैप्चरिंग और हेर-फेर का भय उत्पन्न होने लगा। वर्ष 1960-61 में हुए केरल एवं उड़ीसा की विधानसभाओं के मध्यावधि चुनावों में मत-पत्रों पर मोहर लगाने की प्रणाली प्रारंभ की गई, जो 1999 के लोकसभा निर्वाचन तक चली। इस प्रणाली में मतदाता को अपनी पसंद के प्रत्याशी के चुनाव चिह्न के ऊपर अथवा पास रबर की मोहर से एक चिह्न लगाना होता है। इसके बाद वह पीठासीन अधिकारी एवं प्रत्याशियों के मतदान अभिकर्ताओं के समक्ष मत-पत्र एक मत-पेटी में डालता है, जो सभी प्रत्याशियों के लिए होती है। इस प्रणाली ने मत-पत्रों को छुपाकर मतदान केंद्र के बाहर ले जाने अथवा उन्हें मत-पेटी में न डालने की संभावना को समाप्त कर दिया।

कथा : मेहम की तबाही

हरियाणा में कोहरे से भरी एक ठंडी सुबह थी। महेंद्र चौधरी सुबह जल्दी सोकर उठ गया था और गरमागरम मीठी चाय सुड़ककर तैयार होने चल पड़ा था। उसके नेताजी ने सभी युवकों को सुबह 8 बजे गाँव के स्कूल में इकट्ठा होने के लिए कहा था। इस जाटबहुल क्षेत्र से ताऊ का बेटा चुनाव लड़ रहा था। इस क्षेत्र में ताऊ का बड़ा मान था, परंतु इस बार चौबीसी (जाट समुदाय की सर्वोच्च पंचायत) ने एक दूसरा प्रत्याशी चुनाव में उतारने का फैसला किया था। ताऊ का बेटा मुख्यमंत्री था। वह इस बात से खुश नहीं था। उसने मतदान के दिन काफी गड़बड़ की। पुलिस तो उसकी ही थी। पुलिस में भी जाट भरे पड़े थे। ताऊ के बेटे ने उनसे ताऊ की इज्जत के नाम पर मदद माँगी थी और अनेक मतदान केंद्रों पर पुलिस ने लोगों को वोट डालने ही नहीं दिए, बल्कि खुद ही सारे वोटों पर मुख्यमंत्री के नाम पर मोहर लगा दी थी। मतदान अधिकारी मूक बने देखते रहे। कुछ पत्रकारों को इस बात का पता लग गया और कुछ छोटे अखबारों में खबरें भी प्रकाशित हुईं। 'बूथ कैप्चरिंग', शब्द पहली बार गढ़ा गया। कई पुलिस थानों पर दंगे हुए। चौबीसी की शिकायत पर निर्वाचन आयोग ने कई मतदान केंद्रों में पुनर्मतदान का आदेश दिया।

इस बार चौबीसी भी तैयार थी और उसने फैसला लिया था कि पुलिस द्वारा बूथ कैप्चरिंग को हर कीमत पर रोकना है। उनका प्रशासन से विश्वास हट चुका था, इसलिए उन्होंने स्वयं ही बाहुबलियों के दल गठित कर लिये थे। महेंद्र भी ऐसे ही एक दल में था।

महेंद्र की पत्नी ने उसे रोटी, गुड़ और एक बड़ा गिलास लस्सी नाश्ते में दिया। वह चिंतित नजर आ रही थी। उसे मालूम था कि मुख्यमंत्री और प्रशासन के विरुद्ध जाने में खतरा है। उसने पिछली रात महेंद्र को रोकने की कोशिश भी की थी, पर महेंद्र चौबीसी

के आदेश पर जान तक देने को तैयार था।

दल के सभी सदस्य एक बरगद के नीचे इकट्ठे हुए। उन्होंने सर्दी से बचने के लिए कंबल ओढ़ रखे थे और उनके हाथों में लंबी-लंबी लाठियाँ थीं। सिर पर साफे बँधे थे, जिससे उन्होंने चेहरा भी छुपा रखा था। सर्दी काफी थी, सो वे बीच में अलाव जलाकर बैठ गए।

"काफी मुश्किल होनेवाली है," अजय सिंह ने कहा, वह महेंद्र से कुछ साल छोटा था, पर चौबीसी ने उसे ही दल का नेतृत्व सौंपा था। "मुझे खबर लगी है कि मुख्यमंत्री का बेटा अपने बाप को जीत दिलाने खुद ही हमारे गाँव आ रहा है।" दूसरों पर इस बात का कोई खास असर नहीं हुआ। महेंद्र ने गुस्से में जमीन पर थूक दिया, "आएगा तो मरेगा," उसने कहा।

सुबह मतदान धीमा था, पर 11 बजे तक गाँव के स्कूल के सामने, जो मतदान केंद्र भी था, लोगों की लाइन लगने लगी। महेंद्र और उसका दल दूर से ही निगाह रखे थे। अचानक साढ़े ग्यारह बजे पुलिसवालों से भरी दो जीपें स्कूल पर आईं। पाँच हथियारबंद पुलिसवालों ने स्कूल को घेर लिया और बाकी अंदर चले गए। उन्होंने दरवाजा अंदर से बंद कर लिया। एक ग्रामवासी, जो मतदान केंद्र के अंदर था, खिड़की से कूदकर भागा और बरगद के नीचे एकत्रित दल के पास पहुँच गया। "शुरू हो गया!" वह चिल्लाया। "हरामी पुलिस को लेकर आया है और वे जल्दी ही सभी मत-पत्रों पर मोहर लगा देंगे। प्रजातंत्र का खून हो गया। हम कुछ नहीं कर सकते!" वह दुःखी होकर चीख रहा था।

महेंद्र और उसका दल तो तैयार ही बैठे थे। उन्होंने अपनी लाठियाँ उठाईं और स्कूल की ओर चल पड़े। जब वे वहाँ पहुँचे तो बाहर खड़े सिपाही ने उन्हें रोका। "चौधरी, हमें गिरफ्तार करने पर मजबूर न करो। घर जाओ!" वरिष्ठ सब-इंस्पेक्टर ने कहा। महेंद्र बात करने के मूड में नहीं था। उसने लाठी उठाई और पुलिसवाले के सिर पर दे मारी। सब-इंस्पेक्टर जमीन पर गिर पड़ा। दूसरे पुलिसवाले हतप्रभ रह गए। उन्हें ऐसी आक्रामकता की उम्मीद नहीं थी। इसके पहले कि वे सँभलते, महेंद्र का दल लाठियाँ बरसाते हुए स्कूल में घुस गया।

अंदर उन्होंने देखा कि पुलिसवाले तेजी से मत-पत्रों पर मोहर लगा रहे हैं। कुछ ने हरियाणवी पोशाक, धोती-कुरता और साफा भी पहन रखा था। महेंद्र और उसके साथियों ने उनकी पिटाई शुरू कर दी। मतदान केंद्र में अफरा-तफरी मच गई। पुलिसवालों ने कुछ प्रतिकार किया, पर वे संख्या में कम थे। एक पुलिसवाले ने भीड़ पर गोली चला दी। इससे भीड़ गुस्से से बेकाबू हो गई। बचने के लिए पुलिस ने अंधाधुंध गोलियाँ चलाना शुरू कर दिया। हरियाणवी पोशाक पहने एक व्यक्ति को स्कूल के बाहर

घसीटकर लाया गया। पुलिसवाले अपने बचाव में गोलियाँ चलाते हुए उसे वहीं भीड़ के बीच छोड़कर भाग निकले।

महेंद्र सहित 8 लोग गोलीबारी में मारे गए। भीड़ गुस्से से पागल थी। महेंद्र का भाई भी भीड़ में था। उसने बदले की पुकार लगाई। दल के मुखिया अजय ने समझाने की कोशिश की, परंतु अब तक लोग बेकाबू हो चुके थे। वे बदला-बदला चिल्ला रहे थे। कोई एक रस्सी ले आया। लोगों ने रस्सी बंदी के गले में बाँधी और पास के पेड़ तक घसीट लाए। 'हरामजादे को मारो!' वे सब चिल्ला रहे थे। गालियाँ बक रहे थे और उसे पत्थर मार रहे थे। इस सबके बीच बंदी उनसे कुछ कहने की कोशिश करता रहा, पर उसकी किसी ने नहीं सुनी। उनके साथियों की लाशें उन्हें पुकार रही थीं। आखिर भीड़ ने उसे पेड़ से लटका ही दिया।

गड़बड़ी के बारे में सुनकर कुछ देर में एक जीप में कुछ पत्रकार आए। उन्होंने भीड़ को समझा-बुझाकर बंदी को नीचे उतारा, पर तब तक देर हो चुकी थी। वह मर चुका था। बाद में पता लगा कि वह दरअसल एक पुलिसवाला ही था, जिसने मुख्यमंत्री के बेटे को बचाने के लिए उसके साथ अपने कपड़े बदल लिये थे। कुछ जीपें और ट्रैक्टर ट्रॉली लाए गए और घायलों को अस्पताल पहुँचाया गया। गाँव किसी श्मशान सा दिख रहा था और गाँव का स्कूल किसी युद्ध का बंकर। प्रजातंत्र ज्ञान के मंदिर के दरवाजे पर मृत पड़ा था।

अगले दिन सभी अखबार मेहम की खबरों से भरे पड़े थे। उन्होंने इसे मेहम की तबाही कहना शुरू कर दिया। कई अखबारों में पुलिसवालों द्वारा मत-पत्रों पर मोहर लगाने के फोटो छपे। निर्वाचन आयोग ने वह निर्वाचन रद्द कर दिया।

निर्वाचन कदाचार की घटनाएँ और तकनीकी उपाय का विचार

स्थानीय प्रशासन और विशेषकर पुलिस के निर्लज्ज रवैए के कारण मेहम की घटना अंतरराष्ट्रीय खबर बन गई, परंतु यह इस प्रकार की इकलौती घटना नहीं थी। सत्तर के दशक तक अनेक कदाचार निर्वाचन प्रणाली में प्रवेश कर गए थे। उत्तर भारत में गाँव के बाहुबलियों द्वारा बूथ कैप्चरिंग कोई असाधारण बात नहीं रह गई थी। आंध्र प्रदेश की एक कहानी भी प्रसिद्ध है, जहाँ मतदान केंद्र पर प्रारंभिक वोटरों से कहा जाता था कि वे मत-पत्र से मिलता-जुलता कागज मत-पेटी में डाल दें और बिना मोहर लगा मत-पत्र बाहर ले आएँ। इसके लिए उन्हें कुछ धन दे दिया जाता था। इसके बाद मतदान केंद्र के भीतर जानेवाले वोटरों को मत-पत्र पर पहले से मोहर लगाकर दे दिया जाता था, जिसे उन्हें मत-पेटी में डालना होता था और उन्हें जारी किया गया मत-पत्र बिना मोहर लगाए

बाहर लाना होता था। इस प्रकार गुंडे किसी प्रत्याशी के पक्ष में मतदान केंद्र के लगभग सारे ही मत डलवाने में सफल हो जाते थे। इसी प्रकार की कहानियाँ देश के अन्य हिस्सों से भी सुनने को मिल रही थीं।

यह वह समय भी था, जब दुनिया तेजी से तकनीकी प्रगति कर रही थी। भारत सूचना प्रौद्योगिकी में बहुत आगे बढ़ गया था। भारत निर्वाचन आयोग के नेतृत्व को लगा कि यदि निर्वाचन प्रणाली में प्रौद्योगिकी का उपयोग करके सुधार किए जाएँ तो बूथ कैप्चरिंग और वोट चुराने जैसी बुराइयों से निपटा जा सकता है। मुख्य निर्वाचन आयुक्त एस.एल. शकधर जब कभी उच्च शिक्षा और प्रौद्योगिकी के संस्थानों में जाते थे तो वहाँ के इंजीनियरों और वैज्ञानिकों से इन बुराइयों से निपटने के लिए इलेक्ट्रॉनिक मतदान प्रणाली के विकास का अनुरोध करते थे। ई.वी.एम. निर्वाचन कदाचारों को रोकने के लिए प्रौद्योगिकी के उपयोग की उनकी इसी खोज का परिणाम है।

संदर्भ—

1. https://en.wikipedia.org/wiki/Indian_provincial_elections, _1937 26 जनवरी, 2018 को डाउनलोड किया गया।
2. https://en.wikipedia.org/wiki/Indian_general_election, _1920 26 जनवरी, 2018 को डाउनलोड किया गया।
3. https://books.google.co.in/books?id=3h5DAQAAIAAJ&pg=RA22-PA14#v=onepage&q&f=false. नवंबर एवं दिसंबर 1920 के पायोनियर मेल अखबार, जिन्हें गूगल ने डिजिटलीकृत किया है और जिन्हें 28 जनवरी, 2018 को डाउनलोड किया गया।
4. http://www.indiaofthepast.org/contribute-memories/read-contributions/life-back-then/143-the-thrill-of-the-1937— आर.सी. मोदी का आलेख 28 जनवरी, 2018 को डाउनलोड किया गया।
5. Report on the first General Elections in India, 1951-52, Publication of Election Commission of India।
6. द बॉम्बे क्रॉनिकल, 15 दिसंबर, 1951।
7. Status paper on EVMs, by Election Commission of India-http://eci.nic.in/eci_main1/current/StatusPaperonEVM_09052017.pdf

8. Politics of Election Reforms in India By Joginder Kumar Chopra, page 46-https://books.google.co.in/books?id=aXM8omc0rakC&pg=PA46&lpg=PA46&dq=when+was+marking+system+of+ballot+introduced+in+india&source=bl&ots=Z0VrDQ2Cxd&sig=jHvLuru268GnufOpBchiLTsnaVE&hl=en&sa=X&ved=0ahUKEwi4wvDEvvrYAhXGMI8KHXlSC9QQ6AEIUzAH#v=onepage&q=when%20was%20marking%20system%20of%20ballot%20introduced%20in%20india&f=false
9. Former Haryana CM Om Prakash Chautala rigs his own political future, published in India Today on 31st march 1990, downloaded on 19-05-2018 from-https://www.indiatoday.in/magazine/special-report/story/19900331-haryana-cm-om-prakash-chautala-rigs-his-own-political-future-813783-1990-03-31
10. देश का सबसे खूनी उपचुनाव, जिसने CM की इज्जत मिट्टी में मिला दी, downloaded on 19-05-2018 from-https://www.thelallantop.com/tehkhana/maham-by-polls-of-1990-that-made-haryana-cm-om-prakash-chautala-resign/।
11. Rare image of independent India's first general election in 1952, published in Scroll.in on 7th April, 2014-https://scroll.in/article/659860/rare-images-of-independent-indias-first-generalelection-in-1952 https://s3-ap-southeast-1.amazonaws.com scrollstorage/1395912525-981_3.jpg
12. As safe as... Godrej, published on The Hindustan Business Line on 17th August, 2016-http://www.thehindubusinessline.com/specials/as-safe-as-godrej/ article8999512.ece
13. This Is How The First General Elections Were Held In Independent India, published in ScoopWhoop on 25th January 2016-https://s3.scoopwhoop.com/anj/elections/274932948.jpg

□

2

भारतीय ई.वी.एम. का विकास

विचार और प्रारंभिक प्रस्ताव

भारतीय चुनावों में ई.वी.एम. के उपयोग की कल्पना करने का श्रेय भारत के छठे मुख्य निर्वाचन आयुक्त एस.एल. शकधर को है। उन्होंने 18 जून, 1977 को पदभार ग्रहण किया। तब तक भारत में हर प्रत्याशी के लिए अलग-अलग मत-पेटियों तथा मत-पत्र पर मोहर लगाने की प्रणालियों का उपयोग हो चुका था। मतदान प्रणाली की विभिन्न कमियाँ भी उजागर हो चुकी थीं। बूथ कैप्चरिंग की घटनाएँ भी बहुत हो रही थीं, हालाँकि ई.वी.एम. के विरोधी अब ई.वी.एम. में छेड़छाड़ के आरोप लगाते रहते हैं, पर 1971 के आम चुनावों में मत-पत्रों से छेड़छाड़ के संबंध में यह दिलचस्प अफवाह फैलाई गई थी कि उनमें ऐसी स्याही का उपयोग किया गया था, जो गायब होकर बाद में फिर दिखाई देने लगती है। इन चुनावों में कांग्रेस और विपक्ष दोनों ही के अनुमानों के विपरीत श्रीमती गांधी मतों के बड़े अंतर से जीत गई थीं। 1971-72 के आम चुनावों पर भारत निर्वाचन आयोग की रिपोर्ट में एक अध्याय में एक मत-पत्रों के रासायनिक उपचार का उल्लेख है, जिससे कथित तौर पर मोहर का चिह्न इंदिरा कांग्रेस प्रत्याशी के नाम और चुनाव चिह्न के सामने उभर आता था। यह आरोप मुख्य रूप से भारतीय जन संघ के बलराज मधोक ने परिणाम घोषित हो जाने के कई दिन बाद लगाया था। इस फर्जी आरोप के आधार पर अनेक उच्च न्यायालयों में, जैसे—दिल्ली उच्च न्यायालय, मैसूर उच्च न्यायालय, बॉम्बे उच्च न्यायालय, इलाहाबाद उच्च न्यायालय आदि में निर्वाचन याचिकाएँ लगाई गईं। सभी आरोप न केवल उच्च न्यायालयों ने, बल्कि सर्वोच्च न्यायालय ने भी खारिज कर दिए और प्रत्येक प्रकरण में भारत निर्वाचन आयोग को कास्ट भी अवार्ड की गई।

शकधर को शीघ्र ही समझ में आ गया कि भारत जैसे विशाल देश में चुनाव कराना बहुत बड़ा कार्य है। लोकसभा के सचिव के रूप में वे संसद् में इलेक्ट्रॉनिक

वोट रिकॉर्डिंग सिस्टम (ई.वी.आर.एस.) लगा चुके थे। उन्होंने भारत के चुनावों में कंप्यूटरों का उपयोग करने का निर्णय लिया। सत्तर के दशक में भारत सरकार के आण्विक ऊर्जा विभाग के अंतर्गत सार्वजनिक उपक्रम इलेक्ट्रॉनिक्स कॉर्पोरशन ऑफ इंडिया ने इलेक्ट्रॉनिक्स के क्षेत्र में काफी प्रगति की थी। उच्च प्रौद्योगिकी के रक्षा उपकरणों के निर्माण में उसका योगदान विशेष महत्त्व का था। सत्तर के दशक के उत्तरार्ध में टेलीविजन सेट का निर्माण करके इस कंपनी को काफी लोकप्रियता मिली थी और इसके बनाए हुए टेलीविजन सेटों की बड़ी माँग थी। अपनी हैदराबाद यात्रा में एक इलेक्ट्रॉनिक्स कॉर्पोरेशन के मुख्यालय के भ्रमण के दौरान शकधर ने कंपनी से निर्वाचक नामावलियाँ तैयार करने और चुनाव कराने के लिए इलेक्ट्रॉनिक प्रणाली के विकास का अनुरोध किया।

निर्वाचक नामावलियाँ छापने और मतदान कराने के लिए कंप्यूटरों के उपयोग की संभावनाएँ तलाशने के लिए ई.सी.आई.एल. के भीतर ऑटोमेशन पर एक टास्क फोर्स बनाई गई। मतदान के लिए कंप्यूटर कार्डों के उपयोग का पहला सुझाव 23 नवंबर, 1978 की इस टास्क फोर्स की बैठक में दिया गया था। इस बैठक की काररवाई से एक उद्धरण है, 'इस समय श्री के.एस. राव और टी.एन. स्वामी ने सुझाव दिया कि यदि निर्वाचन विवाद होने की स्थिति में कंप्यूटर कार्ड न्यायालयों में स्वीकार्य हों तो मत-पत्रों के स्थान पर राज्य, जिला, निर्वाचन क्षेत्र और प्रत्याशी के लिए उपयुक्त कोडिंग के साथ कंप्यूटर कार्डों का उपयोग किया जा सकता है। इन कार्डों पर मतदान डेटा या तो पंच करके अथवा किसी अन्य माध्यम से विशेष रूप से डिजाइन की गई पोलिंग मशीनों द्वारा एकत्रित किया जा सकता है। इस प्रकिया से पोलिंग मशीन पर प्रत्येक प्रत्याशी के विरुद्ध चुनाव चिह्न का प्रदर्शन करके मत-पत्रों पर चुनाव चिह्नों की छपाई को टाला जा सकता है। इन कार्डों को निर्वाचन क्षेत्र के मुख्यालय पर बड़ी तेजी से छाँटा और गिना जा सकता है और परिणामों की घोषणा बहुत जल्दी की जा सकती है।'

ई.सी.आई.एल. ऐसी मशीनों के विकास की संभावना पर कार्य करती रही। दिनांक 22 अगस्त, 1979 को ई.सी.आई.एल. के आण्विक उपकरण विभाग के प्रमुख के.एस. राव ने भारत निर्वाचन आयोग के सचिव श्री गणेशन को लिखा, 'यदि कतिपय विधिक समस्याओं का हल प्रारंभ में ही कर लिया जाए तो चुनाव कराने के लिए इलेक्ट्रॉनिक मशीनों का विकास एवं उपयोग चरणबद्ध तरीके से किया जा सकता है। जैसा कि पत्र के साथ संलग्न और ऊपर संदर्भित काररवाई विवरण में बताया गया है, मतदान की प्रक्रिया को बदलकर वर्तमान मत-पत्र के स्थान पर राज्य, जिला, निर्वाचन क्षेत्र

आदि के लिए उपयुक्त कोडिंगवाले विशेष कंप्यूटर कार्डों का उपयोग करना होगा। इन विशेष कंप्यूटर कार्डों की सूचनाएँ मानव आँख से नहीं देखी जा सकेंगी, परंतु केवल इलेक्ट्रॉनिक मशीन द्वारा ही पढ़ी जा सकेंगी। कृपया हमें सूचित करें कि क्या चुनावों के पश्चात् निर्वाचन विवाद होने की स्थिति में ऐसे कंप्यूटर कार्ड न्यायालयों में स्वीकार्य होंगे। एक बार इस बात का समाधान विधिक दृष्किोण से हो जाने के पश्चात् ई.सी.आई.एल. में हम लोग, प्रस्तावित मशीन की क्षमताओं और मतदान केंद्र पर इलेक्ट्रॉनिक वोटिंग की प्रणाली के पूर्ण विवरण के साथ एक संभाव्यता रिपोर्ट प्रस्तुत कर सकेंगे। अब इस मामले में आगे कार्य करने के पूर्व हम आपके उत्तर की प्रतीक्षा करेंगे।'

इलेक्ट्रॉनिक वोटिंग के अन्य प्रस्ताव

ऐसा प्रतीत होता है कि उस समय भारत में इलेक्ट्रॉनिक वोटिंग के विकास में काफी लोगों को रुचि थी। इस विचार को जनता से काफी रिस्पांस मिला। अनेक व्यक्तियों एवं संस्थाओं ने निर्वाचन आयोग को उनके द्वारा विकसित इलेक्ट्रॉनिक वोटिंग प्रणालियों के बारे में प्रस्ताव भेजे। इनमें से कुछ प्रस्ताव तो उपयोग की जानेवाली प्रौद्योगिकी के विवरण सहित विस्तृत प्रस्ताव थे। कुछ में तो सर्किट डायग्राम आदि भी थे। यह दिलचस्प है कि निर्वाचन आयोग द्वारा ई.सी.आई.एल. एवं बी.ई.एल. द्वारा निर्मित ई.वी.एम. का उपयोग करने का निर्णय कर लेने के काफी बाद तक ये प्रस्ताव आयोग को मिलते रहे। इनमें से कुछ का विवरण नीचे दिया गया है—

1. एक प्रारंभिक प्रस्ताव ए.सी.सी. विकर्स बैबकाक लिमिटेड, शाहबाद वर्क्स गुलबर्गा कर्नाटक के डी.वी. लेले का था। उन्होंने 14 जनवरी, 1980 को आयोग को एक बैटरीचालित मजबूत इलेक्ट्रॉनिक मत-पेटी के बारे में लिखा था। यह काफी दिलचस्प है कि उनके द्वारा प्रस्तावित इलेक्ट्रॉनिक मत-पेटी आज की ई.वी.एम. से काफी मिलती-जुलती थी। उन्होंने प्रस्तावित इलेक्ट्रॉनिक मत-पेटी का एक चित्र भी दिया था (नीचे दरशाया गया है)।
2. TELETECHNIQ, वजीरपुर दिल्ली के सुजीत बोस ने दिनांक 8 अगस्त, 1980 को निवार्चन आयोग को एक पत्र लिखा, जिसमें उन्होंने इलेक्ट्रॉनिक वोटिंग प्रणाली के संबंध में अपनी कंपनी की क्षमता का प्रदर्शन करने का अवसर देने का अनुरोध किया था।

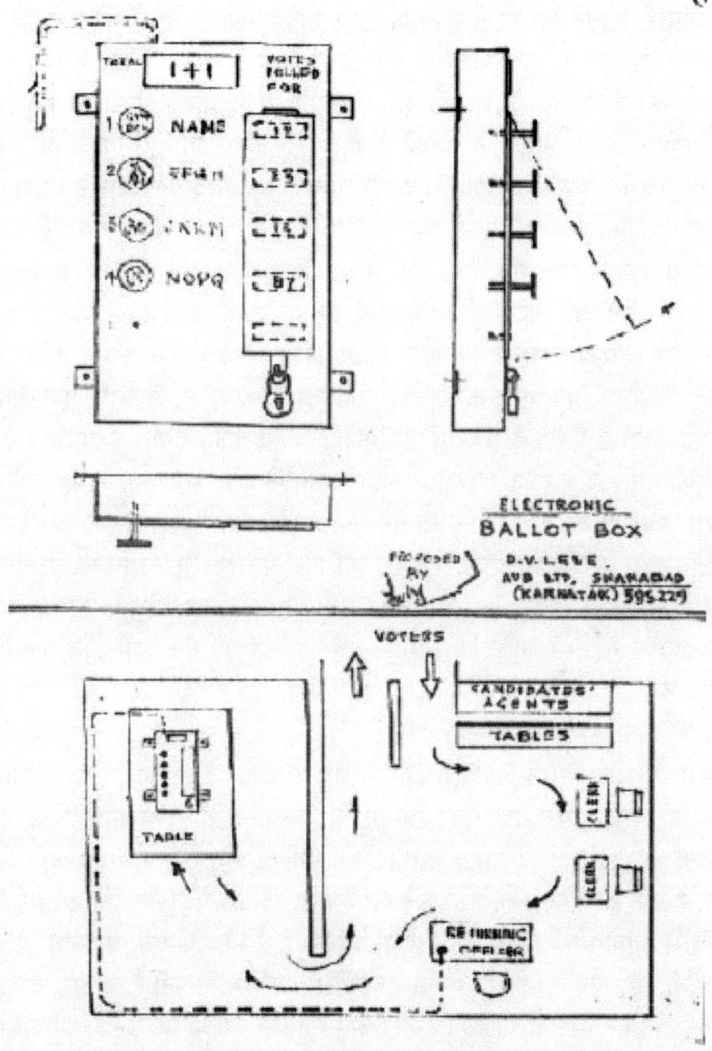

डी.वी. लेले द्वारा प्रस्तावित इलेक्ट्रॉनिक बैलेट बॉक्स का स्केच

3. एम. हनीफा का प्रस्ताव

निर्वाचन आयोग को प्रस्ताव देनेवालों में सबसे अधिक हठी एम. हनीफा थे। अभिलेखों में उपलब्ध उनका पहला पत्र दिनांक 12 अगस्त, 1980 का है। इस पत्र में उन्होंने दिनांक 23 जून, 1980 को आयोग के कार्यालय में आकर आयोग के सचिव

श्री गणेशन से मिलने का उल्लेख किया है। उन्होंने लिखा है कि वे पेटेंट पंजीकरण के लिए अपने डिजाइन में कुछ परिवर्तन कर रहे हैं। उन्होंने यह भी लिखा है कि वे ई.सी.आई.एल. की ई.वी.एम. के बारे में समाचार-पत्रों में पढ़कर हतोत्साहित महसूस कर रहे हैं, क्योंकि अगर आयोग ने उनकी ई.वी.एम. का उपयोग नहीं किया तो उनकी 8 महीने की मेहनत बेकार हो जाएगी। इसके पश्चात् उन्होंने अपनी और ई.सी.आई.एल. की ई.वी.एम. के बीच के अंतरों का विवरण दिया है और आग्रह किया है कि उन्हें अपनी ई.वी.एम. का प्रदर्शन करने का अवसर दिया जाए और परीक्षण के लिए कुछ मशीनें क्रय करने का आदेश भी दिया जाए, जिससे उनके द्वारा व्यय राशि और समय व्यर्थ न जाए। मुख्य निर्वाचन आयुक्त को संबोधित अपने पत्र में उन्होंने तमिल दैनिक भाषा के समाचार-पत्र तुगलक के 15 अक्तूबर, 1979 के अंक में प्रकाशित एक खबर का उल्लेख किया है, जिसमें यह कहा गया था कि आयोग ने जनता की बनाई मशीनों को स्वीकार करने की इच्छा दर्शाई है। उन्होंने एक बार पुनः आयोग को अपनी ई.वी.एम. प्रदर्शित करने की अनुमति देने का अनुरोध किया था। उन्होंने अपने पत्र के साथ लोकसभा के उपाध्यक्ष जी. लक्ष्मण का एक पत्र भी संलग्न किया था। निर्वाचन आयोग ने दिनांक 4 अक्तूबर, 1980 को उनके पत्र का उत्तर देते हुए स्पष्ट कह दिया था कि आयोग ने ई.सी.आई.एल. द्वारा विकसित प्रोटोटाइप को अनुमोदित कर दिया है और इसलिए आयोग किसी अन्य स्रोत द्वारा विकसित डिजाइन पर चर्चा करने अथवा अनुमोदित करने की स्थिति में नहीं है।

इस बीच आयोग ने निर्णय किया कि वह न केवल ई.सी.आई.एल. बल्कि भारत सरकार के विज्ञान एवं प्रौद्योगिकी विभाग के अंतर्गत एक अन्य सार्वजनिक उपक्रम बी.ई.एल. से भी ई.वी.एम. प्राप्त करेगा। जब हनीफा को यह बात पता लगी तो उन्हें आयोग से एक बार फिर अनुरोध करने का अवसर दिखाई पड़ा। उन्होंने 26 मई, 1981 को फिर से आयोग को लिखा कि क्योंकि आयोग ने ई.सी.आई.एम. के साथ बी.ई.एल. से भी ई.वी.एम. लेने का निर्णय किया है, इसलिए उन्हें भी अपनी ई.वी.एम. का प्रदर्शन करने की अनुमति मिलनी चाहिए। उन्होंने अपने पत्र में बताया कि उन्होंने अपनी मशीनों का प्रदर्शन मद्रास एवं त्रिची की प्रदर्शनियों में किया है और मंत्रियों एवं विधायकों सहित लाखों लोगों ने उनकी मशीनों की प्रशंसा की है। उन्होंने अखबारों की अनेक कतरनें एवं अपनी ई.वी.एम. के फोटो भी संलग्न किए।

आयोग ने 8 जून, 1981 को पुनः उन्हें स्पष्ट उत्तर भेजा, जिसमें कहा गया कि ई.वी.एम. का निर्माण सख्त सुरक्षा में किया जाता है, जो केवल ऐसी शासकीय एजेंसी द्वारा ही संभव है, जिस पर आयोग अपना पूरा और प्रभावी नियंत्रण रख सके। इस कारण

से आयोग पूर्व से अनुमोदित एजेंसी के अतिरिक्त किसी अन्य स्रोत से चर्चा करने अथवा डिजाइन अनुमोदित करने में असमर्थ है।

इस पर भी हनीफा हतोत्साहित नहीं हुए। वे लगातार निर्वाचन आयोग को पत्र लिखते रहे। कुछ समय बाद उन्होंने यह कहना प्रारंभ कर दिया कि ई.सी.आई.एल. द्वारा निर्मित ई.वी.एम. निम्नकोटि की है और आयोग को उनका प्रस्ताव विचारोपरांत अनुमोदित करना चाहिए। अंततः आयोग ने उन्हें बेंगलुरु में बी.ई.एल. के समक्ष मशीनों का प्रदर्शन करने को कहा। यह बैठक 12 अक्तूबर, 2007 को बेंगलुरु में हुई, परंतु हनीफा बी.ई.एल. की ई.वी.एम. में कोई खराबी अथवा छेड़छाड़ प्रदर्शित नहीं कर पाए।

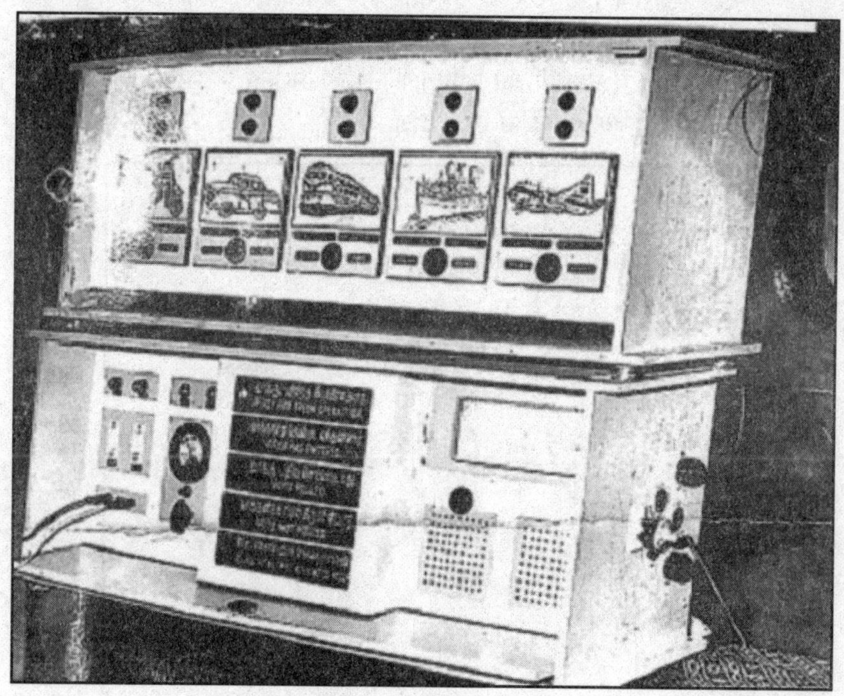

एम. हनीफा द्वारा विकसित ई.वी.एम.

4. भारी इंजीनियरिंग निगम लिमिटेड, राँची के इंजीनियर बिजय बिहारी प्रसाद ने भी उनके द्वारा विकसित ई.वी.एम. के प्रदर्शन की अनुमति माँगी थी।
5. कोलकता के रेडियो इंजीनियर ए. जगदीश ने एक पूरी तरह से मेकैनिकल

वोटिंग मशीन का दिलचस्प प्रस्ताव दिनांक 26 अगस्त, 1980 के अपने पत्र से दिया था। उन्होंने अपने पत्र में निर्वाचन प्रणाली के सुधार और चुनाव खर्च में कमी के संबंध में प्रधानमंत्री इंदिरा गांधी के एक कथित भाषण का हवाला दिया है, 'हम सभी रचनात्मक प्रस्तावों पर विचार करने को और प्रत्येक व्यक्ति एवं समूह से सलाह लेने को तैयार हैं।' उन्होंने अपने पत्र में आगे कहा है कि कितना भी अच्छी तरह से निर्माण किया जाए, फिर भी सभी इलेक्ट्रॉनिक वोटिंग मशीनों के कभी-न-कभी फेल होने की संभावना है। इसलिए आयोग ने यदि ई.वी.एम. के उपयोग का निर्णय किया तो उसे मशीनों के रखरखाव के लिए इलेक्ट्रॉनिक इंजीनियरों का एक संवर्ग विकसित करना होगा। इस खर्च को बचाने के लिए उन्होंने मतों को रिकॉर्ड करने के लिए एक पूरी तरह से मेकैनिकल यंत्र का प्रस्ताव किया है। उन्होंने बताया कि उनकी मशीन छापाखानों में उपयोग की जानेवाली नंबरिंग मशीनों जैसी थी, जिससे रसीद बुक, बिल बुक आदि पर नंबर डाले जाते हैं।

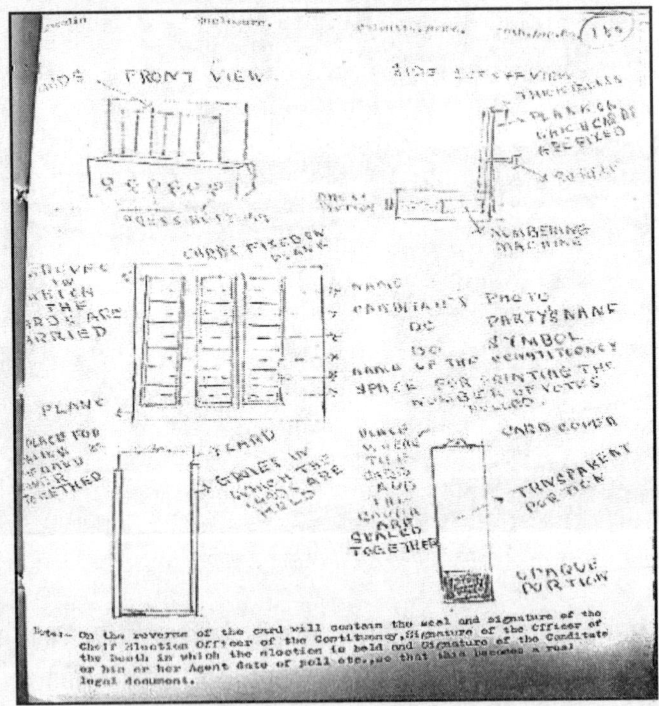

पूरी तरह से मेकैनिकल वोटिंग मशीन का ए. जगदीश का डिजाइन

6. कोलकता के डी.के. भट्टाचार्जी ने भी उनके द्वारा विकसित एक मेकैनिकल यंत्र की संकल्पना भेजी थी।
7. मेसर्स डायनाट्रान प्राइवेट लिमिटेड, मुंबई के प्रमोद बांडेकर ने उनके द्वारा विकसित मतदान एवं मतगणना मशीन का प्रस्ताव भेजा।
8. पूना के सी.वाई. भिड़े ने उनके द्वारा विकसित स्वचलित मतदान एवं मतगणना मशीन का प्रस्ताव भेजा।
9. राष्ट्रीय रेडियो एवं इलेक्ट्रॉनिक्स कॉर्पोरेशन के हर्ष वी. जैन ने दिनांक 11 जून, 1980 को एक प्रस्ताव भेजा।
10. जी.बी.पंत कृषि एवं प्रौद्योगिकी विश्वविद्यालय नैनीताल, उ.प्र. के प्रौद्योगिकी महाविद्यालय के इलेक्ट्रिकल इंजीनियरिंग विभाग के प्रमुख प्रोफेसर डॉ. सुरेशचंदर ने दिनांक 8 अगस्त, 1980 को आयोग को पत्र लिखकर प्रस्तावित ई.वी.एम. का विस्तृत विवरण देने का अनुरोध किया, जिससे एक मतदाता एवं कंप्यूटर इंजीनियर के रूप में वे स्वयं को संतुष्ट करे सकें कि प्रस्तावित प्रणाली दोषरहित है।
11. पूर्वी रेलवे कलकत्ता के इंजीनियर पी. दासगुप्ता ने लिखा कि उनकी प्रणाली भारतीय रेल द्वारा उपयोग की जानेवाली सिगनलिंग प्रणाली पर अधारित है। उन्होंने विस्तृत चित्र (नीचे देखें) भी दिए। उनके द्वारा प्रस्तावित प्रणाली और ई.सी.आई.एल. तथा बी.ई.एल. द्वारा विकसित ई.वी.एम. की समानताएँ भी काफी दिलचस्प हैं।

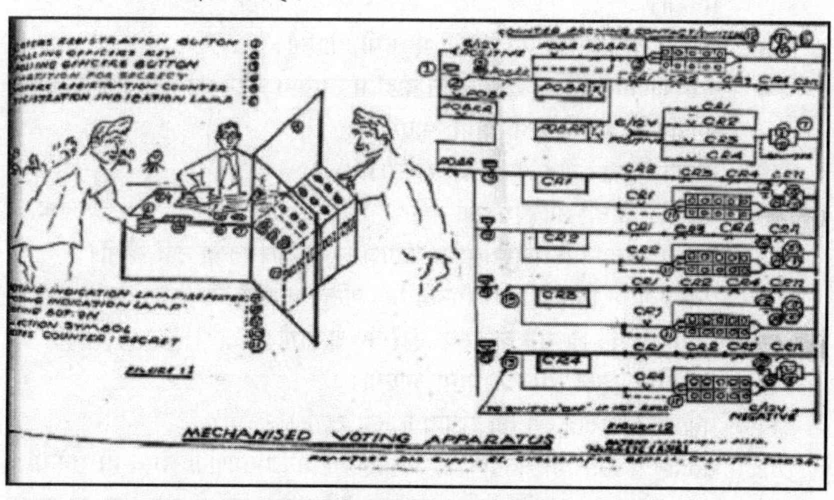

पी. दासगुप्ता द्वारा प्रस्तावित प्रणाली

12. बाद में प्राप्त प्रस्ताव : ई.सी.आई.एल. एवं बी.ई.एल. द्वारा निर्मित ई.वी.एम. का उपयोग प्रारंभ करने के बाद भी आयोग को ई.वी.एम. के विकास के प्रस्ताव मिलते रहे। उत्तर प्रदेश सरकार के उपक्रम अपट्रॉन एवं पश्चिम बंगाल सरकार के उपक्रम वेबेल ने 1983 प्रस्ताव भेजे।

हितधारकों से विचार-विमर्श एवं प्रोटोटाइप ई.वी.एम. के डिजाइन में परिवर्तन

जब निर्वाचन आयोग इलेक्ट्रॉनिक वोटिंग मशीन के प्रोटोटाइप से संतुष्ट हो गया तो उसने ई.वी.एम. के संभावित उपयोग के संबंध में राजनीतिक दलों के विचार जानने के लिए बैठकें कीं। राजनीतिक दलों के साथ पहली बैठक 6 अगस्त, 1980 को हुई।

6 अगस्त, 1980 की राजनीतिक दलों की बैठक

बैठक के एजेंडा नोट में ई.वी.एम. की कार्यप्रणाली और फायदों का विस्तृत विवरण है, साथ ही खर्च में बचत का अनुमान भी दिया गया है। एजेंडा नोट के अनुसार ई.वी.एम. के प्रमुख लाभ थे—

1. चुनावों में मत-पत्रों की आवश्यकता नहीं होगी।
2. दूसरे के नाम पर मतदान को रोकने के लिए मतदाता के हस्ताक्षर लेने की प्रणाली बिना मतदाता की पहचान प्रकटीकरण के भय के चालू रखी जा सकेगी।
3. मतदान कर्मचारियों की संख्या में कमी आएगी।
4. एक पोलिंग पार्टी का दो मतदान केंद्रों में उपयोग करने की संभावना के कारण मतदान के समय में भी कमी आएगी।
5. चलित मतदान केंद्र बनाए जा सकेंगे।
6. मत-पेटियों की आवश्यकता नहीं रहेगी।
7. मत-पत्र छापने के लिए विशेष कागज की आवश्यकता नहीं रहेगी।
8. मत-पत्रों के वितरण और गिनती की जटिल प्रणाली का सरलीकरण होगा।
9. मतगणना की विस्तृत व्यवस्था नहीं करनी होगी।
10. चुनावों के कुल समय में कमी आएगी।
11. मतों के निरस्तीकरण की संभावना नहीं रहेगी।
12. मतदान केंद्र पर ही मतदान के तत्काल पश्चात् मतगणना संभव हो सकेगी।
13. उत्तर प्रदेश, मध्य प्रदेश और महाराष्ट्र जैसे बड़े राज्यों में एक दिन का चुनाव

कराने और उसी दिन मतगणना कराने का गंभीर प्रयास किया जाएगा।

बड़े पैमाने पर उत्पादन की स्थिति में प्रति मशीन लागत 1,500 से 2,000 रुपए के बीच बताई गई थी। यह अनुमान किया गया था कि 4,50,000 मतदान केंद्रों के लिए 2,25,000 मशीनें खरीदने में लगभग 45 करोड़ रुपए का व्यय होगा। रखरखाव की कोई लागत नहीं होगी, जिसके कारण भविष्य के चुनावों में काफी बचत होगी।

यह दिलचस्प है कि इस एजेंडा नोट में दिए गए अनेक फायदे कभी नहीं हुए। उदाहरण के लिए चुनावों में लगनेवाला समय कम नहीं हुआ, बल्कि बढ़ता ही गया। इसी प्रकार मतदान कर्मचारियों की संख्या में भी कोई कमी नहीं आई। मतदान केंद्रों पर मतगणना और बड़े राज्यों में एक दिन का मतदान भी हिंसा की आशंका और सुरक्षा कारणों से नहीं कराए जा सके। ई.वी.एम. की कीमतें भी बढ़ी हैं और प्रत्येक चुनाव के पहले उनकी जाँच और रखरखाव भी काफी महँगा साबित हुआ है। दूसरी ओर मत-पत्र और मत-पेटियों की आवश्यकता समाप्त होने का लक्ष्य प्राप्त हो सका है। मतदान की गोपनीयता बेहतर बनाने का लक्ष्य भी प्राप्त हो गया है। मत-पत्रों को निरस्त करने की संभावना पूरी तरह से समाप्त हो गई है। ई.वी.एम. के उपयोग के कुछ अन्य लाभ भी हुए हैं, जो इस एजेंडा नोट में सोचे भी नहीं गए थे। उदाहरण के लिए बूथ कैप्चरिंग एवं फर्जी मतदान पर लगाम लग सकी है।

राजनीतिक दलों की प्रतिक्रिया

बैठक में अनेक दिग्गजों ने भाग लिया, जैसे भा.ज.पा. के लालकृष्ण आडवाणी और मुरली मनोहर जोशी, कांग्रेस की तारकेश्वरी सिन्हा और जनता पार्टी के सुरेंद्र मोहन। कइयों ने रचनात्मक सुझाव दिए। मुरली मनोहर जोशी ने सुझाव दिया कि नाम और चुनाव चिह्न प्लेट पर खड़े क्रम में जमाए जाएँ और नाम तथा चुनाव चिह्न दरशानेवाले बोर्ड को रोशन करने का कोई तरीका हो, जिससे निरक्षर मतदाताओं को अपनी पसंद का बटन खोजने में कठिनाई न हो। श्री आडवाणी ने पूछा कि क्या मशीनों का कोई व्यावहारिक प्रयोग भी किया गया है और यदि नहीं किया गया है तो इसे शहरी, ग्रामीण और आदिवासी क्षेत्रों में किया जा सकता है। भारतीय जनता पार्टी और जनता पार्टी (एस) चौ. चरण सिंह के प्रतिनिधियों ने सुझाव दिया कि मशीनों को कुछ दिनों के लिए आयोग के कार्यालय में प्रदर्शन के लिए उपलब्ध रखा जाए, जिससे रुचि रखनेवाले राजनीतिक दलों के प्रतिनिधि उनकी कार्यप्रणाली को देख सकें। तारकेश्वरी सिन्हा ने सुझाव दिया कि संसद् में संसदीय दलों एवं ग्रुपों के नेताओं को भी प्रदर्शन देखने के लिए आमंत्रित करने की सूचना भेजी जाए। भारतीय कम्युनिस्ट पार्टी (मा) के प्रतिनिधि ने जानना चाहा कि क्या ई.वी.एम. का

उपयोग प्रारंभ करने से बूथ कैप्चरिंग के कदाचार पर भी नियंत्रण किया जा सकेगा। मुख्य निर्वाचन आयुक्त ने कहा कि नई प्रणाली की प्रभावशीलता का परीक्षण बूथ कैप्चरिंग की समस्या से हटकर करना चाहिए। आयोग इस समस्या से निपटने के लिए पृथक् से अध्ययन कर रहा है। यह दिलचस्प है कि समय के साथ बूथ कैप्चरिंग से निपटने के लिए, आयोग के हाथ में सबसे अच्छा साधन ई.वी.एम. ही साबित हुई है।

यह भी नोट करने योग्य है कि उस समय भी राजनीतिक दलों के प्रतिनिधि ई.वी. एम. से छेड़छाड़ की संभावना के प्रति सचेत थे और उन्होंने स्वदेशी सामग्री के उपयोग तथा छेड़छाड़ की संभावनाओं के संबंध में पूछा था। ई.सी.आई.एल. के प्रतिनिधि ने उन्हें बताया था कि कुछ पुर्जों को छोड़कर सबकुछ स्वदेशी था और छेड़छाड़ की कोई संभावना नहीं थी।

सर्वदलीय बैठक में श्री लालकृष्ण आडवाणी को ई.वी.एम. का प्रदर्शन
[श्री टी.एन. स्वामी के सौजन्य से]

राजनीतिक दलों को ई.वी.एम. के प्रदर्शन की मीडिया में भरपूर कवरेज भी हुई। जैसा सुझाव दिया गया था, लोकसभा में संसदीय दलों के नेताओं को सूचना भेजी गई कि

वे अपने प्रतिनिधियों को आयोग के कार्यालय में इस उद्देश्य से दिनांक 31 अगस्त तक रखी गई मशीन का प्रदर्शन देखने के लिए भेज सकते हैं।

Electronic voting on the anvil

By Our Staff Correspondent

दिनांक 7 अगस्त, 1980 के नेशनल हेराल्ड की कतरन

आयोग ने दिनांक 12 अगस्त, 1980 को ई.सी.आई.एल. के सी.एम.डी. को राजनीतिक दलों से प्राप्त सुझावों के आधार पर परिवर्तन करने के लिए और क्षेत्र में परीक्षण के लिए पर्याप्त संख्या में प्रोटोटाइप ई.वी.एम. बनाने के लिए लिखा। मुख्य रूप से निम्नलिखित परिवर्तनों का सुझाव दिया गया था—

1. प्रोटोटाइप मशीन में 6 बटन के स्थान पर 8 बटन हों।
2. लाल लाइट को थोड़ा नीचे की ओर खिसकाया जाए, जिससे वह वोटिंग के लिए उपयोग किए जानेवाले बटन के ठीक सामने बटन और चुनाव चिह्न के बीच में आ जाए।
3. मशीनें मानक आकार की व्यावसायिक रूप से उपलब्ध बैटरियों पर संचालित हों।
4. पेपर सील का प्रावधान किया जाए।
5. (1) क्लियर बटन और (2) रीड बटन के ठीक प्रकार से सील करने का प्रावधान किया जाए, जिससे इन बटनों से मतदान के दौरान और पश्चात् छेड़छाड़ न हो सके। इसी के साथ प्रत्याशियों के अभिकर्ताओं की सील लगाने का भी प्रावधान किया जाए, जिससे वे पीठासीन अधिकारी की सील के साथ

अपनी सील भी इन बटनों पर लगा सकें।

6. मशीन को एक धातु के बक्से अथवा प्लेट से ढाँकने का प्रावधान किया जाए, जिससे इसे मतगणना तक ठीक प्रकार से तालाबंद किया जा सके।
7. मशीनों की क्रमानुसार नंबरिंग की जाए।
8. कंट्रोलिंग मशीन का आकार छोटा किया जाए और न्यूमरिक डिस्प्ले का आकार बढ़ाया जाए, जिससे यह प्रत्याशियों के अभिकर्ताओं को वहाँ से साफ दिखाई पड़ सके, जहाँ वे बैठाए जाते हैं।
9. मशीन की सतह पर रोशनी की व्यवस्था की जाए, जिससे मतदाता मतदान केंद्र की साधारण और कम प्रकाश की अवस्था में भी बटन को पहचान सकें।
10. मशीनों में खड़ी दीवार पर लटकाने के लिए हुक लगाए जाएँ।

प्रधानमंत्री को प्रदर्शन

प्रधानमंत्री कार्यालय में 29 अगस्त, 1980 को ई.वी.एम. प्रधानमंत्री के सामने प्रदर्शित की गई। पहले उन्हें उनके संसद् स्थित कार्यालय में 18 अगस्त, 1980 को ई.वी.एम. दिखाने का निर्णय हुआ था। निर्वाचन आयोग के अभिलेखों में दिनांक 16 अगस्त, 1980 का लोकसभा सचिव को संबोधित एक पत्र उपलब्ध है, जिसमें इस प्रदर्शन के लिए आयोग के अधिकारियों के लिए पास का अनुरोध किया गया है। दिनांक 16 अगस्त, 1980 के हिंदुस्तान टाइम्स में खबर छपी थी कि 18 अगस्त, 1980 को प्रधानमंत्री की व्यस्तता के कारण उन्हें ई.वी.एम. नहीं दिखाई जा सकी।

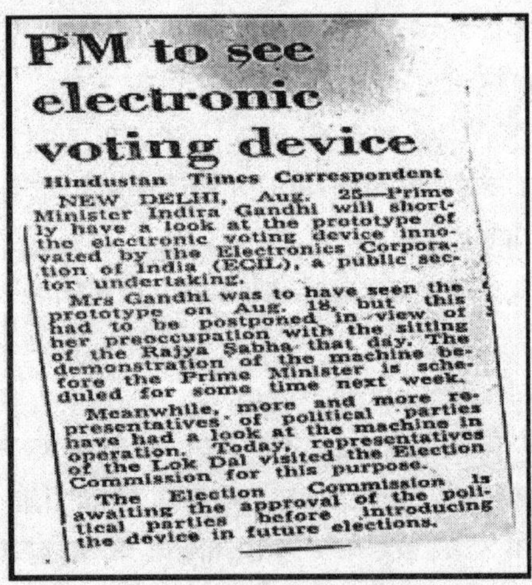

PM to see electronic voting device

Hindustan Times Correspondent

NEW DELHI, Aug. 25—Prime
Minister Indira Gandhi will short-
ly have a look at the prototype of
the electronic voting device inno-
vated by the Electronics Corpora-
tion of India (ECIL), a public sec-
tor undertaking.

Mrs Gandhi was to have seen the
prototype on Aug. 18, but this
had to be postponed in view of
her preoccupation with the sitting
of the Rajya Sabha that day. The
demonstration of the machine be-
fore the Prime Minister is sche-
duled for some time next week.

Meanwhile, more and more re-
presentatives of political parties
have had a look at the machine in
operation. Today, representatives
of the Lok Dal visited the Election
Commission for this purpose.

The Election Commission is
awaiting the approval of the poli-
tical parties before introducing
the device in future elections.

हिंदुस्तान टाइम्स, 26 अगस्त, 1980

प्रदर्शन अंततः 29 अगस्त, 1980 को हुआ। ई.वी.एम. के ईजादकर्ता टी.एम. स्वामी ने उस अवसर का एक फोटो साझा किया है।

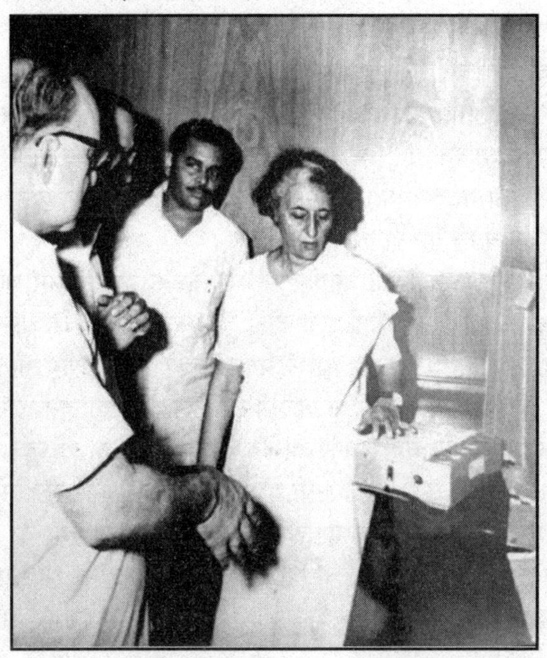

तत्कालीन प्रधानमंत्री श्रीमती इंदिरा गांधी को ई.वी.एम. का प्रदर्शन [सौजन्यः टी.एन. स्वामी]

भारत इलेक्ट्रॉनिक्स लिमिटेड

9 जनवरी, 1981 को भारत सरकार के रक्षा मंत्रालय के अंतर्गत एक सार्वजनिक उपक्रम भारत इलेक्ट्रॉनिक्स लिमिटेड (बी.ई.एल.) ने आयोग से इलेक्ट्रॉनिक वोटिंग मशीनों के निर्माण के संबंध में संपर्क किया। उनके उपमहाप्रबंधक ने आयोग को लिखा कि उन्होंने पूर्व में अपने आंतरिक चुनावों में इलेक्ट्रॉनिक वोटिंग मशीनों का उपयोग किया है, जिसमें 18 मतदान केंद्रों में 12000 लोगों ने मतदान किया है। बी.ई.एल. का प्रोटोटाइप मुख्य निर्वाचन आयुक्त को 28 अप्रैल, 1981 को दिखाया गया। इसे 19 अप्रैल, 1981 को एक वोटर काउंसिल ऑफ इंडिया द्वारा आयोजित एक सेमिनार में प्रेस को भी दिखाया गया। निर्वाचन आयोग के सचिव ने 5 मई, 1981 को बी.ई.एल. को लिखा कि आयोग ने ई.सी.आई.एल. द्वारा पूर्व में प्रदर्शित प्रोटोटाइप में कुछ फायदे और विशेषताएँ पाए थे, जो बी.ई.एल. की मशीन में शामिल किए जाने चाहिए। ये निम्नानुसार हैं—

1. मतदान की समाप्ति पर प्रिंट लेने का प्रावधान।
2. मशीन को चुनाव लड़नेवाले प्रत्याशियों की संख्या के अनुरूप सेट करने एवं उसके पश्चात् मशीन का वह भाग रिटर्निंग ऑफिसर तथा प्रत्याशियों अथवा उनके निर्वाचन एजेंट द्वारा सील किए जाने का प्रावधान।
3. इग्निशन चाभी को पृथक् से रिटर्निंग ऑफिसर की अभिरक्षा में रखने तथा परिणाम घोषित होने तक उस चाभी की आवश्यकता न होने का प्रावधान।
4. मशीन को मतदान के लिए सेट कर देने के बाद कंट्रोल यूनिट को पेपर सील से सील करने का प्रावधान।

दिनांक 29 जून, 1981 को आयोग में एक बैठक हुई, जिसमें यह निर्णय लिया गया कि ई.सी.आई.एल. और बी.ई.एल. दोनों ही एक सामान्य डिजाइन बनाएँगे और क्षेत्र में परीक्षण के लिए दोनों 250 मशीनें बनाकर देंगे। यह निर्णय भी लिया गया कि भविष्य में जब बड़ा क्रय आदेश दिया जाएगा तो दोनों को एक बराबर संख्या का क्रय आदेश मिलेगा। इस निर्णय की सूचना आयोग के पत्र दिनांक 31 जुलाई, 1981 द्वारा दी गई। कुछ समय पूर्व तक आयोग बी.ई.एल. एवं ई.सी.आई.एल. से एक बराकर संख्या में ई.वी.एम. क्रय करता रहा है। दोनों ही कंपनियाँ ई.वी.एम. के. आर. एंड डी. में लगी हुई हैं। ई.वी.एम. का अंदरूनी डिजाइन और सॉफ्टवेयर बी.ई.एल. एवं ई.सी. आई.एल. ने स्वतंत्र रूप से विकसित किया है, परंतु बाहरी विशेषताएँ और कार्यप्रणाली एक समान हैं।

राज्यों के मुख्य निर्वाचन पदाधिकारियों को प्रोटोटाइप का प्रदर्शन

19 जुलाई, 1981 को राज्यों के मुख्य निर्वाचन पदाधिकारियों की एक बैठक हुई, जिसमें बी.ई.एल. एवं ई.सी.आई.एल. दोनों ही ने अपने ई.वी.एम. प्रोटोटाइप का प्रदर्शन किया। प्रदर्शन के बाद निर्णय हुआ कि दोनों कंपनियाँ एक समान डिजाइन विकसित करेंगी और दोनों से एक बराबर संख्या में ई.वी.एम. ली जाएँगी। ई.वी.एम. के डिजाइन में कुछ परिवर्तनों के सुझाव भी दिए गए, जो ऊपर दिए जा चुके हैं।

केरल राज्य के 70-परूर विधानसभा निर्वाचन क्षेत्र में ई.वी.एम. का प्रथम उपयोग

भारत निर्वाचन आयोग ने 19 मई, 1982 को होनेवाले केरल राज्य के 70-परूर विधानसभा निर्वाचन क्षेत्र के उपचुनाव में ई.वी.एम. का उपयोग करने का निर्णय लिया। इस निर्वाचन में 50 मतदान केंद्रों में ई.वी.एम. का उपयोग किया गया। आयोग

ने कर्नाटक एवं तमिलनाडु के मुख्य निर्वाचन पदाधिकारियों को यह ऐतिहासिक घटना देखने के लिए भेजा। परूर उपचुनाव के बाद दिनांक 5 जून, 1982 को आयोग में एक बैठक हुई, जिसमें केरल, कर्नाटक एवं तमिलनाडु राज्यों के मुख्य निर्वाचन पदाधिकारियों के साथ 70-परूर विधानसभा निर्वाचन क्षेत्र का रिटर्निंग ऑफिसर और बी.ई.एल. एवं ई.सी.आई.एल. के प्रतिनिधि मौजूद थे। मुख्य निर्वाचन आयुक्त ने ई.सी.आई.एल. में धीमी प्रगति का जिक्र किया और कहा कि ई.सी.आई.एल. द्वारा पर्याप्त संख्या में ई.वी.एम. प्रदाय न कर पाने के कारण सभी मतदान केंद्रों में ई.वी.एम. का उपयोग नहीं हो पाया। रिटर्निंग ऑफिसर ने विस्तृत रिपोर्ट प्रस्तुत की। मुख्य निर्वाचन पदाधिकारियों ने विस्तार से टिप्पणियाँ दीं। ई.वी.एम. की सुरक्षा बेहतर बनाने तथा उन्हें क्षेत्र की परिस्थितियों के लिए अधिक उपयुक्त और मजबूत बनाने के सुझाव दिए गए। आयोग ने बी.ई.एल. और ई.सी.आई.एल. को भविष्य में बनाई जानेवाली मशीनों में इन सुझावों को शामिल करने के निर्देश दिए।

ई.वी.एम. के आविष्कारक टी.एन. स्वामी की डॉ. अंबिका प्रसाद उपाध्याय के साथ चर्चा

22 मार्च, 2018 : मेरा सौभाग्य है कि आप जैसे महान् आविष्कारक से चर्चा करने का अवसर मुझे मिला। ई.वी.एम. के आविष्कार से आपने न केवल देश में निर्वाचन प्रणाली में आमूल परिवर्तन किया है, बल्कि उसे बूथ कैप्चरिंग जैसी बुराइयों

से मुक्त भी किया है। आपके इस महान् कार्य के लिए मैं आपको प्रणाम करता हूँ। मैं अनुगृहीत हूँ कि आप अपनी अंतर्दृष्टि हमारे साथ साझा करने को राजी हुए हैं। तो मैं सीधे प्रश्न से शुरू करता हूँ।

प्रश्न : अपको ई.वी.एम. का विचार कैसे आया?

उत्तर : श्री एस.एल. शकधर, जो उस समय मुख्य निर्वाचन आयुक्त थे, 17 फरवरी, 1977 को ई.सी.आई.एल. के भ्रमण पर आए थे। मैं टेक्निकल मैनेजर और ई.सी.आई.एल. के उपकरण समूह के डेटा उत्पाद अनुभाग का ग्रुप लीडर था। जब श्री शकधर लोकसभा के सचिव थे, तब ई.सी. आई.एल. नें इलेक्ट्रॉनिक वोट रिकॉर्डिंग प्रणाली (ई.वी.आर.एस.) लोकसभा में लगाई थी। जब श्री शकधर मेरे अनुभाग में आए तो उन्होंने मुझसे कहा, "स्वामी, तुमने नवीनतम माइक्रोप्रोसेसरों का उपयोग करके निर्वाचित होने के बाद लोकसभा सदस्यों के उपयोग के लिए ई.वी. आर.एस. का डेस्कटॉप वर्जन बनाया है। अब तुम मुझे उनके निर्वाचन के लिए भी मदद क्यों नहीं करते?" मैंने अनायास ही कहा, "जी सर, मैं करूँगा।" यहाँ से वह यात्रा प्रारंभ हुई, जिसका परिणाम हुआ ई.वी. एम. का विकास। उसी शाम शकधर ने आंध्र प्रदेश सचिवालय में एक पत्रकार वार्त्ता में घोषणा की, "ई.सी.आई.एल. निर्वाचन में इलेक्ट्रॉनिक प्रौद्योगिकी को अपनाने के लिए एक संभाव्यता और आर. एंड डी. अध्ययन करेगी।"

प्रश्न : कृपया ई.वी.एम. के विकास के लिए आर. एंड डी. के प्रयासों के बारे में बताइए।

उत्तर : ई.सी.आई.एल. के प्रबंध संचालक ने 4 सदस्यों का एक तकनीकी दल बनाया, जिसमें उपकरण अनुभाग के मुखिया के.एस. राव, मैं स्वयं, तकनीकी मैनेजर (सिस्टम्स) एन. सुंदर राजन और तकनीकी मैनेजर (न्यू एप्स) वी. कीर्ति वासन थे। हमने उस समय प्रचलित निर्वाचन प्रणाली का अध्ययन मुख्य निर्वाचन पदाधिकारी आंध्र प्रदेश एवं उनके दल के साथ किया। मैंने इस अध्ययन के आधार पर पर एक संभाव्यता रिपोर्ट बनाई। सितंबर 1979 में अपने घर में गणेश पूजा के बाद मैंने 'इलेक्ट्रॉनिक वोटिंग उपकरण' शीर्षक से एक आर. एंड डी. प्रोजेक्ट एक जॉब नंबर आवंटित करके औपचारिक रूप से प्रारंभ किया। इसकी तैयारी करते हुए मैंने एम.ओ.एस./सी.एम.ओ.एस., एल.एस.आई. सर्किट,

एल.ई.डी. लिक्विड क्रिस्टल आदि का सर्वे किया।

मैंने अपने उपकरण में दबानेवाले बटन (पुश बटन) का उपयोग करने का निर्णय किया और प्रारंभ में प्रत्याशियों के बटन 4 रखे।

एक घूमनेवाला स्विच (रोटरी स्लाइड स्विच) प्रत्याशियों की संख्या निर्धारित करने के लिए उपयोग किया गया। वोटर ने वोट कर दिया है, यह दिखाने के लिए एक ध्वनि अलार्म (ऑडियो अलार्म) तथा सूचक लैंप रखे गए। प्रत्येक प्रत्याशी के मतों को अलग-अलग संगृहीत रखने के लिए 4 गैर अस्थिर स्मृति पाकेट्स (नॉन वोलोटाइल मेमोरी पाकेट्स) रखे गए। इस प्रकार प्रथम प्रोटोटाइप बना। इस बीच मुझे सेमीकंडक्टर चिप्स एवं एल.ई.डी. के निर्माताओं से उत्तर मिलने लगे। ह्यूलेट पेकर्ड ने उच्च दक्षता के 7 खंडोंवाले अंकीय एल.ई.डी. सारणियाँ (एल.ई.डी. न्यूमेरिक एरे) भेजे। अलटेरा सेमीकंडक्टर कॉर्पोरेशन ने अत्याधुनिक गैर अस्थिर ऊपर/नीचे गणित (अप/डाउन काउंटर), सिटकिनी (लैच) और इलेक्ट्रॉनिक रूप से प्रोग्राम करने योग्य तार्किक डिवाइस (इलेक्ट्रॉनिकली प्रोग्रामेबल लॉजिक डिवाइस-ई.पी.एल.डी.) भेजे और आर.सी.ए. सेमीकंडक्टर कॉर्पोरेशन में अपने 8 बिट के माइक्रोप्रोसेसर 1802 का साहित्य भेजा। मैं उल्लसित हो गया, परंतु उन्होंने चिप्स के सेंपल भेजने से इस कारण इनकार कर दिया कि उन्हें नासा (NASA) के साथ अनुबंध के अंतर्गत विकसित किया गया था और अनुबंध की अवधि पूर्ण होने के पहले इन्हें व्यापारिक उपयोग के लिए प्रदान करना संभव नहीं था। मैंने अपने प्रोटोटाइप के लिए अलटेरा के पुरजों का उपयोग करने का निर्णय किया। मेरे विश्वसनीय ट्रेड्समैन जी. संजीवा एवं मेरे साथी जी. सुधाकर रेड्डी, तकनीकी अधिकारी ने ब्रेड बोर्ड पर सर्किट बनाया। उन्होंने एक महीने में 8 पुश बटनवाला डिजाइन बना लिया। इसके बाद 2 महीने तक अपने उत्पाद डिजाइन दल के साथ मैंने यांत्रिक (मेकैनिकल) डिजाइन पर काम किया। हमने अंततः प्रोटोटाइप ई.वी.एम. का परीक्षण अप्रैल 1980 में ई.सी.आई.एल. में एक नकली मतदान (मॉक पॉल) में किया।

प्रश्न : हमें उस समय के माहौल और मनोभावों के बारे में बाताइए जब आपने अपनी पहली प्रोटोटाइप ई.वी.एम. का सफल परीक्षण किया।

उत्तर : ई.सी.आई.एल. में बहुत उत्साह था और मैं उल्लसित था।

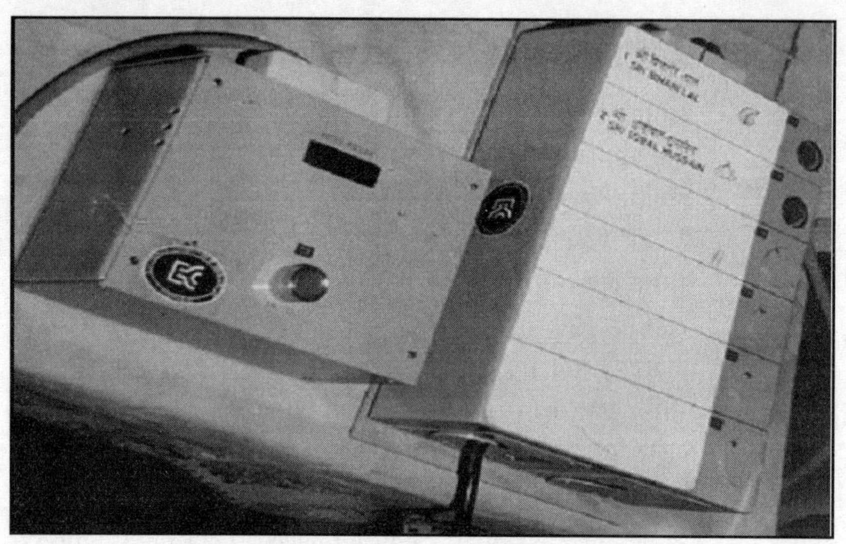

ई.वी.एम. के पहले प्रोटोटाइप का चित्र सौजन्य टी.एन. स्वामी

प्रश्न : जब आपने वरिष्ठ राजनीतिक नेताओं के सामने 6 अगस्त, 1980 को ई.वी.एम. का प्रदर्शन किया, उस समय उनकी क्या प्रतिक्रिया थी, क्या आपको कोई प्रतिक्रिया विशेष रूप से याद है ?

उत्तर : मैंने 6 अगस्त, 1980 को राजनीतिक दलों की बैठक में 8 प्रत्याशी बटनवाली प्रोटोटाइप-2 का प्रदर्शन किया था। राजनीतिक दलों के 60 से अधिक वरिष्ठ नेता उपस्थित थे। हमारे प्रबंध संचालक श्री विजयकर मेरे साथ थे। मेरे ई.वी.एम. प्रदर्शन से नेता एवं उनके सलाहकार प्रभावित थे। मैंने उनके सभी संशयों का समाधान किया। नेताओं ने स्वयं नकली मतदान में भी भाग लिया। मैं बड़ा कृतार्थ हुआ, जब वरिष्ठ नेता श्री लालकृष्ण आडवाणी ने मेरे पास आकर कहा, "श्री स्वामी, आपने समयानुकूल अच्छा उत्पाद विकसित किया है। मेरे तकनीकी सलाहकारों ने आपके आर. एंड डी. के तरीके की सराहना की है। आपको सफलता के लिए शुभकामनाएँ।" ई.सी.आई.एल. में उपकरण समूह के मुखिया के.एस. राव ने हाथ मिलाते हुए मुझसे कहा, "श्री स्वामी, आपकी जुबान चाँदी की है, जो आपने निर्णय करनेवालों को यकीन दिला दिया है। यह ई.सी.आई.एल. के लिए सुनहरा अवसर है।" अपने प्रदर्शन में मैंने एमबेडेड एवं छेड़छाड़ से मुक्त शब्दों का

प्रयोग किया था, क्योंकि एल.एस.आई. संगणक (कैलकुलेटर) चिप को धोखा देने के लिए ई.एम.आई. दखलंदाजी (इंटरफियरेंस) सहित मेरी सभी कोशिशें असफल हुई थीं। मैंने एक छेड़छाड़मुक्त उत्पाद खोज लिया था और मैंने इसी प्रौद्योगिकी का उपयोग ई.वी.एम. को छेड़छाड़मुक्त बनाने में करने का निर्णय किया।

प्रश्न : श्रीमती इंदिरा गांधी के सामने दिनांक 29 अगस्त, 1980 को ई.वी.एम. का प्रदर्शन करना आपके कॅरियर का उच्च बिंदु था। कृपया उस बैठक का विवरण हमें दें।

उत्तर : दिनांक 29 अगस्त, 1980 को प्रधानमंत्री के समक्ष प्रदर्शन के लिए निर्वाचन आयोग हमारे दल को प्रधानमंत्री कार्यालय ले गया। हम दोपहर 12 बजे पहुँचे। हमारा स्वागत एक बुजुर्ग सज्जन ने किया, जिनका परिचय मुख्य निर्वाचन आयुक्त ने आर.के. धवन के रूप में दिया। हमने प्रदर्शन को प्रधानमंत्री के कक्ष के समीप एक कमरे में सेट अप किया। मैंने जगजीवन राम और तारकेश्वरी सिन्हा जैसे वरिष्ठ नेताओं को देखा। 12.15 बजे इंदिरा गांधी ने एक अन्य दरवाजे से कमरे में प्रवेश किया। मुख्य निर्वाचन आयुक्त ने हमारा परिचय कराया और उन्होंने मुसकराकर हमारा स्वागत किया। उन्होंने मुख्य निर्वाचन आयुक्त द्वारा दिए गए ई.वी.एम. के संबंध में जानकारी के फोल्डर का अध्ययन किया। शकधर ने उन्हें इस बात की जानकारी दी कि आण्विक ऊर्जा विभाग, जो सीधा प्रधानमंत्री के नियंत्रण में है, के अंतर्गत एक सार्वजनिक उपक्रम, ई.सी.आई.एल. किस प्रकार शकधर के आग्रह पर ई.वी.एम. का विकास कर रहा था। एक प्याला कॉफी के बाद वे ई.वी. एम. की मेज पर गईं और मुझसे समझाने को कहा। विजयकर द्वारा एक संक्षिप्त स्पष्टीकरण के बाद मैंने विस्तार से ई.वी.एम. की सारी कार्यप्रणाली के विषय में समझाया। मैडम ने मेरी बात धैर्य से सुनी और कहा, "आप अच्छे विज्ञान शिक्षक हैं और मैं सीखने को आतुर हूँ।" शकधर की ओर देखकर उन्होंने कहा, "इन्होंने आपकी निर्वाचन प्रणाली पूरी तरह समझ ली है। वर्तमान प्रथाओं के साथ जोड़कर ई.वी.एम. की कार्यप्रणाली के संबंध में इनका विवरण बड़ा विश्वासप्रद है।" शकधर को पीठासीन अधिकारी बनाकर मैंने उन्हें एक प्रदर्शन दिखाया। जब उन्होंने तत्काल ही परिणाम भी घोषित कर दिया

तो प्रधानमंत्री आश्चर्यचकित रह गईं। "ई.वी.एम. जीत गई, आप जीत गए", वे उत्साह से बोलीं। इसके बाद उन्होंने श्री शकधर से पूछा कि क्या उन्होंने राजनीतिक दलों के नेताओं को ई.वी.एम. दिखाई है। मुख्य निर्वाचन आयुक्त ने उन्हें जिस बैठक में ई.वी.एम. का प्रदर्शन किया गया था, उसकी काररवाई का विवरण दिखाया और उसके संबंध में अखबारों की कतरनें भी दिखाईं। इसके पश्चात् उन्होंने विजयकर से पूछा कि क्या पूरे देश के चुनावों के लिए बड़ी संख्या में ई.वी.एम. का निर्माण ई.सी.आई.एल. कर सकेगी।

हमारे प्रबंध संचालक ने उत्तर दिया कि दो सार्वजनिक उपक्रम बी.ई.एल. एवं ई.सी.आई.एल. मिलकर यह जिम्मेदारी वहन कर लेंगे। उन्होंने मेरी ओर एवं रेड्डी की ओर देखा और कहा, "आप जैसे युवाओं को हमारे देश को प्रौद्योगिकी में आगे बढ़ाना चाहिए।" मैंने उन्हें बताया कि मशीन अभी भी एक प्रोटोटाइप ही थी और क्षेत्रीय परीक्षणों के लिए बैटरी द्वारा संचालित प्रोटोटाइप बनाने में अभी 8-10 महीने लगेंगे। इसके बाद वे ई.वी.एम. सेट-अप की ओर वापस गईं और अगले 30 से 40 मिनट पीठासीन अधिकारी और वोटर के रूप में उसे चलाकर देखती रहीं तथा जिस प्रत्याशी को उन्होंने वोट दिया, उसका नाम नोट करती रहीं। इसके बाद उन्होंने अपने नोट्स का मिलान परिणाम से किया। इस बीच आर.के. धवन ने हमें समोसे, ग्रिल्ड सैंडविच, केक एवं लस्सी परोसे। वे खाते हुए ई.वी.एम. का परीक्षण करती रहीं। कुछ समय बाद वे उठीं और बोलीं, "सज्जनो, आपका धन्यवाद, नई चीजें सीखना मेरे लिए अच्छा है।" उन्होंने शकधर से कानून मंत्रालय के माध्यम से संविधान संशोधन का प्रारूप भेजने को कहा। इसके बाद उन्होंने मुसकराते हुए हमें शुभकामनाएँ दीं और अपने कमरे में चली गईं। प्रधानमंत्री के साथ हमारा समय केवल 30 मिनट निर्धारित था, परंतु उन्होंने हमारे साथ लगभग दो घंटे बिताए।

प्रश्न : क्या आपने प्रधानमंत्री को प्रदर्शन करने के बाद प्रोटोटाइप पर और आर. एंड डी. किया?

उत्तर : हमें आर.सी.ए. 1802 माइक्रोप्रोसेसर एवं उसके सहयोगी चिप्स से सैंपल प्राप्त हो गए। इस समय तक मेरे दल में नए सदस्य जुड़ चुके थे, जिनमें टी.वी.पी. कामेश्वर राव, यशोदा और कोटेश्वर राव शामिल थे। हमने

सी.एम.ओ.एस. एल.एस.आई. चिप्स पर काम किया। 3 महीने में हमने प्रोटोटाइप-3 तैयार कर लिया। प्रत्याशी बटन बढ़ाकर 12 कर दिए गए और 5 यूनिटों को जोड़कर 60 प्रत्याशियों तक का निर्वाचन कराया जा सकता था। प्रारूप कार्यप्रणाली की आवश्यकताओं के अनुरूप सिस्टम सॉफ्टवेयर की प्रोग्रामिंग ई.ई.ई.पी.आर.ओ.एम. (EEPROM) में की गई। एक डेस्कटॉप कंट्रोल यूनिट बनाई गई। प्रोटोटाइप-3 का प्रदर्शन आंध्र प्रदेश के मुख्य निर्वाचन पदाधिकारी के समक्ष किया गया और वे इस निष्कर्ष पर पहुँचे कि ई.वी.एम. का प्रयोग अब किसी उप-चुनाव में किया जा सकता था। उन्होंने मुख्य निर्वाचन आयुक्त को सूचना दी और मुख्य निर्वाचन आयुक्त ने मुझसे पणजी में आयोजित मुख्य निर्वाचन पदाधिकारियों के सम्मेलन में इसे समस्त मुख्य निर्वाचन पदाधिकारियों के समक्ष प्रदर्शित करने को कहा।

प्रश्न : क्या आपको मुख्य निर्वाचन पदाधिकारियों के पणजी सम्मेलन में ई.वी.एम. के प्रदर्शन के संबंध में कोई उल्लेखनीय बात याद है।

उत्तर : मुख्य निर्वाचन आयुक्त ने स्वयं ही ई.वी.एम. के विकास में अभी तक हुई प्रगति के बारे में बताया और प्रधानमंत्री के समक्ष प्रदर्शन के संबंध में अपने अनुभव भी साझा किए। कर्नाटक के मुख्य निर्वाचन पदाधिकारी ने अनेक तकनीकी प्रश्न पूछे, जिनका मैंने संतोषजनक उत्तर दिया। सभी मुख्य निर्वाचन पदाधिकारी अपने राज्यों के उप-चुनावों में ई.वी.एम. का उपयोग करने पर सहमत हुए।

प्रश्न : बी.ई.एल. कैसे शामिल हुआ, ई.सी.आई.एल. और बी.ई.एल. के बीच किस सीमा तक सहयोग था?

उत्तर : जनवरी 1982 के अंत में मुझे बताया गया कि बी.ई.एल. ने मुख्य निर्वाचन आयुक्त को 12 प्रत्याशियों के लिए एक बैटरी संचालित ई.वी.एम. का प्रदर्शन किया है और मुख्य निर्वाचन आयुक्त ने उसे अनुमोदित कर दिया है। बी.ई.एल. ने भी आर. एंड डी. के लिए एक दल बनाया था, परंतु मेरी खोज के आधार पर बी.ई.एल. ने अच्छा व्यवसाय भी पाया था। बी.ई.एल. एवं ई.सी.आई.एल. के मुख्य कार्यपालन अधिकारी इस बात पर सहमत हो गए कि दोनों अलग-अलग सर्किट डिजाइन बनाएँ, परंतु एक समान कार्यप्रणाली, शब्दावली और ऑपरेटिंग नियंत्रण के लिए समान नाम और क्रम रखा जाए और उनकी कार्यप्रणाली भी एक

जैसी हो। आई.आई.टी., मुंबई तथा एन.आई.डी., अहमदाबाद का चयन ई.वी.एम. का एक समान डिजाइन बनाने के लिए किया गया और अंत में आई.आई.टी. मुंबई का डिजाइन स्वीकार किया गया।

प्रश्न : परूर में ई.वी.एम. का उपयोग न करने के बारे में एक याचिका लगाई गई थी। कृपया हमें बताइए कि न्यायालय में क्या हुआ और आपने न्यायालय को स्थगन न देने के लिए कैसे मनाया ?

उत्तर : जैसे ही मैं कोचीन पहुँचा, एर्नाकुलम के कलेक्टर ने यह निराशाजनक खबर दी कि ई.वी.एम. से चुनावों पर स्थगन देने की प्रार्थना के साथ एक याचिका केरल उच्च न्यायालय की कोचीन खंडपीठ में लगाई गई थी। निर्वाचन आयोग के सचिव श्री गणेशन भी उसी उड़ान से आए थे। वे मुझे निर्वाचन आयोग के स्थायी अधिवक्ता श्री सी.एस. माधवन के पास ले गए। हमने श्री माधवन को सारी जानकारी दी। उनकी पत्नी एक पारंपरिक अय्यर महिला थीं। उन्हें लगा कि हमें भूख लगी होगी। उन्होंने हमें केले के पत्ते पर दक्षिण भारतीय भोजन कराया। श्री माधवन ने कलेक्टर एर्नाकुलम से दोपहर 3.30 तक एक ई.वी.एम. एवं सभी प्रचार सामग्री न्यायालय में लाने को कहा। हमने जज के कक्ष के समीप एक कमरे में ई.वी.एम. सेट-अप की। जस्टिस श्री सुकुमारन नायर वेकेशन जज थे। कुछ देर में वे कमरे में आए। हमने उनका अभिवादन किया तो वे हमें देखकर मुसकराए. माधवन ने मेरा और गणेशन का परिचय कराया। मैंने उन्हें ई.वी.एम. की कार्यप्रणाली का प्रदर्शन किया। उन्होंने इसमें काफी रुचि ली और हर कदम पर प्रश्न पूछे। उन्होंने सभी स्विच और सील करने की प्रणाली को देखा। मैंने उन्हें राजनीतिक दलों, प्रधानमंत्री एवं मुख्य निर्वाचन पदाधिकारियों को किए गए प्रदर्शनों के संबंध में बताते हुए ई.वी.एम. के विकास का पूरा इतिहास सुनाया। मैंने उन्हें यह भी बताया कि किस प्रकार ई.वी.एम. चुनावों को निष्पक्ष तथा कदाचरण से मुक्त बनाएगी। मैंने उनसे कहा कि अपनी उच्च साक्षरता दर के कारण परूर निर्वाचन क्षेत्र ई.वी.एम. के चुनावों में क्षेत्रीय परीक्षण के लिए सर्वश्रेष्ठ था। माननीय जज प्रसन्न नजर आए। उन्होंने मुझे न्यायालय के क्लर्क की मेज पर ई.वी.एम. सेट-अप करने को और याचिकाकर्ता के अधिवक्ता को स्पष्टीकरण देने के लिए तैयार रहने को कहा। न्यायालय नेताओं और समर्थकों से भरा हुआ था। याचिकाकर्ता के अधिवक्ता ने तर्क किया कि

मुख्य निर्वाचन आयुक्त को ई.वी.एम. का उपयोग करने का आदेश देने की शक्ति नहीं थी और क्योंकि ई.वी.एम. का उपयोग करने की अनुमति देने के लिए संविधान में संशोधन नहीं किया गया था, इसलिए मत-पत्र न देना मतदान के अधिकार से वंचित करने के समान था।

निर्वाचन आयोग के स्थायी अधिवक्ता ने उनके तर्क के उत्तर में कहा कि अत्याधुनिक प्रौद्योगिकी के उपयोग के कारण ई.वी.एम. में छेड़छाड़मुक्त हार्डवेयर और सॉफ्टवेयर है और वह स्वतंत्र और निष्पक्ष चुनावों के लिए आदर्श है। इसमें प्रत्येक व्यक्ति को अलग-अलग मत-पत्र के देने के अतिरिक्त पूरी निर्वाचन प्रक्रिया का पालन किया गया है। मतदाता ई.वी.एम. के प्लास्टिक कवर के नीचे रखे मत-पत्र को देखकर मतदान करता है। उन्होंने कहा कि गैर अस्थिर मेमोरी में रखा गया डेटा आवश्यक होने पर न्यायिक सत्यापन के लिए उपलब्ध है। ई.वी.एम. हेरा-फेरी और बूथ कैप्चरिंग जैसे कदाचरण समाप्त कर देगी। उन्होंने यह भी कहा कि परूर के उच्च साक्षर मतदाताओं को नवयुग लानेवाले इस निर्वाचन सुधार में भागीदारी का अवसर मिल रहा था। दोनों अधिवक्ताओं को सुनने के बाद जज ने स्थगन याचिका खारिज कर दी।

प्रश्न : क्या प्रथम बार ई.वी.एम. के प्रयोग में निर्वाचन कर्मचारियों को कोई कठिनाई हुई?

उत्तर : अधिकांश मतदान कर्मचारी ठीक प्रकार से ई.वी.एम. का उपयोग कर पाए। कुछ लोगों को कठिनाई हुई, जिसे शीघ्र ही हल कर लिया गया। मुझे याद है कि जब हम मतदान केंद्र क्रमांक 5 पर पहुँचे तो वहाँ तब तक मतदान प्रारंभ नहीं हो सका था, क्योंकि अधेड़ उम्र के हाई स्कूल के विज्ञान शिक्षक कुन्ही राम, जो वहाँ पीठासीन अधिकारी थे, सी.यू. और बी.यू. को जोड़ नहीं पा रहे थे। मैंने उनसे पूछा, "क्या मैं आपकी सहायता कर सकता हूँ?" वे खड़े हो गए। मैंने उनकी पीठ थपथपाई और आसानी से बी.यू. और सी.यू. को जोड़ दिया। अधिकांश मतदान केंद्रों में मुझे लोग खुश और संतुष्ट नजर आए। अधिकांश कह रहे थे कि मतदान बहुत आसान था और केवल अपने प्रत्याशी का बटन दबाने से ही हो जाता था।

प्रश्न : क्या चुनाव सुधार विधेयक का प्रारूप तैयार करने में भी आपका योगदान था?

उत्तर : निर्वाचन आयोग के तत्कालीन सचिव श्री गणेशन ने मुझे दिल्ली आने को कहा। उन्होंने मेरा परिचय आर.वी.एस. पेरीशास्त्री से कराया, जो संवैधानिक विधि के पूर्व प्राध्यापक रहे थे। उन्होंने मुझसे संविधान संशोधन के तकनीकी पहलुओं का प्रारूप बनाने में सहायता करने को कहा। मैंने अगले दो दिनों तक मुख्य निर्वाचन आयुक्त के साथ बैठकर ई.वी.एम. ऑपरेशनल प्रक्रियाओं का प्रारूप तैयार किया। छह महीने बाद संसद् ने संविधान संशोधन पारित कर दिया और ई.वी.एम. भारत में निर्वाचन का प्राथमिक तरीका बन गई।

प्रश्न : कानून में संशोधन के बाद जब ई.वी.एम. का उपयोग पुनः प्रारंभ किया गया, तब मुख्य निर्वाचन आयुक्त कौन थे, आपके साथ उनका क्या विचार-विमर्श हुआ?

उत्तर : पेरीशास्त्री के बाद टी.एन. शेषन को मुख्य निर्वाचन आयुक्त नियुक्त किया गया। वे हाल ही में मंत्रिपरिषद् सचिव के रूप में सेवानिवृत्त हुए थे। मैंने उन्हें 1960 में आण्विक ऊर्जा विभाग के मुख्यालय पुराने यॉट क्लब भवन में देखा था। मैं वहाँ कनिष्ठ वैज्ञानिक सहायक के रूप में पदभार ग्रहण करने गया था। मैं जब भवन में प्रवेश कर रहा था तो एक सुरक्षा गार्ड ने मुझसे हट जाने को कहा। एक अच्छे कपड़े पहने गोरा-सा आदमी कार से निकलकर आया। मेरे पास आकर उसने पूछा, "तुम्हारा नाम क्या है?" मैंने कहा, "टी.एन. स्वामी सर।" उसने कहा—हम दोनों के नाम के प्रथम अक्षर एक समान हैं और मुसकराकर वह अंदर चला गया। ये टी.एन. शेषन थे। मैं उनसे चौथाई सदी के बाद ई.सी.आई.एल. और बी.ई.एल. की एक संयुक्त बैठक में मिला। उन्होंने पूछा, "उच्च चुंबकीय क्षेत्र से प्रतिरक्षा की जाँच करने के लिए आप लोगों ई.वी.एम. पर क्या परीक्षण किए हैं।" बी.ई.एल. के प्रतिनिधि ने लंबे-चौड़े वाक्यों के साथ और चुंबकीय शब्दावली का उपयोग करके उत्तर दिया।

शेषन ने उसे रोक दिया। "आपने कौन से परीक्षण किए हैं?", उन्होंने फिर से पूछा। फिर उन्होंने व्यंग्यात्मक ढंग से मेरी ओर देखा और कहा, "आशा है आपने तो कुछ परीक्षण किए होंगे?" मैंने बिना अटके तत्काल कहा, "जी सर, मैंने टेसला कॉयल परीक्षण किया है।" वे मेरे उत्तर से प्रसन्न दिखे, फिर उन्होंने हमसे कहा, "खैर, इलेक्ट्रॉनिक्स विभाग ने प्रोफेसर पी.वी. इंदरेसन

(आई.आई.टी. चेन्नई के सेवानिवृत्त संचालक) की अध्यक्षता में एक विशेषज्ञ समिति बना दी है। आप दोनों विश्वसनीयता, प्रामाणिकता और छेड़छाड़मुक्त होने के संबंध में अपने सॉफ्टवेयर, हार्डवेयर और सुरक्षा उपायों की जानकारी समिति को देकर ई.वी.एम. का मूल्यांकन करने में समिति की सहायता करें।" समिति ने ई.वी.एम. का मूल्यांकन करके उसे अनुमोदित कर दिया।

प्रश्न : आज के ई.वी.एम. विवाद पर आपकी क्या प्रतिक्रिया है ?

उत्तर : ई.वी.एम. पूरी तरह सुरक्षित और छेड़छाड़मुक्त है। एक बार प्रोग्राम करने योग्य चिप, गैर–अस्थिर मेमोरी और सुरक्षित निर्माण प्रक्रिया के कारण कोई इन्हें हैक नहीं कर सकता। इन्होंने मतदान को आसान बनाया है और बूथ कैप्चरिंग जैसे अनेक निर्वाचन कदाचरण समाप्त करने में सहायता की है।

प्रश्न : अंत में सलाह के कुछ शब्द ?

उत्तर : वीवीपैट में प्रिंटर का उपयोग किया जाता है, जिसमें कागज को आगे बढ़ाने के लिए एक माइक्रोमोटर लगी होती है। हिलनेवाले पुरजों के कारण प्रिंटरों में आसानी से खराबी आ सकती है। चुनावों के बीच कई सालों तक बिना उपयोग के रखी रहने के बावजूद ई.वी.एम. ने दो दशकों से अधिक समय तक ठीक प्रकार से काम किया है। सालिड स्टेट न होने के कारण वीवीपैट पर वैसी निर्भरता और विश्वसनीयता की अपेक्षा नहीं की जा सकती। इसकी खराबी ई.वी.एम. का नाम भी खराब कर सकती है।

[यह साक्षात्कार डॉ. अंबिका प्रसाद उपाध्याय के सौजन्य से प्रकाशित]

कानून की आवश्यकता के संबंध में न्यायालय के निर्णय के पूर्व ई.वी.एम. का प्रारंभिक उपयोग

ई.वी.एम. के उपयोग के लिए संसद् द्वारा बनाए गए कानून की आवश्यकता के संबंध में सर्वोच्च न्यायालय के निर्णय के पूर्व निर्वाचन आयोग ने 1981–82 में 11 चुनावों में ई.वी.एम. का उपयोग किया। इसका विस्तृत विवरण नीचे दिया गया है।

क्र.	राज्य/ संघ शासित प्रदेश का नाम	चुनाव का प्रकार	निर्वाचन क्षेत्र का नाम एवं नंबर	चुनाव का माह एवं वर्ष	उपयोग की गई ई.वी. एम. की संख्या
1	केरल	आम चुनाव	70–परूर विधानसभा क्षेत्र	मई 1982	50
2	नागालैंड	आम चुनाव	10–उत्तर अंगामी विधानसभा क्षेत्र	नवंबर 1983	12
3	आंध्र प्रदेश	आम चुनाव	191–शादनगर (अजा) विधानसभा क्षेत्र	जनवरी 1983	126
4	कर्नाटक	आम चुनाव	84–शांथिनगर (अजा) विधानसभा क्षेत्र	जनवरी 1983	75
5	त्रिपुरा	आम चुनाव	9–बानामालीपुर विधानसभा क्षेत्र	जनवरी 1983	12
6	त्रिपुरा	उप–चुनाव	22–रोइंग विधानसभा क्षेत्र	अप्रैल 1983	25
7	दिल्ली	आम चुनाव	1–सरोजिनी नगर एम.सी.	फरवरी 1983	26
8	दिल्ली	आम चुनाव	3–गोल मार्केट (अजा) एम.सी.	फरवरी 1983	27
9	दिल्ली	आम चुनाव	5–दिल्ली कैंट एम.सी.	फरवरी 1983	25
10	अरुणाचल प्रदेश	उप–चुनाव	199–चांदी नगर विधानसभा क्षेत्र	जून 1983	159
11	बिहार	उप–चुनाव	18–चारीलाम विधानसभा क्षेत्र	नवंबर 1983	19

ई.वी.एम. में और विकास

एक निर्वाचन याचिका में सर्वोच्च न्यायालय ने निर्देश दिए कि ई.वी.एम. के चुनावों में उपयोग के लिए संसद् द्वारा ई.वी.एम. के उपयोग की अनुमति देने का कानून बनाया जाना अनिवार्य था। बाद में कानून में संशोधन किया गया और नए कानून के अंतर्गत नियम बनाए गए। ई.वी.एम. से संबंधित कानूनी मुद्दों का विवरण एक अलग अध्याय में दिया गया है। यहाँ पर हम 1982 के बाद विकसित ई.वी.एम. के विभिन्न मॉडलों एवं उनकी विशिष्टताओं पर चर्चा करेंगे। प्रत्येक नए मॉडल ने ई.वी.एम. को बेहतर काम करनेवाली और अधिक सुरक्षित बनाया है।

चुनाव सुधारों पर दिनेश गोस्वामी समिति

सरकार ने 1990 में चुनाव सुधारों पर भारत के तत्कालीन कानून मंत्री दिनेश गोस्वामी की अध्यक्षता में एक समिति बनाई, जिसे दिनेश गोस्वामी समिति के रूप में जाना जाता है। समिति के अन्य सदस्य थे—

1. एच.के.एल भगत, सांसद भारतीय राष्ट्रीय कांग्रेस।
2. एल.के. आडवाणी, सांसद भारतीय जनता पार्टी
3. सोमनाथ चटर्जी, सांसद सी.पी.आई.(एम.)
4. गुलाम रसूल मट्टू, सांसद नेशनल कॉन्फ्रेंस
5. चिमनभाई मेहता, सांसद
6. इंद्रजीत सांसद
7. होमी एफ. दाजी पूर्व सांसद सी.पी.आई.।
8. इरा सेजियान पूर्व सांसद जनता दल
9. वी. किशोर देव, पूर्व सांसद कांग्रेस (एस)
10. एल.पी. सिंह, पूर्व राज्यपाल
11. एस.एल. शकधर, पूर्व मुख्य निर्वाचन आयुक्त

वी.एस. रमादेवी पूर्व सचिव विधि विभाग एवं के. गणेशन पूर्व सचिव निर्वाचन आयोग को समिति को सहायता करने के लिए निर्देश दिए गए।

इलेक्ट्रॉनिक वोटिंग मशीनों के संबंध में समिति की अनुशंसाएँ उसकी रिपोर्ट के अध्याय 6 के पैराग्राफ 5 में हैं एवं यहाँ पर नीचे दी गई हैं।

5. इलेक्ट्रॉनिक वोटिंग मशीनों का उपयोग

5.1 समिति ने चुनावों में इलेक्ट्रॉनिक वोटिंग मशीनों के उपयोग के प्रस्ताव पर विचार किया। समिति को महसूस हुआ कि मशीनों का परीक्षण तकनीकी विशेषज्ञों द्वारा किया जाना चाहिए, जिससे जनता के मन से मशीनों के कार्य की विश्वसनीयता के संबंध में संदेहों और कुशंकाओं को समाप्त किया जा सके। समिति ने इस विषय पर 30 मार्च, 1990 एवं 31 मार्च, 1990 को पुनः चर्चा की। उन दिनों में इलेक्ट्रॉनिक्स कॉर्पोरेशन ऑफ इंडिया लिमिटेड हैदराबाद एवं इलेक्ट्रॉनिक्स विभाग के तकनीकी विशेषज्ञों ने मशीनों की कार्यप्रणाली प्रदर्शित की।

5.2 सदस्य प्रथमद्रष्टया संतुष्ट हैं कि मशीनें उन कमियों से मुक्त हैं, जिनके आरोप 1989 में हुए लोकसभा के पिछले आम चुनावों में लगे थे। फिर भी समिति

ने चाहा कि तकनीकी विशषज्ञों से इस बात की पुष्टि कराई जाए कि मशीनों की कार्यप्रणाली की विश्वसनीयता के संबंध में संदेह और कुशंकाएँ सच नहीं हैं। भारत सरकार के इलेक्ट्रॉनिक्स विभाग ने मशीनों की कार्यप्रणाली के सभी पहलुओं, विशेषकर उनके विश्वसनीय तथा छेड़छाड़ से मुक्त होने के संबंध में परीक्षण करने के लिए उच्च स्तरीय तकनीकी विशेषज्ञों को नियुक्त किया। तकनीकी विशेषज्ञों के इस दल ने पूरी जाँच के पश्चात् इस बात की पुष्टि की है तथा प्रमाणित किया है कि मशीनों को हमारे चुनावों में इस्तेमाल किया जा सकता है।

5.3 समिति चाहती है कि इलेक्ट्रॉनिक वोटिंग मशीनों का उपयोग भविष्य में सभी उप–चुनावों और लोकसभा के आम चुनावों, विधानसभा और पंचायतों तथा स्थानीय शासन के चुनावों में भी किया जाए, जिससे देश के सभी हिस्सों के निर्वाचकों को शिक्षित एवं मशीन की कार्यप्रणाली से परिचित कराया जा सके।

ई.वी.एम. पर तकनीकी विशेषज्ञ समिति

दिनेश गोस्वामी समिति के चाहे अनुसार भारत सरकार के इलेक्ट्रॉनिक्स विभाग ने आदेश क्रमांक DOE/CCI/EVM/89 दिनांक 10 अप्रैल, 1990 द्वारा ई.वी.एम. की कार्यप्रणाली की विश्वसनीयता का परीक्षण करने के लिए एक तकनीकी विशेषज्ञ समिति बनाई। इस समिति के अध्यक्ष आर.ए.सी., डी.आर.डी.ओ. के अध्यक्ष श्री एस. संपत थे एवं सदस्यों में अन्य लोगों के अतिरिक्त सुप्रसिद्ध वैज्ञानिक जैसे डॉ. पी.वी. इंदिरेसन (आई.आई.टी. दिल्ली), डॉ. सी. राव कसराबदा (ई. आर. एंड डी.सी., त्रिवेंद्रम) थे। अप्रैल 1990 में तकनीकी विशेषज्ञ समिति ने एकमत से बिना और समय नष्ट किए ई.वी. एम. का उपयोग करने की अनुशंसा की।

जब निर्वाचन आयोग ई.वी.एम. में सुधार पर विचार कर रहा था, तब उसने एक अन्य तकनीकी विशेषज्ञ समिति बनाई, जिसके अध्यक्ष प्रोफेसर पी.वी. इंदिरेसन (आई. आई.टी., चेन्नई के सेवानिवृत्त संचालक) थे। समिति के अन्य सदस्य आई.आई.टी., दिल्ली के प्रोफेसर डी.टी. शाहनी और प्रोफेसर ए.के. अग्रवाल थे। यह एक स्थायी समिति थी। निर्वाचन आयोग ई.वी.एम. में परिवर्तनों की अनुमति इस समिति के अनुमोदन के बाद ही देता है। समिति को 20 नवंबर, 2010 को विस्तारित किया गया और प्रो. रजत मूना तत्कालीन संचालक सी. डेक एवं आई.आई.टी., मुंबई के प्रो. दिनेश शर्मा को इसका सदस्य बनाया गया। प्रो.इंदिरेसन की मृत्यु के बाद प्रो. डी.टी. शाहनी समिति के अध्यक्ष बनाए गए।

तकनीकी विशेषज्ञ समिति ई.वी.एम. पर शोध एवं विकास में पूरी तरह संलग्न है

एवं इस प्रक्रिया में ई.सी.आई.एल. एवं बी.ई.एल. का मार्गदर्शन करती है। वर्ष 1979-80 में ईजाद के बाद से ई.वी.एम. में अनेक सुधार किए गए हैं। अभी तक भारत में उनके निम्नलिखित मॉडलों का उपयोग हुआ है—

1. 1979-80 में विकसित प्रोटोटाइप का उपयोग 1982 के परूर निर्वाचन और उसके बाद के 10 उप-चुनावों में किया गया।
2. 1989 में आयोग द्वारा अनुमोदित मॉडल, जिसका उपयोग 2006 तक किया गया, इस मॉडल को सामान्य रूप से 2006-पूर्व मॉडल कहा जाता है और आयोग ने ई.वी.एम. पर अपने स्टेटस पेपर में इसका नामकरण एम-1 किया है।
3. ई.वी.एम. का उत्तर-2006 मॉडल, जो 2006 में विकसित हुआ और जिसका निर्माण 2013 तक किया गया। इसे सामान्य रूप से उत्तर-2006 मॉडल कहा जाता है और आयोग ने इसका नामकरण एम-2 किया है।
4. ई.वी.एम. का जो मॉडल एम-3 कहा जाता है और जिसका विकास 2013 में हुआ, इसका उपयोग 2014 के आम चुनावों में किया गया।
5. एम-3 मॉडल में कुछ परिवर्तनों के साथ मॉडल वर्तमान में निर्मित किया जा रहा है।

यह याद रखना महत्त्वपूर्ण है कि 2013 तक ई.सी.आई.एल. एवं बी.ई.एल. अपना-अपना आर. एंड डी. अलग-अलग करते थे और यद्यपि उनकी मशीनें एक समान दिखती थीं, तथापि उनका सॉफ्टवेयर एवं अंदरूनी हार्डवेयर डिजाइन अलग-अलग थे। इसलिए उपरोक्त सभी मॉडलों का एक ई.सी.आई.एल. एवं एक बी.ई.एल. वर्जन था। 2013 के बाद दोनों कपंनियों ने तकनीकी विशेषज्ञ सलाहकार समिति की सहायता से एक सामान्य डिजाइन बनाया। विभिन्न मॉडलों का संक्षिप्त विवरण नीचे दिया गया है।

ई.सी.आई.एल. द्वारा 1979 एवं 1980 में बनाया गया ई.वी.एम. का प्रथम प्रोटोटाइप

6 अगस्त, 1980 की राजनीतिक दलों की बैठक के लिए भेजे गए एजेंडा नोट में मूल प्रोटोटाइप का विस्तृत विवरण दिया गया है। इसके अनुसार प्राटोटाइप ई.वी.एम. 2 साधारण सेलों की बैटरी से संचालित होती थी। इसमें प्लास्टिक के बटन थे और प्रत्याशियों के नाम और चुनाव चिह्न उनके लिए आवंटित बटन के सामने चिपकाए जाते थे। इस मशीन को परदे के पीछे रखा जाता था। पीठासीन अधिकारी को मतदान का नियंत्रण करने के लिए एक छोटी नियंत्रक इलेक्ट्रॉनिक स्विचिंग मशीन दी जाती थी। जब

बटन दबाने से मतदान हो जाता था तो उस बटन के विरुद्ध एक लाल बत्ती जल जाती थी। इसके साथ ही पीठासीन अधिकारी को दी गई नियंत्रक मशीन पर लगी लाल बत्ती, जो इस पूरा समय जल रही थी, बुझ जाती थी। नियंत्रक मशीन में ऐसे पुरजे लगे थे, जो किसी मतदाता द्वारा एक से अधिक बार मतदान नहीं होने देते थे। मतदान के अंत में वोटिंग मशीन को सील करके मतगणना केंद्र ले जाया जा सकता था अथवा मतदान केंद्र पर ही मतगणना की जा सकती थी। प्रदर्शन मशीनों में 6 बटन थे। प्रदर्शन के बाद इन्हें 8 तक बढ़ाने का निर्णय किया गया। कई अन्य परिवर्तन सुझाए गए और क्षेत्रीय परीक्षण के लिए बनाई गई मशीनों में इनमें से कई परिवर्तन किए भी गए। यह उल्लेखनीय है कि इन प्रोटोटाइप मशीनों में प्रक्रिया और कार्यप्रणाली बहुत कुछ आज की मशीनों के समान ही थी।

संक्षेप में इन ई.वी.एम. के विशिष्ट विवरण निम्नानुसार थे—

1. पृथक्-पृथक् बैलेट यूनिट (बी.यू.) और कंट्रोल यूनिट (सी.यू.) थे। बैलेट यूनिट पर 8 प्रत्याशी बटन थे।
2. कंट्रोल यूनिट पर एक 6 अंकों और 7 खंडों का डिस्प्ले था।
3. बी.यू. और सी.यू. के बीच गोपित समानांतर संचार प्रोटोकॉल (एन्क्रिप्टेड पेरेलल कम्युनिकेशन प्रोटोकॉल) था।
4. सी.यू. पर दो इंटरफेज कलेक्टर थे, एक बी.यू. के लिए और दूसरा डेटा के लिए।
5. प्रत्याशी सेट बटन और बैटरी एक ही कक्ष में थे, इसलिए प्रत्याशी सेट कक्ष को सील करने के बाद बैटरी को बदला जाना संभव नहीं था।
6. मशीन में एक साथ 2 पदों के लिए मतदान कराना संभव था, इसलिए मशीन को लोकसभा एवं विधानसभा, दोनों का एक साथ चुनाव होने पर उपयोग करना संभव था।
7. यूनिट का विशिष्ट क्रमांक एक धातु की प्लेट पर उत्कीर्ण किया गया था एवं उसे यूनिट पर लगाया गया था।
8. ई.सी.आई.एल. के सी.यू. के माइक्रोकंट्रोलर चिप पर की गई प्रोग्रामिंग को ओ.ई.एम. में ही मास्क कर दिया गया था। बी.ई.एल. की मशीनों में एक बार प्रोग्राम की जानेवाली (वन टाइम प्रोग्रामेबल—ओ.टी.पी.) चिप का प्रयोग किया गया था।
9. प्रत्याशियों की अधिकतम संख्या 64 थी।
10. अधिकतम 3902 मत डाले जा सकते थे।

2006-पूर्व अथवा एम-1 मॉडल

यह ई.वी.एम. पहली तकनीकी सलाहकार समिति के अनुमोदन के पश्चात् आयोग द्वारा 1989 में अनुमोदित की गई थी। यह 1979-80 की ई.वी.एम. के समान ही थी। केवल पावर पैक कक्ष में एक महत्त्वपूर्ण परिवर्तन किया गया था। इस कक्ष में एक अंदरूनी पृथक्करण था, जिसके कारण प्रत्याशी सेट बटन को सील करने के बाद भी बैटरी को मतदान के दौरान बिना प्रत्याशी सेट कक्ष को खोले ही बदला जा सकता था।

उत्तर-2006 अथवा एम-2 मॉडल

वर्ष 2006 में कुछ और ई.वी.एम. खरीदने की आवश्यकता पड़ी। तकनीकी विशेषज्ञ समिति ने ई.वी.एम. का मूल्यांकन किया और कुछ सुधारों की अनुशंसा की। ये थे—

1. डिजाइन में बदलाव

(क) ई.वी.एम. ई.एम.आई./ई.एम.सी. का पालन (कमप्लायंट) करती हों।

(ख) बी.यू. से सी.यू. को भेजे जानेवाले डेटा में अधिक सुरक्षा के लिए परिवर्तनशील कोडिंग (डायनेमिक की कोडिंग) हो।

(ग) कोलाहल का असर समाप्त करने के लिए डेटा रिकॉर्डिंग में समय विविधता रखी जाए। (टाइम डायवर्सिटी इन डेटा रिकॉर्डिंग टू एलिमिनेट द इफेक्ट ऑफ नॉइज)

(घ) ई.वी.एम. पर दबाए गए प्रत्येक बटन के दिनांक एवं समय का स्थायी रिकॉर्ड रखा जाए, चाहे वह अवैध ही क्यों न हो।

(ङ) निर्वाचन आयोग प्रत्याशियों की सूची की घोषणा के तत्काल पहले सी.यू., बी.यू. के इलेक्ट्रॉनिक कार्ड की अतिरिक्त सीलिंग कर सकता है। निर्वाचन आयोग अपने मतदान पूर्व सुरक्षा इंतजामों की समीक्षा कर सकता है और इस सील को लगाने की आवश्यकता तभी होगी, जब ये इंतजाम पूरी तरह सुरक्षित न हों।

2. मतदान-पूर्व

(क) निरोधक रखरखाव : मतदान के पूर्व कंट्रोल यूनिट और बैलेट यूनिट का सैंपल इलेक्ट्रिकल चेक किया जाए। निमार्ताओं द्वारा निदानात्मक चेक निर्धारित करेंगे, जिससे यह सुनिश्चित हो सके कि इम्बेडेड प्रोग्राम में छेड़छाड़ नहीं हुई है।

(ख) **प्रत्याशी बटन आवंटन के समय :** इस समय राजनीतिक दलों के प्रतिनिधियों के समक्ष सी.यू. और बी.यू. के इलेक्ट्रॉनिक कार्डों की अतिरिक्त सीलिंग की जाए। यह बहुत कड़ा उपाय है और निर्वाचन आयोग यह फैसला कर सकता है कि ऊपर दिए गए ङ के परिपेक्ष्य में इसकी आवश्यकता है अथवा नहीं।

3. मतदान के समय

(क) मत-पत्र को लगाते समय रिटर्निंग ऑफिसर बैलेट यूनिट/कंट्रोल यूनिट और केबल का उपयुक्त उपकरणों से निरीक्षण करके सुनिश्चित करेंगे कि नकली उपकरण नहीं लगाए गए हैं।

(ख) यह सुनिश्चित किया जाएगा कि प्रत्येक मतदान केंद्र में बी.यू. एवं सी.यू. को परस्पर जोड़नेवाली केबल हर समय दिखाई पड़े।

(ग) प्रत्येक मतदान केंद्र में यह सुनिश्चित किया जाएगा कि कंट्रोल यूनिट में केबल कनेक्टर के बीच का यंत्र न लगाया जाए।

4. मतदान के बाद

राजनीतिक शरारत करनेवालों को डराने के लिए उचित प्रशासकीय स्तर पर कुछ मतदान केंद्रों के मतों की नमूना आधार पर पुनः मतगणना की जाए।

5. भविष्य के लिए : बायोमैट्रिक पहचान

ई.वी.एम. निर्माताओं ने यह परिवर्तन तो लागू किए ही, साथ ही कुछ अन्य डिजाइन में परिवर्तन भी किए—

1. डिस्प्ले को 24 वर्ण और 17 खंडों का अल्फान्यूमेरिक डिस्प्ले बनाया गया।
2. बी.यू. एवं सी.यू. के बीच संचार को गोपित (एनक्रिप्टेड) सीरियल संचार में बदला गया।
3. बैटरी के स्टेटस का डिस्प्ले जोड़ा गया।
4. मशीन के क्रमांक को लेजर से उत्कीर्ण किया गया और वही क्रमांक मशीन के चिप की मेमोरी में भी रखा गया।
5. मशीन में एक प्रिंटर जोड़ने की व्यवस्था की गई। इसीलिए इन मशीनों का वीवीपैट के साथ उपयोग किया जा सकता है, जबकि 2006 से पूर्व की मशीनों का उपयोग वीवीपैट के साथ नहीं किया जा सकता।
6. सभी इवेंट्स को लाग एवं टाइम स्टैंप किया गया।
7. प्रति घंटे के योग को प्रिंट करना संभव हो गया।

8. आसान मतगणना के लिए अनेक मशीनों को एक टोटलाइजर मशीन में जोड़ना संभव हो गया।
9. इन मशीनों में केवल एक ही पद के लिए मतदान किया जा सकता है, इसलिए लोकसभा और विधानसभा के चुनाव एक साथ होने पर दोनों चुनावों के लिए अलग मशीनों की आवश्यकता पड़ेगी। अधिकतम वोटों की सीमा 2000 हो गई और अधिकतम प्रत्याशियों की सीमा 64 बनी रही।

2013 मॉडल अथवा एम-3

2009 के आम चुनावों के बाद ई.वी.एम. के छेड़छाड़मुक्त होने के संबंध में कई संदेह व्यक्त किए गए। निर्वाचन आयोग में ई.वी.एम. की देश के राजनीतिक दलों के बीच स्वीकार्यता के संबंध में चिंता थी। आयोग ने पूर्व में ही यह निर्णय लिया था कि ई.वी.एम. का जीवनकाल 15 वर्षों का होगा। इस कारण से 1989 की एवं 2006 से पूर्व की बहुत सी ई.वी.एम. को रिटायर करके 2014 के आम चुनावों के पहले उनके स्थान पर नई ई.वी.एम. खरीदना आवश्यक हो गया था। आयोग ने निर्णय किया कि नई ई.वी.एम. का मॉडल ऐसे सुधारों के साथ बनाया जाना चाहिए, जिससे ई.वी.एम. के संबंध में आम लोगों के बीच व्यक्त की गई सभी चिंताओं का समाधान किया जा सके। बी.ई.एल. एवं ई.सी.आई.एल. ने तकनीकी विशेषज्ञ समिति के साथ कार्य करके ई.वी.एम. का 2013 मॉडल अथवा एम-3 विकसित किया।

उस समय की प्रमुख चिंताएँ थीं—

1. भौतिक रूप से ई.वी.एम. के पुरजों को बदल सकने की संभावना, जिससे यह बाहरी खतरों के प्रति असुरक्षित हो सकती थी।
2. क्योंकि सॉफ्टवेयर कोड चिप निर्माताओं द्वारा देश के बाहर चिप पर लिखा जाता था, इसलिए इस बात की संभावना थी कि वे इस कोड को बदल सकते थे।
3. इस बात की जाँच करने का कोई तरीका नहीं था कि चिप पर लिखा गया सॉफ्टवेयर कोड ई.वी.एम. के निर्माण के बाद बदला नहीं गया है।
4. अन्य हितधारकों द्वारा ई.वी.एम. के सॉफ्टवेयर कोड की सत्यता की जाँच करना संभव नहीं था।
5. मतदाता को छपा हुआ मत-पत्र नहीं दिखता था, इसलिए केवल एक बत्ती जल जाने मात्र से मतदाता इस बात के प्रति आश्वस्त नहीं होता था कि उसका मत उसकी पसंद के प्रत्याशी को ही गया है।

6. ई.वी.एम. के मतदान पश्चात् ऑडिट का कोई प्रावधान नहीं था।

इस बीच निर्वाचन आयोग ने वोटर वेरिफाइड पेपर ऑडिट ट्रेल (वीवीपैट) लागू करने का निर्णय भी लिया। इसलिए यह भी आवश्यक हो गया कि एम-3 वीवीपैट के उपयोग के अनुकूल हो। सभी वास्तविक और महसूस किए गए खतरों पर विचार करने के बाद तकनीकी विशेषज्ञ समिति (टी.ई.सी.) ने एम-3 मॉडल के लिए निम्नलिखित अनुशंसाएँ कीं—

1. कोड को पढ़ने और कोड तथा यूनिट के प्रमाणीकरण का प्रावधान किया जाए।
2. उपयुक्त प्रमाणीकरण प्राधिकारी (सी.ए.) द्वारा प्रमाणीकृत पी.के.आई.।
3. स्व-निदान विशिष्टताएँ।
4. तीसरे पक्ष द्वारा परीक्षण।
5. बी.ई.एल. एवं ई.सी.आई.एल. की मशीनों के बीच अंत:क्रियाशीलता (इंटर-आपरेबिलिटी)।
6. छेड़छाड़ का पता लग जाने की विशिष्टताएँ (टेंपर डिटेक्शन)।
7. अभिवर्धित ई.एम.आई./ई.एम.सी. परीक्षण।
8. वीवीपैट के अनुकूल हो।

इन अनुशंसाओं के आधार पर बी.ई.एल. एवं ई.सी.आई.एल. ने ई.वी.एम. का एक सामान्य डिजाइन विकसित किया, जो पूरी तरह से अंत:क्रियाशील था और जिसमें ऊपर दी गई सभी विशिष्टताएँ थीं। इसके अतिरिक्त इस मॉडल में पहले के मॉडलों से बड़ा अंतर यह था कि ई.वी.एम. से अब 384 प्रत्याशियों तक के लिए मतदान कराया जा सकता था। सॉफ्टवेयर कोड अब चिप निर्माताओं को नहीं भेजा जाता, बल्कि उसे एक बार प्रोग्राम करने योग्य (वन टाइम प्रोग्रामेबल) चिप में ई.सी.आई.एल. एवं बी.ई.एल. के कारखाने में सुरक्षित निर्माण परिस्थितियों में प्रोग्राम किया जाता है। सत्यापन के लिए पब्लिक की इंफ्रास्ट्रक्चर (पी.के.आई.) लागू किया गया है। इसके अतिरिक्त पूरा कोड पढ़ना और उसका सत्यापन करना अब संभव है। ई.वी.एम. में अब छेड़छाड़ का पता लगानेवाला सर्किट लगाया गया है, जो ई.वी.एम. को खोलने के प्रयास करने पर उन्हें कारखाना मोड में डालकर मतदान के लिए अनुपयुक्त बना देता है, जिसके कारण हार्डवेयर को बदलना संभव नहीं रह गया है। इस मॉडल में सी.यू. एवं बी.यू. के अतिरिक्त अन्य कई यूनिट हैं, जिनका कार्य सत्यापन, प्रमाणीकरण और वीवीपैट द्वारा

मत-पत्र को छापने का है। इनका संक्षिप्त विवरण नीचे दिया गया है—

(क) प्रथम स्तरीय जाँच यूनिट (फर्स्ट लेवल चेक यूनिट-एफ.एल.सी.यू.) : एफ.एल.सी.यू. का उपयोग ई.वी.एम. की प्रथम स्तरीय जाँच के समय प्रत्येक चुनाव के पहले यह सत्यापित करने के लिए किया जाता है कि उससे जुड़ा हुआ यूनिट निर्माता का है अथवा नहीं। इसका उपयोग जुड़े हुए यूनिट के कोड का सत्यापन करने, उसकी घड़ी को सेट करने और परीक्षण किए जा रहे यूनिट के व्यवहार की तुलना करने के लिए भी किया जाता है।

(ख) वोटर वेरिफाइड पेपर ऑडिट ट्रेल (वीवीपैट) : यह एक प्रिंटर-आधारित सहायक उपकरण है, जिसे ई.वी.एम. में बी.यू. एवं सी.यू. के साथ संयोजित किया जाता है। वीवीपैट वोटर द्वारा डाले गए मत को एक थर्मल पेपर पर छापकर 7 सेकंड तक दिखाता है। इसके बाद छपा हुआ कागज आपने आप कटकर एक सील किए हुए बक्से में एकत्रित हो जाता है। इन मतदान पर्चियों का उपयोग ऑडिट के लिए किया जा सकता है और इन्हें कभी भी गिना जा सकता है। वीवीपैट के विकास की कहानी और उसकी विशिष्टताएँ इस अध्याय में बाद में अधिक विस्तार से दी गई हैं।

(ग) प्रिंटर एवं सहायक डिस्प्ले यूनिट (पी.ए.डी.यू.) : इस यूनिट का उपयोग परिणाम, घटनाओं के लाग की जानकारी, मतदान समय स्टैंप की जानकारी, प्रतिघंटा मतदान की जानकारी, मतदान मैपिंग आदि को छापने के लिए किया जाता है, जो प्रथम स्तरीय जाँच के समय सी.यू. से प्राप्त होते हैं। इस यूनिट का उपयोग ई.वी.एम. का परिणाम दरशाने के लिए भी किया जाता है।

(घ) टोटलाइजर यूनिट (टी.यू.) : इसमें अनेक सी.यू. को जोड़कर पूरे निर्वाचन क्षेत्र के परिणाम की गणना की जा सकती है। कम-से-कम 5 और अधिक-से-अधिक 16 सी.यू. इसमें जोड़े जा सकते हैं। इसका उपयोग अभी तक चुनावों में नहीं किया गया है।

(ङ) मतदाता सत्यापन यूनिट (वी.वी.यू.) : इसका उपयोग स्मार्ट कार्ड, उँगलियों की छाप आदि के द्वारा मतदाताओं की पहचान का सत्यापन करने के लिए किया जा सकता है। मतदाता की पहचान सत्यापित होने के बाद ही सी.यू. मतदान के लिए सक्षम होगा। इसका उपयोग भी अभी तक चुनावों में नहीं किया गया है।

(च) स्वतंत्र कोड सत्यापन यूनिट (आई.सी.वी.यू.) : यह ई.वी.एम. का सत्यापन करने के इच्छुक किसी भी हितधारक द्वारा बनाया जा सकता है।

वीवीपैट की कहानी

वोटर वेरिफाइड पेपर ऑडिट ट्रेल (वीवीपैट) की संकल्पना सबसे पहले डॉ. रेबेका मरक्यूरी ने अपने पी.एच.डी. डिजर्टेशन में अक्तूबर 2000 में की थी। इस प्रणाली में वोटिंग मशीन एक मत-पत्र छापती है, जिसे मतदाता देखकर सत्यापित कर सकता है। इसका उपयोग मतदान के बाद के ऑडिट में तथा मतदान के बाद के विवादों को निपटाने के लिए छपे हुए मत-पत्रों को गिनकर करने में किया जा सकता है। इसका प्रदर्शन सर्वप्रथम मार्च 2001 में न्यूयॉर्क शहर में किया गया था और प्रथम उपयोग सैक्रामेंटो कैलिफोर्निया में 2002 में ए.वी.ए.एन.टी.ई. अंतरराष्ट्रीय प्रौद्योगिकी इंक द्वारा (AVANTE International Technology, Inc.) किया गया था। वीवीपैट के आ जाने से संयुक्त राष्ट्र अमेरिका में सत्यापित मतदान की माँग बढ़ने लगी। अमेरिका में सत्यापित मतदान के लिए अभियान चलाने के लिए एक वेबसाइट बनाई गई। शीघ्र ही यह माँग भारत तक आ गई। ई.वी.एम. पर संदेह करनेवालों ने वीवीपैट को ई.वी.एम. में रिकॉर्ड किए गए मतों का ऑडिट करने और उन्हें सत्यापित करने के तरीके के रूप में देखा। निर्वाचन आयोग ने भी ई.वी.एम. के साथ वीवीपैट के उपयोग पर गंभीरता से विचार किया।

मुझसे विश्व में उपयोग किए जानेवाली वीवीपैट प्राणालियों का अध्ययन करने के लिए कहा गया। मैंने पता किया कि वीवीपैट का उपयोग वेनेजुएला के सभी मतदान केंद्रों में अगस्त 2004 के राष्ट्रीय जनमत संग्रह के समय से किया जा रहा है। ब्राजील ने अगस्त 2002 में 3 प्रतिशत प्रीसिंक्ट्स में वीवीपैट का उपयोग किया था, परंतु वीवीपैट में काफी कठिनाइयाँ आने के कारण बाद में इसका उपयोग बंद कर दिया था। संयुक्त राष्ट्र अमेरिका में परिस्थिति प्रत्येक राज्य में अलग है। 10 राज्यों में कागज के मत-पत्र और सीधे मत रिकॉर्ड करनेवाली वोटिंग मशीनों के साथ वीवीपैट का उपयोग किया जाता है। 2 राज्यों में सीधे मत रिकॉर्ड करनेवाली वोटिंग मशीनों के साथ वीवीपैट का उपयोग किया जाता है। 4 राज्यों में सीधे मत रिकॉर्ड करनेवाली वोटिंग मशीनें तथा मत-पत्र बिना वीवीपैट के उपयोग की जाती हैं और 7 राज्यों में सीधे मत रिकॉर्ड करनेवाली वोटिंग मशीनें बिना वीवीपैट के उपयोग की जाती हैं। मैंने आयोग के समक्ष प्रस्तुतीकरण किया और आयोग ने निर्देश दिए कि देश में ई.वी.एम. के साथ उपयोग करने के लिए वीवीपैट का विकास करने के प्रयास किए जाएँ।

इस बीच भारत के पूर्व कानून मंत्री सुब्रह्मण्यम स्वामी ने दिल्ली उच्च न्यायालय में रिट याचिका क्रमांक 11879/2009 दायर की, जिसमें उन्होंने सुझाव दिया कि ई.वी.एम. के साथ वीवीपैट का उपयोग किया जाए। जी.वी.एल. नरसिम्हा राव ने भी अपनी पुस्तक 'प्रजातंत्र खतरे में' में कहा कि वीवीपैट का उपयोग विश्वास अर्जित करने के उपाय के रूप में किया जाए। वी.वी. राव ने सर्वोच्च न्यायालय के समक्ष रिट याचिका क्रमांक 292/2009 में वीवीपैट की माँग की, जिसका निपटारा माननीय सर्वोच्च न्यायालय ने वी.वी. राव को निर्वाचन आयोग के पास जाने के निर्देश के साथ किया। इसके बाद श्री वी.वी. राव ने निर्वाचन आयोग को वीवीपैट लागू करने के लिए लिखा।

निर्वाचन आयोग ने दिनांक 4 अक्तूबर, 2010 को मान्यताप्राप्त राजनीतिक दलों के साथ एक बैठक इन विषयों पर चर्चा के लिए की—(i) इलेक्ट्रॉनिक वोटिंग मशीनें, (ii) चुनावों में धनबल, (iii) चुनावों के संबंध में पैसे देकर समाचार और (iv) राजनीति का अपराधीकरण। उस समय के सभी छह राष्ट्रीय राजनीतिक दलों और 35 राज्य राजनीतिक दलों ने बैठक में भाग लिया। इस बैठक में अनेक राजनीतिक दलों ने वीवीपैट लागू करने का सुझाव दिया। तेलुगुदेशम पार्टी के एन. चंद्रबाबू नायडू ने एक पेपर ट्रेल का प्रस्तुतीकरण भी किया। आयोग ने सहमति व्यक्त की कि पेपर ट्रेल लागू करने की संभावनाओं और अन्य अनेक सुधारों का परीक्षण विशेषज्ञ समिति द्वारा विस्तार से किया जाएगा।

वीवीपैट की चुनौतियाँ और चिंताएँ : जब वीवीपैट के विकास पर काम प्रारंभ हुआ तो सर्वप्रथम उन देशों में वीवीपैट की चुनौतियों एवं चिंताओं के संबंध में जानकारी प्राप्त करना आवश्यक था, जहाँ वीवीपैट का उपयोग किया जा रहा था। ये थीं—

1. **मतदाताओं की लापरवाही :** मतदाताओं के व्यवहार पर शोध ने यह दरशाया है कि कई मतदाता अपनी पसंद का सत्यापन वीवीपैट द्वारा छापे गए मत-पत्र से मिलान करके करते ही नहीं हैं।
2. **सुरक्षा चिंताएँ :** ई.वी.एम. में शरारती सॉफ्टवेयर की तरह वीवीपैट में भी शरारती सॉफ्टवेयर के आरोप थे। इसके कुछ उदाहरण हैं—जब कोई मतदाता डेटा न रहा हो, उस समय वीवीपैट मत-पत्र छाप दे; मतदाता के जाने के बाद प्रिंटर मत-पत्र को निरस्त करके दूसरा मत-पत्र जाली छाप दे; मतदाता के द्वारा चेक करने के बाद प्रिंटर कागज को उलटा चलाकर उस पर दूसरा मत-पत्र छाप दे।
3. **उपयोगिता और सुविधा की चिंताएँ :** वीवीपैट से मतदान प्रक्रिया की जटिलता बढ़ी है।

4. **निजता की चिंताएँ :** ये रील-टू-रील प्रिंटरों में महत्त्वपूर्ण हैं, क्योंकि उनमें मत क्रम से रिकॉर्ड होते हैं। इस चिंता का समाधान वीवीपैट प्रिंटर द्वारा प्रत्येक मतदान के बाद मत-पत्र को काट देने से हो जाता है।
5. **पहुँच की चिंताएँ :** वर्तमान वीवीपैट प्रणालियाँ दृष्टिहीन लोगों द्वारा उपयोग नहीं की जा सकतीं।
6. **विश्वसनीयता की चिंताएँ :** सीधे मत रिकॉर्ड करनेवाली मशीन में एक कागज को छापनेवाला पुरजा जोड़ने से एक अन्य पुरजे के फेल होने की संभावना उत्पन्न हो जाती है, जिसमें इंक समाप्त हो सकती है, कागज समाप्त हो सकता है अथवा जैम हो सकता है।
7. **वीवीपैट के संबंध में विधिक प्रश्न :** एक महत्त्वपूर्ण प्रश्न यह है कि क्या ऑडिट करना चाहिए? यदि चुनावों के बाद ऑडिट किया जाता है और मतगणना तथा ऑडिट की गणना में अंतर आता है तो किसे सही माना जाएगा, यह बात साफ नहीं है।

आयोग ने बी.ई.एल. एवं ई.सी.आई.एल. से भारतीय ई.वी.एम. के अनुकूल वीवीपैट विकसित करने के लिए कहा। लंबे आर. एंड डी. तथा तकनीकी विशेषज्ञ समिति के साथ कई बार परामर्श करने के बाद दोनों कंपनियों ने प्रोटोटाइप वीवीपैट के मॉडल बनाए, जिनका भीतरी गहन परीक्षण आंध्र प्रदेश और कर्नाटक के मुख्य निर्वाचन पदाधिकारियों के पर्यवेक्षण में किया गया।

वीवीपैट का प्रथम क्षेत्रीय परीक्षण

कारखानों और लैब में परीक्षण के बाद वीवीपैट का क्षेत्रीय परीक्षण मुश्किल मौसम की परिस्थितियों में—लद्दाख (जम्मू और काश्मीर), चेरापूँजी (मेघालय), जैसलमेर (राजस्थान), तिरुवनंतपुरम (केरल) और दिल्ली के उत्तर-पश्चिम जिले में जुलाई 2011 में करने का निर्णय किया गया। वीवीपैट के उपयोग का गहन प्रशिक्षण दिया गया और विस्तृत निर्देश जारी किए गए। क्षेत्रीय परीक्षण में मतदाताओं, मतदान कर्मचारियों और जिला निर्वाचन अधिकारियों से प्रतिक्रिया ली गई।

प्रथम क्षेत्रीय परीक्षण का विश्लेषण : यद्यपि 68143 मतदाताओं में से केवल 1222 को वीवीपैट के उपयोग में कठिनाई हुई और 98.41 प्रतिशत मतदाता संतुष्ट थे, परंतु मतदान कर्मचारियों एवं मतगणना कर्मचारियों को बहुत परेशानी हुई। 180 में से 72 पीठासीन अधिकारियों का अभिमत था कि वर्तमान रूप में वीवीपैट का उपयोग चुनावों में नहीं किया जाना चाहिए। छपे हुए मत-पत्र की गुणवत्ता बहुत खराब थी और मतदान के

दौरान प्रिंटर अकसर फेल हुए। सबसे बड़ी समस्या यह थी कि ई.वी.एम. की मतगणना और वीवीपैट की मतगणना का मिलान 180 में से केवल 70 मतदान केंद्रों में ही हो सका।

प्रोटोटाइप में सुधार : ई.सी.आई.एल. एवं बी.ई.एल. ने टी.ई.सी. की सहायता से इन चुनौतियों का विस्तृत विश्लेषण किया। प्रिंटरों के सेंसरों में बड़ी समस्याएँ पाई गईं। अतिरिक्तता (redundancy) के लिए वीवीपैट के इस मॉडल में दो प्रिंटरों का उपयोग किया गया था। इससे भी समस्या उत्पन्न हुई। इस विश्लेषण से समझी गई समस्याओं तथा विशेषज्ञ समिति द्वारा दिए गए सुझावों के आधार पर ई.वी.एम. निर्माताओं ने वीवीपैट के डिजाइन में कई महत्त्वपूर्ण परिवर्तन किए और 1 मई, 2012 में एक बेहतर प्रोटोटाइप बनाया।

प्रोटोटाइप वीवीपैट में सुधार निम्नलिखित थे—

1. **प्रिंटरों की संख्या :** दो के स्थान पर एक ही प्रिंटर के उपयोग का निर्णय किया गया। यदि आवश्यक हो तो रिजर्व स्टॉक से प्रिंटर को बदला जा सकता था।
2. **इंटरफेज कार्ड :** ई.वी.एम. और प्रिंटर के बीच पहले उपयोग किए गए इंटरफेज यूनिट के स्थान पर प्रिंटर के डिब्बे के भीतर एक इंटरफेज कार्ड का उपयोग किया गया।
3. **मत-पत्रों की छपाई की गुणवत्ता में सुधार :** छपाई की गुणवत्ता 8 बिंदु प्रति मिलीमीटर तक बढ़ाई गई।
4. **मत-पत्र से चित्र बनाने के कार्य के लिए सरल सॉफ्टवेयर :** पहले ये चित्र मत-पत्र को स्कैन करके बनाए जाते थे। अब मत-पत्र तथा वीवीपैट, दोनों के चित्रों का निर्माण एक ही सॉफ्टवेयर से किया गया जिससे वीवीपैट और मत-पत्र दोनों में ही चित्रों का अभिमुखता अनुपात (aspect ratio) एक समान रहे।
5. कागज की पर्ची पर छपे एक काले चिह्न से व्यतिरेक (contrast) सुनिश्चित करना।
6. **मत-पत्रों की छपाई के समय में सुधार :** मत-पत्रों को छापने में 2 सेकेंड से कम समय लगा और उन्हें 5 सेकेंड के लिए दिखाया गया। एक एल.सी.डी. डिस्प्ले पर भी मतदाता की पसंद के प्रत्याशी का क्रमांक और चुनाव चिह्न दिखाया गया। इस समय सीमा को इस प्रकार एडजस्ट किया गया कि मतदाता आसानी से अपने मत को सत्यापित कर सके।

7. **मत-पत्र छपाई के आकार में सुधार :** मत-पत्र पर्ची का आकार 90 मिलीमीटर तक बढ़ाया गया और 150 मीटर लंबाई के 70 जी.एस.एम. के कागज का उपयोग किया गया।
8. **अतिरिक्त एल.सी.डी. डिस्प्ले :** इस एल.सी.डी. डिस्प्ले को प्रिंट खिड़की के पास रखा गया। इसका आकार 192X64 रखा गया। बी.ई.एल. की मशीनों में नीली पीछे की बत्ती और ई.सी.आई.एल. की मशीनों में हरी पीछे की बत्ती रखी गई। एल.सी.डी. पर प्रत्याशी का क्रमांक और चुनाव चिह्न दरशाया गया।
9. **त्रुटियों के डिस्प्ले में सुधार :** सी.यू. के समीप एक अल्फान्यूमेरिक डिस्प्ले 5 मीटर केबल द्वारा प्रिंटर से जोड़कर रखा गया। इसे सी.यू. के पास इसलिए रखा गया, जिससे मतदान कर्मचारी प्रिंटर की त्रुटियों को देख सकें और उन्हें दूर करने की काररवाई कर सकें। इस एल.ई.डी. पर प्रिंटर व्यस्त संदेश भी दिखाई देता है।
10. **कनेक्शनों में सुधार :** वीवीपैट को इस प्रकार डिजाइन किया गया कि इंटरफेज यूनिट को प्रिंटर के डिब्बे के भीतर रखा गया। वीवीपैट से केवल 3 कनेक्शन रह गए—एक सी.यू. को, एक बी.यू. को और एक डिस्प्ले यूनिट को। सभी 9 पिन डी टाइप कनेक्टर हैं, जिनमें एक लैच/लॉकिंग सुविधा के साथ एक हुड है। बैटरी पैक से आसान कनेक्शन करने के लिए ई.वी.एम. के समान 3 पिन का कनेक्टर रखा गया। बी.ई.एल. ने एक बैटरी पैक और ई.सी. आई. एल. ने दो बैटरी पैक का उपयोग किया।
11. **त्रुटियों की पहचान में सुधार :** इन त्रुटियों की पहचान के लिए सेंसर लगाए गए—काला चिह्न सेंस करने के लिए, कागज की लंबाई के लिए, कागज के गिरने की पहचान के लिए, कागज समाप्त होने के लिए, कागज जैम के लिए, अन्य प्रिंटर त्रुटियों के लिए। वीवीपैट की त्रुटियाँ और आवश्यक काररवाई डिस्प्ले यूनिट पर दिखाई गई और सी.यू. पर केवल लिंक एरर दिखाई गई। त्रुटियों को सुधार योग्य और गैर-सुधार योग्य त्रुटियों में विभाजित किया गया। जब कोई सुधार योग्य त्रुटि होती है तो वीवीपैट त्रुटि में सुधार होने तक इंतजार करती है। सुधार योग्य त्रुटियाँ हैं—प्रिंटर में कागज समाप्त, कागज का रोल कम होना, लो बैटरी, प्लेटन आउट। जब गैर-सुधार योग्य त्रुटि होती है तो प्रिंटर बंद हो जाता है और प्रणाली को आगे उपयोग नहीं किया जा सकता। मतदान आगे करने के लिए दूसरा प्रिंटर लगाना होता

है। गैर-सुधार योग्य त्रुटियाँ हैं—कागज जैम, कागज की लंबाई की त्रुटि, मत-पत्र का न छपना, कागज का न कटना, कागज का न गिरना।

12. **सामान्य सुधार :** इंटरफेज यूनिट को वीवीपैट बैटरी से पावर दी गई। ई.वी. एम. एवं वीवीपैट के बीच संचार में कमी न आए, इसके लिए सॉफ्टवेयर में परिवर्तन किया गया।
13. **छपे हुए एवं इलेक्ट्रॉनिक मतों में मिलान :** मिलान में सुधार के लिए यह व्यवस्था की गई कि यदि कोई गैर-सुधार योग्य त्रुटि होती है तो सॉफ्टवेयर प्रिंटर को रोक देता है और प्रिंटिंग बंद हो जाती है। मतदान को चालू रखने के लिए पुराने प्रिंटर को बदलकर नया प्रिंटर लगाना होता है।
14. **इंजीनियरिंग सुधार :** परिवहन की आवश्यकताओं के अनुरूप एसेंबली में इंजीनियरिंग सुधार किए गए। बेहतर विश्वसनीयता की प्रिंटर प्रणालियाँ एवं सेंसरों का उपयोग किया गया।
15. **मतदान-पूर्व एवं मतदान पश्चात् सुधार :** मत-पत्र बनाने एवं खुद-ब-खुद चित्र बनाने के लिए मत-पत्र पर्चियों को स्कैनर द्वारा स्वत: क्रमबद्ध करने और गिनने के लिए सॉफ्टवेयर बनाया गया।

द्वितीय क्षेत्रीय परीक्षण

तकनीकी विशेषज्ञ समिति ने अनुशंसा की कि सुधार किए गए प्रोटोटाइप का एक बार पुनः क्षेत्रीय परीक्षण उन्हीं स्थानों पर किया जाए, जहाँ पहला क्षेत्रीय परीक्षण किया गया था। अत: प्रोटोटाइप वीवीपैट का द्वितीय क्षेत्रीय परीक्षण दिल्ली, तिरुवनंतपुरम, लेह, जैसलमेर और चेरापूँजी में मतदाताओं, राजनीतिक दलों, सिविल सोसाइटी के संगठनों एवं संचार माध्यमों सहित सभी हितधारकों की उपस्थिति में जुलाई-अगस्त 2012 में किया गया।

बीच के सुधार : दिल्ली एवं तिरुवनंतपुरम के क्षेत्रीय परीक्षणों में सी.यू. एवं बी.यू. में भी फिर से कई त्रुटियाँ नजर आईं। तकनीकी विशेषज्ञ समिति ने इस पर विचार किया और निर्माताओं के साथ चर्चा की। उन्हें लगा कि त्रुटियाँ बहुत अधिक थीं और उन्होंने बीच में ही सुधार करने की सलाह दी।

द्वितीय क्षेत्रीय परीक्षण का विश्लेषण : 98.57 प्रतिशत मतदाता प्रक्रिया से संतुष्ट थे। 99.77 प्रतिशत मतदाताओं ने छपी हुई मत-पत्र पर्ची का मिलान अपनी पसंद के प्रत्याशी से किया। 47.9 प्रतिशत पीठासीन अधिकारियों ने वीवीपैट को पसंद किया और 52.1 प्रतिशत ने पसंद नहीं किया। 23.6 प्रतिशत पीठासीन अधिकारियों ने कहा कि

मतदान दल की संख्या बढ़ानी होगी। प्रथम क्षेत्रीय परीक्षण में मतगणना का अंतर बहुत अधिक था। द्वितीय क्षेत्रीय परीक्षण में मतगणना का अंतर बहुत कम प्रकरणों में हुआ और सभी का स्पष्टीकरण मिल गया। 140 में से 31 (22.14 प्रतिशत) प्रकरणों में अंतर पाया गया। यह अंतर प्रिंटर और स्कैनर की त्रुटियों के कारण था। सुधारी गई वीवीपैट ने प्रथम क्षेत्रीय परीक्षण की तुलना में बहुत बेहतर कार्य किया, परंतु विस्तृत विश्लेषण से ज्ञात हुआ कि विश्वसनीयता के लिए अभी और सुधारों की आवश्यकता थी।

राजनीतिक दलों एवं अन्य हितधारकों के सामने ई.वी.एम. का प्रदर्शन करने के लिए 10 मई, 2013 की बैठक

द्वितीय क्षेत्रीय परीक्षण के बाद वीवीपैट में और सुधार किए गए। वर्ष 2013 के प्रारंभ में निर्वाचन आयोग इस बात से संतुष्ट हो गया कि वीवीपैट अब वास्तविक चुनावों में उपयोग के लिए तैयार थी। आयोग ने 10 मई, 2013 को राजनीतिक दलों की एक सर्वदलीय बेठक में वीवीपैट का प्रदर्शन किया। इस बैठक में राजनीतिक दलों ने कई सुझाव दिए—

1. कागज की पर्ची को देखने का समय वर्तमान 5 सेकेंड से बढ़ाया जाए, जिससे मतदाता पर्ची को देखकर पूर्ण संतुष्ट हो सके।
2. प्रिंटर में लगाया गया एल.ई.डी. डिस्प्ले मतदाता को भ्रमित कर सकता है, इसलिए उसे हटा दिया जाए।
3. वीवीपैट का उपयोग करने के पहले मतदाता शिक्षा आवश्यक होगी, विशेषकर उन क्षेत्रों में, जहाँ कंप्यूटर साक्षरता कम है।
4. पीठासीन अधिकारियों और मतदान अधिकारियों का उचित प्रशिक्षण आवश्यक होगा।
5. थर्मल पेपर पर छपाई के कुछ समय में हल्का पड़ जाने के बारे में एक प्रश्न पूछा गया। इसके उत्तर में यह बताया गया कि छापा 5 साल तक हल्का नहीं पड़ेगा।
6. एक सवाल पूछा गया कि छपी हुई पर्चियों की सत्यता कैसे सिद्ध की जाएगी? इसके उत्तर में बताया गया कि कागज का रोल भारत निर्वाचन आयोग के लिए विशेष रूप से बनाए गए कागज का होगा, जिसमें अनेक सुरक्षा विशिष्टताएँ होंगी, जिनके कारण कागज का सत्यापन किया जा सकेगा।
7. एक प्रश्न पूछा गया कि मॉक पॉल में छपी पर्चियों को वास्तविक मतदान में छपी पर्चियों से कैसे अलग किया जाएगा? इसके उत्तर में समझाया गया कि

प्रत्येक पर्ची पर प्रिंटर का क्रमांक और सेशन क्रमांक छपेगा। हर बार प्रिंटर को स्विच ऑन करने पर सेशन क्रमांक बदल जाएगा। इस प्रकार मॉक पॉल का सेशन क्रमांक 0 होगा और वास्तविक मतदान का सेशन क्रमांक 1 अथवा अधिक होगा, जो इस पर निर्भर करेगा कि प्रिंटर को बीच में ऑफ करके ऑन किया गया है अथवा नहीं। इसके अतिरिक्त यह भी कि मॉक पॉल में छपी पर्चियाँ मॉक पॉल समाप्त होने पर वास्तविक मतदान प्रारंभ करने के पहले प्रिंटर से निकालकर मॉक पॉल के परिणाम की गणना करने के लिए गिनी जाएँगी। इसके पश्चात् प्रिंटर को मॉक पॉल की सभी पर्चियाँ निकालने के बाद पोलिंग एजेंटों के सामने सील किया जाएगा।

8. एक प्रश्न पूछा गया कि क्या सभी प्रकरणों में कागज की पर्चियाँ गिनी जाएँगी? इसके उत्तर में यह बताया गया कि कागज की पर्चियों की गिनती को पुन:मतगणना माना जाएगा और यह केवल किसी प्रत्याशी की माँग पर ही किया जाएगा। इस प्रकार की सभी माँग पर रिटर्निंग ऑफिसर द्वारा निर्णय लिया जाएगा। इस पर राजनीतिक दलों ने सुझाव दिया कि आयोग को ऐसे सामान्य मार्गदर्शी सिद्धांत बनाने चाहिए, जिनके आधार पर रिटर्निंग ऑफिसर निर्णय कर सके।
9. दो क्षेत्रीय परीक्षणों के बाद प्रिंटरों में किए गए सुधारों के संबंध में एक सवाल पूछा गया। तकनीकी विशेषज्ञ समिति के अध्यक्ष प्रोफेसर डी.टी. शाहनी ने बताया कि प्रिंटरों में सेंसर लगाकर और सुविधा की दृष्टि से अनेक सुधार किए गए हैं, जिससे अपेक्षित गुणवत्ता की छपाई हो सके और छपी हुई पर्चियों तथा ई.वी.एम. की मतगणना में अंतर न आए तथा वीवीपैट को मतदाताओं एवं मतदान कर्मचारियों, दोनों ही के लिए अधिक सुविधाजनक बनाया जा सके।
10. एक चिंता यह व्यक्त की गई कि प्रिंटर के कारण अतिरिक्त सॉफ्टवेयर लगाना होगा, जिससे ई.वी.एम. और असुरक्षित हो जाएगी। इसके उत्तर में यह समझाया गया कि ई.वी.एम. का सॉफ्टवेयर नहीं बदला जा रहा है, क्योंकि उसमें एक बार प्रोग्राम करने योग्य चिप अथवा मास्क्ड चिप का उपयोग किया गया है। इसके अतिरिक्त मतदाता स्वयं ही देख सकेगा कि उसकी पसंद के मतदाता की ही पर्ची छपी है। इससे सभी संदेह समाप्त हो जाएँगे।
11. कुछ सुझाव ऐसे भी आए कि मतदाता की पसंद का इलेक्ट्रॉनिक डिस्प्ले मात्र पर्याप्त है। छपी हुई पर्ची की कोई आवश्यकता ही नहीं है, परंतु यह सुझाव

अधिकांश राजनीतिक दलों ने अमान्य कर दिए।

12. एक राजनीतिक दल ने थर्मल कागज पर प्रिंटिंग करने पर सवाल उठाए। उनके अनुसार दूसरी बेहतर प्रिंटिंग प्रौद्योगिकी पर विचार किया जाना चाहिए। तकनीकी विशेषज्ञ समिति के अध्यक्ष ने समझाया कि थर्मल कागज पर प्रिंटिंग का उपयोग वहनीय (पोर्टेबल) प्रिंटरों में बड़े पैमाने पर किया जाता है और इस प्रौद्योगिकी में अन्य प्रिंटिंग प्रौद्योगिकी की तुलना में कम कठिनाइयाँ हैं। इसके अतिरिक्त लंबे जीवन का थर्मल कागज अब उपलब्ध है। राजनीतिक दलों ने फिर भी अन्य प्रौद्योगिकी पर विचार करने का अनुरोध किया।

13. कुछ राजनीतिक दलों ने पुरानी मत-पत्र आधारित प्रणाली पर लौटने का सुझाव दिया, परंतु अधिकांश राजनीतिक दल इस बात से असहमत थे और उन्होंने कहा कि पुरानी मत-पत्र आधारित प्रणाली पर लौटने का सवाल ही नहीं उठता। अधिकांश राजनीतिक दलों ने वीवीपैट के साथ ई.वी.एम. के उपयोग के साथ आगे बढ़ने के लिए कहा। एक राजनीतिक दल ने याद दिलाया कि जब कागज के मत-पत्रों का उपयोग होता था, तब भी 1971 में ऐसे आरोप लगे थे कि मतदाता द्वारा मत-पत्र पर लगाया गया चिह्न मतदाता की पसंद के प्रत्याशी के सामने से गायब हो जाता है और जादू से दूसरे प्रत्याशी के सामने उभर आता है। हमें ऐसी अफवाहों और आरोपों को गंभीरता से नहीं लेना चाहिए। अब समय आ गया है कि वीवीपैट के साथ ई.वी.एम. का उपयोग किया जाए।

उसी दिन वीवीपैट का प्रदर्शन सुब्रह्मण्यम स्वामी, रोक्साना स्वामी, ओमेश सहगल, वी.वी. राव, जी.वी.एल. नरसिम्हा राव और आर.आर. देशपांडे सहित अन्य हितधारकों के सामने एक अन्य बैठक में किया गया। सभी ने संतुष्टि व्यक्त की।

परीक्षण मतदान का प्रावधान

एक प्रश्न उठाया गया कि यदि किसी मतदाता ने शिकायत की कि छपी हुई पर्ची उस प्रत्याशी की नहीं है, जिसके लिए उसने मतदान किया था, तो ऐसी स्थिति में क्या होगा? यह सुझाव दिया गया कि यदि कोई मतदाता ऐसी लिखित शिकायत करता है तो उसे पीठासीन अधिकारी एवं प्रत्याशियों के प्रतिनिधियों के समक्ष एक परीक्षण मत डालने की अनुमति दी जाए। यदि परीक्षण मतदान में वास्तव में गलत मतपर्ची छपती है तो उस निर्वाचन आयोग से आगे के निर्देश प्राप्त होने तक मतदान केंद्र में मतदान स्थगित कर दिया जाए। दूसरी ओर, यदि परीक्षण मतपर्ची सही छपती है तो पीठासीन अधिकारी इस

बात की टीप अंकित करेगा कि परीक्षण मत किस प्रत्याशी के पक्ष में डाला गया था और मतगणना के समय उस प्रत्याशी के मतों से एक मत कम कर दिया जाएगा। यह प्रावधान करने के लिए निर्वाचनों का संचालन नियम 1961 में नियम 49 द क जोड़ा गया।

निर्वाचनों के संचालन नियम, 1961 में संशोधन : निर्वाचनों का संचालन नियम, 1961 में संशोधन 14 अगस्त, 2013 को किया गया, जिसमें ई.वी.एम. में 'पेपर ट्रेल के लिए प्रिंटर' अर्थात् वीवीपैट का प्रावधान किया गया।

उप-चुनाव में पहली बार वीवीपैट का उपयोग

वीवीपैट का उपयोग सर्वप्रथम नागालैंड राज्य के तुएनसांग जिले के 51-नोकसेन (अजजा) विधानसभा क्षेत्र के उपचुनाव में किया गया। इसके लिए मतदान 4 सितंबर, 2013 को हुआ। इस विधानसभा क्षेत्र में 21 मतदान केंद्र थे। 10 में बी.ई.एल. की मशीनों और 11 मतदान केंद्रों में ई.सी.आई.एल. की मशीनों का उपयोग किया गया। इस चुनाव में वीवीपैट के उपयोग का काफी प्रचार किया गया। आयोग ने विधानसभा क्षेत्र में एक जनजागरूकता कार्यक्रम भी चलाया।

उपाख्यान

मुंबई में अगस्त 2013 के अंत की एक चमकती हुई मानसून की सुबह थी। प्रो. दिनेश शर्मा अपनी बाल्कनी में बैठे हुए चाय की चुस्कियाँ लेते हुए एक पत्र को हाथों में लिये थे। उनके माथे पर चिंता की लकीरें थीं। उनके हाथ में निर्वाचन आयोग से आया हुआ पत्र था, जिसमें उनसे नागालैंड के नोकसेन में देश के प्रथम वीवीपैट चुनाव की मतगणना का पर्यवेक्षण करने का अनुरोध किया गया था। प्रो. शर्मा निर्वाचन आयोग की तकनीकी विशेषज्ञ समिति (टी.ई.सी.) के सदस्य थे। टी.ई.सी. ने वीवीपैट के निर्माण के लिए 2 साल की कड़ी मेहनत की थी। उन्होंने रात-रात भर काम किया था। प्रतिष्ठित आई.आई.टी. बॉम्बे में प्रोफेसर होने के कारण दिनेश शर्मा ने अपने जीवनकाल में अनेक महत्त्वपूर्ण परियोजनाओं पर काम किया था, परंतु कोई भी न तो इतनी महत्त्वपूर्ण थी और न उनके हृदय के करीब जितनी कि वीवीपैट थी।

वीवीपैट मशीनों का प्रथम मॉक पॉल—क्षेत्रीय परीक्षण देश में 2011 में हुआ था। मशीनों का परीक्षण लद्दाख, लेह में, सोहरा (जिसे चेरापूँजी के नाम से बेहतर जाना जाता है), मेघालय में, जैसलमेर, राजस्थान में, तिरुवनंतपुरम, केरल में और उत्तर-पश्चिम दिल्ली (ग्रामीण) में मौसम की विपरीत परिस्थितियों में उनका परीक्षण करने के लिए किया गया था। परीक्षण में प्रारंभिक मॉडलों में कमियाँ उजागर हुई थीं।

वीवीपैट के सेंसरों में उच्च स्तर की परिशुद्धता (precision) की आवश्यकता थी। प्रिंटरों में हिलनेवाले पुरजे थे, जिसके कारण विश्वसनीय मॉडल का विकास करना चुनौतीपूर्ण था। अंततः उनकी कड़ी मेहनत रंग लाई और वीवीपैट का उपयोग पहली बार वास्तविक चुनावों में किया जा रहा था। प्रो. दिनेश शर्मा इसे स्वयं देखने के लिए बहुत उत्सुक थे।

परंतु सितंबर 2012 में इस सब तीव्र गतिविधि के बीच दिनेश शर्मा को रीढ़ की हड्डी की में टी.बी. होने का पता लगा। परियोजना के प्रति उनकी प्रतिबद्धता इतनी ज्यादा थी कि इसके बाद भी वे लगातार विकास की सभी गतिविधियों में हिस्सा लेते रहे, परंतु जब बिना ठीक प्रकार से टेस्ट किए हुए उनके डॉक्टर ने 6 माह में ही इलाज बंद करने की सलाह दी तो कुछ समय में ही बीमारी लौट आई। ऐसे प्रकरणों में दवाओं के असरकारी न रह जाने का खतरा भी होता है और इसलिए उन्हें पहले से अधिक दवाएँ लेनी पड़ीं, जिनमें एक माह तक प्रतिदिन स्ट्रेप्टोमाइसिन के इंजेक्शन भी शामिल थे।

अब नागालैंड के तुएनसांग जिले के नोकसेन निर्वाचन क्षेत्र में वीवीपैट से पहला चुनाव हो रहा था। वहाँ की यात्रा कुछ बहुत ही खराब सड़कों के बीच लंबी सड़क यात्रा थी। दिनेश शर्मा जानते थे कि उन्हें इस बात की चर्चा अपने डॉक्टर और अपनी पत्नी शोभोना के साथ करनी होगी। उन्हें पता था कि दोनों ही नोकसेन की यात्रा के सुझाव मात्र से हक्के-बक्के रह जाएँगे। अब क्योंकि निर्वाचन आयोग का पत्र आ गया था, इसलिए इस बात को अधिक टाला नहीं जा सकता था। आखिर वे उन्हें कैसे राजी करें?

दिनेश ने तय कर रखा था कि वे किसी हालत में भी इस ऐतिहासिक घटना को नहीं छोड़ेंगे, जिसकी सफलता के लिए उन्होंने दिन-रात एक कर दिया था। चुनावों में वीवीपैट के उपयोग से वे चिंतित भी थे और उत्साहित भी। उन्होंने अपने डॉक्टर से अपनी यात्रा की बात इतनी बार की कि आखिर में वह कंधे उचकाकर चुप कर गया। उनकी पत्नी स्वयं अकादमिक कार्य करती हैं, इसलिए वे परियोजना के प्रति उनकी प्रतिबद्धता को समझती थीं। अंततः उन्होंने भी इस शर्त पर सहमति दे दी कि वे अकेले यात्रा नहीं करेंगे। वे नागालैंड जा सकते हैं, परंतु उन्हें साथ ले जाना होगा। नागालैंड जाकर चुनाव देखना उनके लिए भी उत्साहजनक था।

प्रो. शर्मा ने आयोग को लिखा कि उनकी बीमारी के कारण उनकी पत्नी को उनके साथ नागालैंड जाना होगा। 'उनकी यात्रा का व्यय हम स्वयं करेंगे' उन्होंने अपने पत्र में लिख दिया था। आयोग तत्काल तैयार हो गया।

नागालैंड जाने के लिए इनर लाइन परमिटों की आवश्यकता थी। दिनेश को यह जानकार आश्चर्य हुआ कि भारत के नागरिकों को भी अपने ही देश के कुछ हिस्सों में जाने के लिए परमिट की आवश्यकता होती है। परमिट प्राप्त किए गए और वे सितंबर 2013 के प्रारंभ में अपनी यात्रा पर निकल पड़े। वे गुवाहाटी होकर जोरहाट तक उड़ान से गए और फिर तुएनसांग तक सड़क मार्ग से यात्रा की। तुएनसांग नोकसेन निर्वाचन क्षेत्र का जिला मुख्यालय है।

बारिश के मौसम के बाद सितंबर का महीना था। बरसात से सड़क के कई हिस्से बह गए थे, परंतु बारिश के कारण रास्ते में कई सुंदर झरने भी बन गए थे। दिनेश को खुशी थी कि उनके डॉक्टर को पता नहीं था कि उनकी पीठ में कितने झटके लग रहे थे, लेकिन प्रकृति की छटा दर्शनीय थी। जब वे सड़क के किनारे एक छोटे से झरने के नजदीक रुके तो दिनेश अपने उत्साह को रोक नहीं पाए और झरने के ऊपर तक चढ़ गए। उनका सुरक्षा गार्ड बेचारा शोभोना के ठेलने से उनके पीछे-पीछे चढ़ा। इस घटना ने शोभोना के लिए सिद्ध कर दिया कि साथ आने का उसका निर्णय सही था!

रास्ते में एक-दो स्थानों पर रुकते हुए तुएनसांग पहुँचने में उन्हें 10 घंटे लगे। शोभोना को अपने पति की पीठ की चिंता लगी रही, परंतु उन्होंने यात्रा और प्रकृति का खूब मजा भी लिया। सच तो यह है कि इस यात्रा के बाद वे अपनी व्यक्तिगत यात्राओं में अकसर उत्तर-पूर्व गए हैं।

अगले दिन मतगणना का अनुभव कुछ अलग ही था। सबकुछ ठीक प्रकार से चल रहा था कि अचानक एक मशीन में एक वोट का अंतर मिला, क्योंकि जीत का अंतर बहुत अधिक था, इसलिए जिला निर्चाचन अधिकारी इसे नजरअंदाज करना चाहता था, परंतु प्रो. शर्मा लगातार कहते रहे कि अंतर हो ही नहीं सकता। मतगणना के निर्देशों के अनुरूप मतों को गिनती के लिए 25 के बंडल में बाँधा गया था। प्रो. शर्मा ने अधिकारियों से इस मशीन की सभी मत पर्चियों को फिर से गिनने के लिए कहा। तब पता लगा कि एक बंडल में 16 मत बँध गए थे। इस प्रकार अंतर समाप्त हो गया। दिनेश शर्मा ने राहत की साँस ली। वीवीपैट अंततः आ पहुँची थी!

उस शाम सुरक्षा को नजरअंदाज करके दिनेश और शोभोना ने शहर का बाजार घूमा। पुलिस अधीक्षक रूपा ने उन्हें रात के भोजन पर आमंत्रित किया जो बहुत लजीज था। दिनेश और शोभोना उसे आज भी स्नेह से याद करते हैं। वह इस फोटो में सबसे दाएँ पर हैं। पीछे खड़े हैं सचिव निर्वाचन आयोग, के.एन. भार और अनुभाग अधिकारी निर्वाचन आयोग, मधुसूदन गुप्ता। वीवीपैट का पहला चुनाव देखने के लिए आया ए.आई.ए.डी.एम.के. का प्रतिनिधि भी चित्र में है।

वीवीपैट मतगणना के बाद का चित्र नोकसेन नागालैंड में

सुब्रह्मण्यम स्वामी की लोक-हित याचिका पर दिनांक 8 अक्तूबर, 2013 के अपने निर्णय में सर्वोच्च न्यायालय ने निर्देश दिया कि आयोग ई.वी.एम. के साथ चरणबद्ध तरीके से वीवीपैट का उपयोग करे। वीवीपैट का उपयोग बड़े पैमाने पर पहली बार 25 नवंबर, 2013 को हुए मिजोरम राज्य के विधानसभा चुनावों में 10 में से 10 विधानसभा क्षेत्रों में किया गया। निर्वाचन आयोग ने वीवीपैट का उपयोग 4 दिसंबर, 2013 को हुए 40 नई दिल्ली विधानसभा क्षेत्र के चुनाव में किया। 2014 के लोकसभा आम चुनावों में वीवीपैट का उपयोग 8 लोकसभा निर्वाचन क्षेत्रों में किया गया—लखनऊ, गांधीनगर, बेंगलुरु दक्षिण, चेन्नई सेंट्रल, जादवपुर, रायपुर, पटना साहब और मिजोरम।

राज्य निर्वाचन आयोगों की ई.वी.एम.

अधिकांश राज्यों के राज्य निर्वाचन आयोगों ने भी स्थानीय निकायों के चुनावों में ई.वी.एम. का उपयोग प्रारंभ कर दिया है। यह ई.वी.एम. भी बी.ई.एल. एवं ई.सी. आई.एल. द्वारा निर्मित ही हैं, परंतु इनमें और भारत निर्वाचन आयोग की ई.वी.एम. में अनेक महत्त्वपूर्ण अंतर हैं, जो नीचे समझाए गए हैं—

1. भारत निर्वाचन आयोग की ई.वी.एम. एकल पद एकल पसंद ई.वी.एम. है। इसका अर्थ है कि इनमें एक बार में एक ही पद के लिए मतदान कराया जा सकता है और वोटर अपनी पसंद के केवल एक प्रत्याशी को ही चुन सकता

है। यदि विधानसभा और लोकसभा निर्वाचन एक साथ हों तो प्रत्येक मतदान केंद्र पर लोकसभा के लिए एक और विधानसभा के लिए एक, इस प्रकार 2 ई.वी.एम. का उपयोग करना होगा। राज्य निर्वाचन आयोग की ई.वी.एम. में अनेक पदों के लिए एक साथ मतदान कराया जा सकता है और उनकी कुछ ई.वी.एम. में तो अनेक लोगों को एक साथ पसंद किया जाकर एक साथ वोट डाला जा सकता है, जिसके कारण अधिमानी मतदान (preferential voting) संभव है, अर्थात् मतदाता अनेक प्रत्याशियों को अपनी पसंद के क्रम में वोट दे सकता है।

2. दूसरा महत्त्वपूर्ण अंतर है कि राज्य निर्वाचन आयोगों की ई.वी.एम. में अलग करने योग्य मेमोरी मॉड्यूल (Detachable Memory Module-DMM) होता है, जिसे ई.वी.एम. से निकालकर मतगणना स्थल तक ले जाया जा सकता है। ऐसे आरोप लगाए गए हैं कि इसमें आसानी से मत बदले जा सकते हैं। भारत निर्वाचन आयोग ने अनेक बार यह स्पष्टीकरण दिया है कि यह बात उनकी ई.वी.एम. पर लागू नहीं होती, क्योंकि उनमें डी.एम.एम. होता ही नहीं है।
3. एक अन्य महत्त्वपूर्ण बात यह है कि भारत निर्वौचन आयोग और राज्य निर्वाचन आयोगों की ई.वी.एम. में संचार प्रोटोकाल अलग-अलग हैं इसलिए इन्हें एक-दूसरे से जोड़ा नहीं जा सकता।

ई.वी.एम. का विदशों को निर्यात

यह बी.ई.एल. और ई.सी.आई.एल. दोनों के लिए गर्व की बात है कि ई.वी.एम. का निर्यात विदेशों को किया गया है। विदेशों के लिए निर्यात की गई ई.वी.एम. को उनके लिए अनुकूलित किया गया है। ई.सी.आई.एल. ने ई.वी.एम. का निर्यात नेपाल, भूटान और नाइजीरिया को किया है। बी.ई.एल. ने नामीबिया को निर्यात किया है।

गुजरात के स्थानीय निकाय चुनावों में इंटरनेट मतदान

ई.वी.एम. पर कोई चर्चा गुजरात के स्थानीय निकाय चुनावों में उपयोग किए गए इंटरनेट मतदान का जिक्र किए बिना पूरी नहीं हो सकती। गुजरात राज्य निर्वाचन आयोग ने सर्वप्रथम अहमदाबाद के नगर निगम चुनावों में 2010 में इंटरनेट मतदान प्रारंभ किया। इसके लिए बायोमैट्रिक पहचान के साथ पूर्व पंजीयन अनिवार्य था। यह दिलचस्प है कि जब भा.ज.पा. और उसके समर्थक स्टैंड एलोन ई.वी.एम. के प्रति झूठा

प्रचार करने में व्यस्त थे, उसी समय भा.ज.पा.-शासित गुजरात राज्य में राज्य निर्वाचन आयोग ने ऑनलाइन वोटिंग की शुरुआत की। यह अलग बात है कि अनेक वर्षों के बाद भी ऑनलाइन वोटिंग लोकप्रिय नहीं हो पाई है। एन.डी.टी.वी. ने 2015 में रिपोर्ट दी थी कि 95.9 मतदाताओं में से केवल 20,000 ने ही ऑनलाइन वोटिंग के लिए उस साल पंजीकरण कराया और केवल 806 ने ऑनलाइन मतदान किया।

संदर्भ—

1. भारत में इलेक्ट्रॉनिक वोटिंग पर विकीपीडिया—https://en.wikipedia.org/wiki/Electronic_voting_in_India।
2. वीवीपैट पर विकीपीडिया—https://en.wikipedia.org/wiki/Voter-verified_paper_audit_trail।
3. http://eci.nic.in/eci_main/eci_publications/books/genr/FifthGenElection-71-72.pdf. (Cached on 15-02-2018)।
4. https://adrindia.org/sites/default/files/Dinesh%20Goswami%20Report%20on%20Electoral%20Reforms.pdf cached on 17-02-2018 ।
5. Reports of the Expert Committee for the Technical Evaluation of the Electronic Voting Machine, April 1990।
6. डॉ. रेबेका मरक्यूरी की वेबसाइट, http://www.notablesoftware.com/evote.html।
7. https://en.wikipedia.org/wiki/Voter-verified_paper_audit_trail।
8. https://www.verifiedvoting.org/
9. Minutes of All Party Meeting held on 4th October, 2010।
10. Democracy as Risk ṣ a book by GVL Narsimha Rao।
11. Minutes of the meeting of Election Commission of India with Political Parties on 10th May, 2013।
12. Conduct of Elections (Amendment Rules, 2013), http://eci.nic.in/eci_main1/current/16_aug_2013The%20Conduct%20of%20Elections%20(Amendment)%20Rules, %202013-1_002.pdf

13. Press Trust of India News Item on first use of VVPAT in Nagaland-http://www.business-standard.com/article/pti-stories/nagaland-first-to-use-vvpat-device-for-voting-113090401142_1.html
14. DNA Mumbai report on VVPAT used in 8 constituencies in Parliament elections 2014; http://www.dnaindia.com/mumbai/report-evm-paper-trail-introduced-in-8-of-543-constituencies-1982463
15. https://saveindiandemocracy.wordpress.com/2013/09/13/congrats-to-eci-on-vvpat-use-at-noksen-nagaland-report-from-evm-activists/
16. Election Commission Press Note on use of VVPAT in 51-Noksen AC of Nagaland, http://eci.nic.in/eci_main1/current/PN_07092013.pdf।
17. Presentation by TCS on e-voting in Gujarat, https://sec.gujarat.gov.in/Images/promotional-OVS-v2-new.pdf।
18. e-Voting Rules of State Election Commission of Gujarat, https://sec.gujarat.gov.in/Images/e-voting.pdf।
19. Orders and Notifications relating to e-Voting ş State Election Commission of Gujarat; https://sec.gujarat.gov.in/Images/OVS-ORDERS.pdf।
20. Few takers for online voting in Gujarat-https://www.ndtv.com/india-news/few-takers-for-online-voting-in-gujarat-civic-polls-1246386।

□

3

कानूनी लड़ाइयाँ और विधिक ढाँचे का विकास

भारत में इलेक्ट्रॉनिक वोटिंग मशीनों के संबंध में विधिक ढाँचे का विकास अनेक न्यायालयीन निर्णयों से हुआ है। ई.वी.एम. ने पहली कानूनी परीक्षा का सामना पहली बार केरल के परूर उपचुनाव में प्रयोग किए जाने के पूर्व ही किया था। ए.सी. जोस नामक प्रत्याशी ने केरल उच्च न्यायालय में ई.वी.एम. के उपयोग पर स्थगन आदेश देने के लिए याचिका लगाई थी। इस पर केरल उच्च न्यायालय की कोचीन खंडपीठ ने मतदान के एक दिन पूर्व मई 1982 में सुनवाई की। न्यायालय ने स्थगन देने से इनकार कर दिया और ई.वी.एम. का उपयोग करने की अनुमति दी। इस प्रकार 19 मई, 1982 को पहली बार 70-परूर विधानसभा क्षेत्र के 84 में से 50 मतदान केंद्रों पर ई.वी.एम. का उपयोग किया गया। उस समय तक ई.वी.एम. के उपयोग का कोई विधिक प्रावधान नहीं था। उसके उपयोग के लिए निर्वाचन आयोग ने संविधान के अनुच्छेद 324 के अंतर्गत कार्यपालक आदेश जारी किया था। केरल उच्च न्यायालय ने प्रकरण का फैसला भारत निर्वाचन आयोग के पक्ष में किया, परंतु यह प्रकरण अपील में सर्वोच्च न्यायालय के समक्ष गया। इस प्रकरण में सर्वोच्च न्यायालय का निर्णय भारत में इलेक्ट्रॉनिक वोटिंग मशीनों के संबंध में प्रथम महत्त्वपूर्ण निर्णय है, जिसने ई.वी.एम. के संबंध में निर्वाचन विधि के विकास का मार्ग प्रशस्त किया।

ए.सी. जोस विरुद्ध सिवान पिल्लई

दिनांक 6 अगस्त, 1980 की सर्वदलीय बैठक के बाद निर्वाचन आयोग ने इलेक्ट्रॉनिक वोटिंग मशीनों के उपयोग की अनुमति भारत सरकार से माँगी। इस बीच निर्वाचन आयोग ने परूर उप-चुनाव में ई.वी.एम. का उपयोग करने का निर्णय कर लिया

और इस हेतु संविधान के अनुच्छेद 324 के अंतर्गत निर्देश जारी कर दिए। इस संबंध में एक अधिसूचना केरल के राजपत्र में 13 मई, 1982 को प्रकाशित हुई।

जैसा कि पूर्व में लिखा गया है, भारत के चुनावों में ई.वी.एम. के प्रथम उपयोग की पूर्व संध्या पर केरल उच्च न्यायालय में एक याचिका दायर की गई। उच्च न्यायालय ने स्थगन देने से इनकार कर दिया और मतदान में ई.वी.एम. के उपयोग की अनुमति दे दी। याचिकाकर्ता के मुख्य तर्क थे—प्रत्येक मतदाता को व्यक्तिगत मत-पत्र जारी किए बिना ई.वी.एम. अथवा अन्य किसी यंत्र के उपयोग का आदेश देने का अधिकार मुख्य निर्वाचन आयुक्त को नहीं था। मत-पत्र देने से इनकार करना मताधिकार के हनन के समतुल्य था। प्रत्युत्तर में निर्वाचन आयोग की ओर से तर्क दिया गया कि निर्वाचन का कार्यक्रम घोषित हो जाने के उपरांत चुनाव कराने की अन्य विधियाँ उपयोग करने का अधिकार मुख्य निर्वाचन आयुक्त को था। ई.वी.एम. पूरी तरह से मतदान प्रक्रिया की नकल करती हैं। मतदाता बैलेट यूनिट के पारदर्शी प्लास्टिक कवर के नीचे रखे मत-पत्र को देखकर अपने मताधिकार का उपयोग करता है, इसलिए मताधिकार का हनन नहीं होता। डेटा गैर-अस्थिर मेमोरी में रखा जाता है और न्यायिक सत्यापन के लिए उपलब्ध रहता है। हार्डवेयर और सॉफ्टवेयर छेड़छाड़ से मुक्त हैं। ई.वी.एम. के उपयोग से कई निर्वाचन कदाचरण जैसे हेरा-फेरी और बूथ कैप्चरिंग पर लगाम लगाई जा सकती है।

इस चुनाव में जीत का अंतर मात्र 123 मत था। चुनाव के बाद केरल उच्च न्यायालय में चुनाव याचिका क्रमांक 1/1982 दायर की गई, जिसे उच्च न्यायालय ने 12 अक्तूबर, 1982 को खारिज कर दिया। केरल उच्च न्यायालय के आदेश को सर्वोच्च न्यायालय में चुनौती दी गई। मुख्य तर्क संविधान के अनुच्छेद 324 में निर्वाचन आयोग की शक्तियों के संबंध में था।

सर्वोच्च न्यायालय ने दिनांक 5 मार्च, 1984 के अपने निर्णय में व्यवस्था दी कि—

1. कुछ मतदान केंद्रों में मशीनों द्वारा मतदान कराने के निर्देश देनेवाला निर्वाचन आयोग का आदेश अधिकारिताविहीन था एवं ऐसा आदेश नहीं दिया जा सकता था।
2. जब लोक प्रतिनिधित्व अधिनियम, 1951 और निर्वाचनों का संचालन नियम, 1961 में मतदान कराने का तरीका निर्धारित था तो ऐसी स्थिति में आयोग कोई नया तरीका बनाकर यह तर्क नहीं कर सकता था कि क्योंकि वर्तमान विधि में यांत्रिक प्रक्रिया का प्रयोग शामिल नहीं था, इसलिए यांत्रिक प्रक्रिया का प्रयोग इस हेतु बनाई गई विधि के विपरीत नहीं था। यांत्रिक प्रक्रिया को अधिनियम एवं नियमों से पूरी तरह बाहर रखा गया था, इसलिए यदि उसका

उपयोग किया गया तो ऐसा करना काफी हद तक नियमों की अनिवार्य आवश्कताओं के प्रयोजन के विपरीत होगा।

3. जब संसद् का बनाया कोई कानून अथवा उस कानून के अंतर्गत बनाए गए नियम न हों तो आयोग निर्वाचन के संचालन के संबंध में आदेश देने के लिए स्वतंत्र है। जब एक अधिनियम है और उसके अंतर्गत स्पष्ट नियम भी बनाए गए हैं तो आयोग अधिनियम और नियमों के विपरीत और अधिनियम अथवा नियमों में दी गई आज्ञा के सीधे उल्लंघन में आदेश पारित नहीं कर सकता। आयोग की शक्तियाँ निर्वाचन के पर्यवेक्षण, निर्देशन और नियंत्रण के संबंध में अनुच्छेद 324 के प्रावधानों के अनुसार, विधि (कानून और नियम दोनों) के पूरक के रूप में हैं, न कि उन्हें बदलने के लिए, जहाँ अधिनियम और नियम मूक हैं, वहाँ अवश्य ही आयोग को अनुच्छेद 324 में निर्वाचन के संचालन के संबंध में कोई भी निर्देश देने की पूर्ण शक्ति है। जहाँ आयोग का कोई निर्देश सरकार के अनुमोदन के लिए प्रस्तुत किया गया है, जैसा कि नियमों में आवश्यक है, वहाँ आयोग इस बात के लिए स्वतंत्र नहीं है कि यदि सरकार का अनुमोदन नहीं भी दिया गया है तो भी आयोग अपनी इच्छा से उसका पालन कराना प्रारंभ कर दे।
4. विधि की व्याख्या का यह एक मान्य नियम है कि जब तक ऐसा करना अर्थहीन न हो जाए, तब तक शब्दों, वाक्यांशों और वाक्यों का तात्पर्य उनके नैसर्गिक, साधारण, लोकप्रिय और व्याकरण के सही अर्थ में निकाला जाए।
5. यह माना जाना चाहिए कि विधायिका को विश्व के विभिन्न प्रजातांत्रिक देशों में, जहाँ यांत्रिक प्रणालियों का उपयोग किया जाता है, की आधुनिक प्रवृत्तियों की जानकारी है और 'मत-पत्र' शब्द के स्पष्ट अर्थ के बावजूद उन्होंने 1950 में दी गई इसकी परिभाषा को विस्तार देना उचित नहीं समझा, तो यह मानना होगा कि संसद् का इरादा 'मत-पत्र' शब्द को उसके लोकप्रिय अर्थ में प्रयुक्त करने का था, न कि तकनीकी अर्थ में।
6. 'बैलेट' शब्द जिस समय बना था, उस समय मशीन से मतदान का प्रश्न ही नहीं था। 1951 में भी, जब अधिनियम पारित हुआ अथवा नियम बनाए गए, इस देश में मशीन द्वारा मतदान की प्रणाली प्रचलन में नहीं थी। ऐसी परिस्थितियों में 'बैलेट' शब्द के अर्थ में मशीनों के उपयोग से मतदान शामिल नहीं होगा।

सर्वोच्च न्यायालय ने अपील स्वीकार कर ली और जिन 50 मतदान केंद्रों में

वोटिंग मशीनों का उपयोग किया गया था, वहाँ का मतदान निरस्त कर दिया एवं इन 50 मतदान केंद्रों में पुनर्मतदान का आदेश दिया, परंतु न्यायालय ने उन 34 मतदान केंद्रों के परिणाम को नहीं छुआ, जहाँ मत-पत्रों का उपयोग हुआ था। न्यायालय ने आदेश दिया कि पुनर्मतदान के बाद चुनाव के परिणाम, उत्तरवादी सहित, सभी प्रत्याशियों को पहले से प्राप्त मतों को जोड़कर पुनः घोषित किए जाएँगे। तर्क के समय आयोग ने न्यायालय को बताया था कि ई.वी.एम. का उपयोग 9 अन्य चुनावों में भी किया गया था, जिनके संबंध में कोई चुनौती नहीं दी गई है। न्यायालय ने कहा कि उसके निर्णय का इन 9 चुनावों पर किसी प्रकार का कोई प्रभाव नहीं पड़ेगा।

ए.सी. जोस का प्रभाव

ए.सी. जोस प्रकरण के निर्णय ने ई.वी.एम. का उपयोग लंबे समय के लिए स्थगित कर दिया। उनका उपयोग इसके बाद संसद् द्वारा कानून के संशोधन के द्वारा लोक प्रतिनिधित्व अधिनियम में धारा 61-क जोड़े जाने के बाद ही हुआ। एक प्रकार से सर्वोच्च न्यायालय ने भारत में ई.वी.एम. के उपयोग को अनुमोदित भी कर दिया था। यह इस बात से प्रमाणित है कि न्यायालय ने ई.वी.एम. में छेड़छाड़ होने की संभावाना अथवा उनकी विश्वसनीयता पर कोई विपरीत टिप्पणी नहीं कि और 9 अन्य चुनाव, जिनमें ई.वी. एम. का उपयोग हुआ था, में हस्तक्षेप करने से भी इनकार कर दिया। यह दरशाता है कि न्यायालय ई.वी.एम. के उपयोग से असहमत नहीं था। केवल निर्वाचन आयोग द्वारा सरकार का अनुमोदन माँगने के उपरांत भी बिना संसद् की अनुमति की प्रतीक्षा किए हुए अनुच्छेद 324 में आदेश जारी करने से असहमत था।

ई.वी.एम. का उपयोग अनुमोदित करने से सरकार का इनकार

केंद्र सरकार ने 8 जुलाई, 1983 को हुई मंत्रिपरिषद् की बैठक में ई.वी.एम. का उपयोग करने का अनुमोदन नहीं करने का फैसला किया। इसकी सूचना निर्वाचन आयोग को विधायी कार्य विभाग के पत्र दिनांक 27 जुलाई, 1983 द्वारा दी गई। तारांकित प्रश्न क्रमांक 17 द्वारा श्री भीकू राम जैन, सांसद एवं श्री सुब्रह्मण्यम स्वामी, सांसद के उत्तर में कानून मंत्री ने दिनांक 15 नवंबर, 1983 को लोकसभा को बताया कि सरकार ने भारत निर्वाचन आयोग के ई.वी.एम. का उपयोग चरणबद्ध तरीके से करने के प्रस्ताव को वित्तीय एवं अन्य कारणों से स्वीकार नहीं किया है। आयोग ने पुनर्विचार का अनुरोध किया।

लोक प्रतिनिधित्व अधिनियम, 1951 में संशोधन

संसद् ने दिसंबर 1988 में कानून में संशोधन किया और एक नई धारा 61 क लोक प्रतिनिधित्व अधिनियम, 1951 में जोड़ी गई, जिसने आयोग को वोटिंग मशीनों का उपयोग करने के लिए अधिकृत किया। संशोधित प्रावधान 15 मार्च, 1989 को लागू हुआ। यह दिलचस्प है कि धारा 61 क निर्वाचन आयोग को ई.वी.एम. का उपयोग करने के लिए अधिकृत करती है, परंतु इससे ई.वी.एम. का उपयोग करना अनिवार्य नहीं किया गया है। यह धारा नीचे दी गई है—

61 (क) निर्वाचनों में मतदान मशीनें : इस अधिनियम या इसके अधीन बनाए गए नियमों में किसी बात के होते हुए भी, मतदान मशीनों से ऐसी रीति से, जो विहित की जाए, मत देना और अभिलिखित करना ऐसे निर्वाचन-क्षेत्रों में अंगीकार किया जा सकेगा, जो निर्वाचन क्षेत्र आयोग प्रत्येक मामले की परिस्थितियों को ध्यान में रखते हुए, विनिर्दिष्ट करे।

स्पष्टीकरण : इस धारा के प्रयोजन के लिए 'मतदान मशीन' से अभिप्रेत है मत देने या अभिलिखित करने के लिए प्रयुक्त कोई मशीन या साधित्र, चाहे वह इलेक्ट्रॉनिकी द्वारा या अन्यथा प्रचलित हो और इस अधिनियम या इसके अधीन बनाए गए नियमों में मत-पेटी या मतपत्र के प्रति किसी निर्देश का अर्थ, जैसा अन्यथा उपबंधित है, उसके सिवाय, इस प्रकार लगाया जाएगा, मानो उसके अंतर्गत जहाँ कहीं ऐसी मतदान मशीन का किसी निर्वाचन में प्रयोग होता है, ऐसा मतदान मशीन के प्रति निर्देश है।

चुनाव सुधारों पर दिनेश गोस्वामी समिति

सरकार ने 1990 में तत्कालीन कानून मंत्री दिनेश गोस्वामी की अध्यक्षता में एक चुनाव सुधार समिति बनाई। इस समिति ने अनेक विषयों पर विचार किया। ई.वी.एम. का उपयोग भी उनके एजेंडे में था। समिति ने सरकार से ई.वी.एम. का तकनीकी परीक्षण करने के लिए एक विशेषज्ञों की समिति बनाने का अनुरोध किया। इस प्रकार इलेक्ट्रॉनिकी विभाग ने 1990 में ई.वी.एम. का तकनीकी परीक्षण करने के लिए पहली विशेषज्ञ समिति बनाई। इस समिति ने गहन परीक्षण के उपरांत चुनावों में ई.वी.एम. का उपयोग करने की अनुशंसा की। दिनेश गोस्वामी समिति ने तकनीकी विशेषज्ञ समिति की रिपोर्ट पर विचार करने के बाद भविष्य के सभी चुनावों में ई.वी.एम. के उपयोग की अनुशंसा की।

निर्वाचनों का संचालन नियम, 1961 में संशोधन

दिनांक 24 मार्च, 1992 को सरकार ने ई.वी.एम. के चुनावों में उपयोग के संबंध

में निर्वाचनों का संचालन नियम, 1961 में आवश्यक संशोधन अधिसूचित किए। भाग 4 में एक नया अध्याय 2 जोड़कर नियम 49 के पश्चात् नियम 49 क से 49 व तक जोड़े गए, जिनमें ऐसे मतदान केंद्रों में मतदान कराने के विस्तृत प्रावधान किए गए थे, जहाँ इलेक्ट्रॉनिक वोटिंग मशीनों का उपयोग किया जाता है। इसके अतिरिक्त नियम 66 के बाद एक नया नियम 66 क जोड़ा गया, जिसमें वोटिंग मशीनों द्वारा रिकॉर्ड किए गए मतों की गणना करने का प्रावधान किया गया था। इन नियमों को संशोधित करके नए फार्म 17 क, 17 ख एवं 17 ग निर्वाचनों का संचालन नियम, 1961 के साथ संलग्न फॉर्म 17 के बाद जोड़े गए।

अधिनियम तथा नियमों में संशोधन से चुनावों में ई.वी.एम. के उपयोग का रास्ता साफ हो गया। इसके बाद अनेक चुनावों में ई.वी.एम. का उपयोग किया गया। वर्ष 2004 से भी आम चुनावों और उप-चुनावों में ई.वी.एम. का उपयोग किया गया है। इसके बाद भी ई.वी.एम. के चुनावों में उपयोग को अनेक न्यायालयीन प्रकरणों में चुनौती दी गई, परंतु सभी में न्यायालयों ने निर्वाचन आयोग द्वारा ई.वी.एम. के उपयोग को सही माना। कुछ महत्त्वपूर्ण प्रकरणों का विवरण नीचे दिया गया है—

1. **ऑल इंडिया अन्ना द्रविड़ मुन्नेत्र कषगम द्वारा जे. जयललिता एवं अन्य के विरुद्ध भारत निर्वाचन आयोग एवं अन्य :** वर्ष 2001 में मद्रास उच्च न्यायालय में ई.वी.एम. के उपयोग को चुनौती देनेवाली अनेक याचिकाएँ इस अधार पर दायर की गईं कि उनके साथ आसानी से छेड़छाड़ की जा सकती है। दिनांक 10 अप्रैल, 2001 को उच्च न्यायालय ने इन आरोपों को निराधार बताते हुए सभी याचिकाएँ खारिज कर दीं और संतोष व्यक्त किया कि "निर्वाचन को न्यायपूर्ण, निष्पक्ष और उचित ढंग से संचालित करने के लिए नियम बनाकर पर्याप्त रक्षोपाय किए गए हैं।" न्यायालय ने यह भी कहा कि ई.वी.एम. में डेटा स्थायी रूप से सुरक्षित रहता है, जिसे चुनाव याचिकाओं के लिए निकाला जा सकता है। सर्वोच्च न्यायालय के समक्ष दायर की गई विशेष अनुमति याचिका भी 23 अप्रैल, 2002 को खारिज कर दी गई और न्यायालय ने चुनावों में ई.वी.एम. के उपयोग की अनुमति देनेवाली लोक प्रतिनिधित्व अधिनियम की धारा 61 क की संवैधानिक वैधता को स्वीकार किया।
2. **प्राणनाथ लेखी विरुद्ध भारत निर्वाचन आयोग एवं अन्य रिट याचिका क्रमांक 2004 की 8790 :** इस याचिका में इस आधार पर ई.वी.एम. में छेड़छाड़ की संभावनाओं का आरोप लगाया गया था कि जबकि विभिन्न

ओपीनियन पोल और एग्जिट पोल में 2004 के लोकसभा चुनावों में सत्तारूढ़ गठबंधन के जीतने की भविष्यवाणी की गई थी, फिर भी सत्तारूढ़ चुनाव गठबंधन हार गया था। न्यायालय ने इस आरोप में कोई सत्यता नहीं पाई और 205 में याचिका खारिज कर दी।

3. **माइकेल बी. फर्नांडेज विरुद्ध सी.के. जाफर शरीफ एवं अन्य (ए.आई. आर. 2004 कांत 289) :** इस मामले में कर्नाटक उच्च न्यायालय में यह कहते हुए ई.वी.एम. के उपयोग को मान्यता दी कि ई.वी.एम. में छेड़छाड़ और हेरा-फेरी संभव नहीं है और इसमें पारंपरिक मत-पत्र डालने के तरीके की तुलना में अनेक फायदे भी हैं। न्यायालय ने कहा कि पारंपरिक मत-पत्र के तरीके में मतदान के अंतिम समय में तेजी से हेरा-फेरी करना संभव है, जबकि मतदान के बीच समय अंतराल अनिवार्य होने के कारण ई.वी.एम. में यह संभव नहीं है। न्यायालय ने कहा कि ई.वी.एम. 'इलेक्ट्रॉनिक और कंप्यूटर प्रौद्योगिकी में एक महान् उपलब्धि और राष्ट्रीय गर्व की वस्तु हैं।'
4. **टी.ए. अहमद कबीर विरुद्ध ए.ए. अजीज एवं अन्य (ए.आई.आर. 2003, एस.सी. 2271) :** यह चुनाव याचिका दो बार मतदान के आरोप के आधार पर लगाई गई थी। उच्च न्यायालय ने इसे ई.वी.एम. में डाले गए मतों को खोलकर पुनः मतगणना करके खारिज किया। सर्वोच्च न्यायालय ने उच्च न्यायालय के निर्णय को इस आधार पर बरकरार रखा कि ई.वी.एम. में कथित रूप से प्रतिरूपित मतों को पृथक् करना और उन्हें डिकोड करके सभी गणना करना संभव है।
5. **बनवारीलाल पुरोहित विरुद्ध विलास मुत्तमवार एवं अन्य 2004 की चुनाव याचिका क्रमांक 1 :** बॉम्बे उच्च न्यायालय की नागपुर खंडपीठ के समक्ष इस याचिका में ई.वी.एम. में छेड़छाड़ की संभावना का आरोप लगाया गया था। न्यायालय ने कहा कि याचिकाकर्ता संविधान, अधिनियम या नियमों के अनिवार्य प्रावधानों का उल्लंघन दर्शित करने में असफल रहा है और माना कि "इलेक्ट्रॉनिक मशीनों में छेड़छाड़ की संभावना मात्र सामान्य निर्देश जारी करने का आधार नहीं हो सकती।"
6. **वी.वी. राव विरुद्ध भारत संघ रिट याचिका (सिविल) 2009 की 292 :** याचिकाकर्ता ने ई.वी.एम. में छेड़छाड़ की संभावना के विषय में संदेह व्यक्त किया था। न्यायालय ने याचिकाकर्ताओं को भारत निर्वाचन आयोग के समक्ष जाने का निर्देश दिया।

7. **कल्याण सिंह चौहान विरुद्ध सी.पी. जोशी सिविल अपील क्रमांक 2012 की 6885 सर्वोच्च न्यायालय :** यह निर्णय किया गया कि उत्तरवादी की पत्नी ने 2 मत डाले थे और निर्वाचन आयोग को आदेश दिया गया कि ई.वी.एम. में डाले गए इन मतों को डिकोड करके अलग करे और प्रतिवेदन प्रस्तुत करे। मतों को सफलतापूर्वक डिकोड करके न्यायालय को प्रतिवेदन प्रस्तुत किया गया।

इन सभी निर्णयों में भारत के चुनावों में ई.वी.एम. के उपयोग को बरकरार रखा गया और ई.वी.एम. में छेड़छाड़ की संभावना के आरोपों को भी लगातार अस्वीकार किया गया।

डॉ. सुब्रह्मण्यम स्वामी विरुद्ध भारत निर्वाचन आयोग (ए.आई.आर. 2014, एस.सी.18)

भारत के पूर्व कानून मंत्री डॉ. सुब्रह्मण्यम स्वामी ने ई.वी.एम. में छेड़छाड़ और हेरा-फेरी की संभावनाओं के आधार पर उनके चुनावों में उपयोग के विरुद्ध दिल्ली उच्च न्यायालय में एक याचिका दायर की। दिल्ली उच्च न्यायालय ने उनकी याचिका खारिज कर दी। इसके बाद उन्होंने सर्वोच्च न्यायालय में अपील दायर की।

इस समय तक अनेक लोगों ने मतदाताओं में विश्वसनीयता बढ़ाने, मतदान के पश्चात् ऑडिट की संभावना एवं विवाद की स्थिति में हाथ से मतों की गिनती करने के लिए ई.वी.एम. के साथ वोटर वेरीफाइड पेपर ऑडिट ट्रेल (वीवीपैट) के उपयोग का सुझाव देना प्रारंभ कर दिया था। भारत निर्वाचन आयोग ने 2010 से ही वीवीपैट पर काम करना शुरू कर दिया था। निर्वाचन आयोग ने मुश्किल मौसम की परिस्थितियों में वीवीपैट पर प्रयोगशाला में तथा क्षेत्र में परीक्षण कर लिये थे। आयोग ने वीवीपैट का प्रदर्शन राजनीतिक दलों के प्रतिनिधियों की एक सर्वदलीय बैठक में किया था। सर्वोच्च न्यायालय ने निर्वाचन आयोग से वीवीपैट पर एक स्टेटस रिपोर्ट माँगी। आयोग ने वीवीपैट पर विस्तृत स्टेटस रिपोर्ट प्रस्तुत की, जिसमें कहा गया था कि वीवीपैट का निर्माण और परीक्षण किया जा चुका है और ई.वी.एम. के साथ चुनावों में इसका उपयोग संभव है। इस बीच आयोग ने प्रथम बार नागालैंड के 51-नोकसेन (अजजा) विधानसभा क्षेत्र के उप-चुनाव में 4 सितंबर, 2013 को वीवीपैट का उपयोग किया।

दिनांक 8 अक्तूबर, 2013 को पारित अपने निर्णय में सर्वोच्च न्यायालय में कहा—

(29) दोनों पक्षों द्वारा प्रस्तुत सामग्री से हम संतुष्ट हैं कि 'पेपर ट्रेल' स्वतंत्र

एवं निष्पक्ष चुनाव के लिए अपरिहार्य है। मतदाताओं का ई.वी.एम. में विश्वास 'पेपर ट्रेल' लागू करने से ही बनेगा। वीवीपैट के साथ ई.वी.एम. मतदान प्रणाली की शुद्धता सुनिश्चित करती है, क्योंकि मत और कुछ नहीं, केवल एक अभिव्यक्ति है, जिसका प्रजातंत्र में बहुत महत्त्व है, इसलिए प्रणाली में पूरी पारदर्शिता लाने और मतदाताओं का विश्वास बहाल करने के उद्देश्य से वीवीपैट सहित ई.वी.एम. की प्रणाली स्थापित करना आवश्यक है।

(30) उपरोक्त चर्चा के प्रकाश में और भारत निर्वाचन आयोग के व्यावहारिक और उचित दृष्टिकोण को ध्यान में रखकर और इस बात पर विचार करके कि पूरे भारत में चुनावों के लिए भारत निर्वाचन आयोग को 10 लाख मतदान केंद्रों की व्यवस्था करनी होती है, हम अनुमति देते हैं कि भारत निर्वाचन आयोग आनेवाले आम चुनावों में इसे चरणों में अथवा भौगोलिक रूप से लागू करे। क्षेत्र, राज्य अथवा वास्तविक मतदान केंद्रों का फैसला भारत निर्वाचन आयोग करेगा, जो इसे चरणबद्ध तरीके से लागू करने के लिए स्वतंत्र है। हम इसे लागू करने में भारत निर्वाचन आयोग के प्रयासों एवं अच्छी चेष्टा की सराहना करते हैं।

(31) इस प्रणाली (वीवीपैट) को चरणबद्ध तरीके से लागू करने के लिए भारत सरकार को निर्देश दिया जाता है कि वीवीपैट के यूनिट क्रय करने के लिए आवश्यक वित्तीय सहायता दी जाए।'

तब से निर्वाचन आयोग ने चुनावों में लगातार वीवीपैट का उपयोग बढ़ाया है। गोवा, हिमाचल प्रदेश और गुजरात विधानसभा चुनावों में इसका उपयोग सभी मतदान केंद्रों में किया गया।

इस प्रकरण में एक बार फिर सर्वोच्च न्यायालय ने ई.वी.एम. का उपयोग वैध ठहराया। न्यायालय ने ई.वी.एम. के साथ वीवीपैट के उपयोग का आदेश तो दिया, परंतु वीवीपैट को चरणबद्ध तरीके से लागू करने की अनुमति भी दी और इस प्रकार यह स्पष्ट कर दिया कि ई.वी.एम. के उपयोग की वैधता वीवीपैट के उपयोग पर निर्भर नहीं है।

गोरखनाथ एस. मौर्य एवं अन्य ने बॉम्बे उच्च न्यायालय में लोकहित याचिका क्रमांक 2014 की 116 दायर की, जिसमें अक्तूबर 2014 के महाराष्ट्र विधानसभा चुनावों में सभी मतदान केंद्रों पर वीवीपैट के उपयोग का आदेश देने की प्रार्थना की गई थी। यह याचिका इस आधार पर खारिज कर दी गई कि सर्वोच्च न्यायालय ने भारत निर्वाचन आयोग को चरणबद्ध तरीके से वीवीपैट लागू करने की अनुमति दी है।

ई.वी.एम. में इनमें से कोई नहीं (नोटा) विकल्प देने के संबंध में न्यायालयीन प्रकरण : यह तर्क दिया गया कि जब मत-पत्रों का उपयोग किया जाता

था, तब यदि कोई मतदाता किसी भी प्रत्याशी के पक्ष में मतदान नहीं करना चाहता था तो वह गोपनीय रूप से अनेक नामों के समक्ष चिह्न लगाकर अपने मत को निरस्त करा सकता था, परंतु ई.वी.एम. में ऐसा करना संभव नहीं था। मतदाता के समक्ष एक ही विकल्प था कि वह पीठासीन अधिकारी को नियम 49-न के अंतर्गत सूचना दे कि वह मतदान नहीं करना चाहता, परंतु ऐसे में मतदाता का यह विकल्प गोपनीय नहीं रहेगा। यह मुद्दा सर्वोच्च न्यायालय के समक्ष पीपल्स यूनियन ऑफ सिविल लिबर्टीज विरुद्ध भारत संघ (2013, 10 एस.सी.सी. 1) में उठा। दिनांक 27 सितंबर, 2013 के निर्णय में सर्वोच्च न्यायालय ने निर्देश दिए कि ई.वी.एम. एवं मत-पत्रों में नोटा का विकल्प दिया जाए, जिससे जो मतदाता किसी भी प्रत्याशी के पक्ष में मतदान नहीं करना चाहते हैं, वे यह विकल्प गोपनीय रूप से चुन सकें।

कुछ अन्य विविध मुद्दे

1. ई.वी.एम. का दृष्टिहीन मतदाताओं के लिए उपयोगी होना : निर्वाचन आयोग ने इसके लिए ई.वी.एम. के बैलेट यूनिट में प्रत्याशी बटन के क्रमांक ब्रेल में अंकित कराए हैं।

2. मतदान केंद्र वार मतों की गोपनीयता : मत-पत्रों के दिनों में बाद के समय यह आशंका व्यक्त की गई थी कि यदि मतदान केंद्रवार मतों की संख्या का पता लग जाए तो जीतनेवाला प्रत्याशी उन मतदान केंद्रों के मतदाताओं के साथ विभेद कर सकता है, जहाँ पर उसे कम मत मिले हों। आयोग ने उस समय यह निर्देश दिया था कि मतगणना के पूर्व निर्वाचन क्षेत्र के सभी मतों को मिला लिया जाए। ई.वी.एम. मतगणना में मतों को मिलाया नहीं जाता है। आलोचकों का कहना है कि इससे विशिष्ट मतदान केंद्रों के मतदाताओं के साथ चुनावों के बाद क्रूरता की संभावना है। निर्वाचन आयोग ने एक टोटलाइजर मशीन विकसित की है, जिसमें अनेक ई.वी.एम. को जोड़कर मतगणना के पूर्व ई.वी.एम. के मतों को मिलाया जा सकता है। आयोग ने मतगणना में टोटलाइजर के उपयोग के लिए सरकार को प्रस्ताव प्रस्तुत किया है। प्रस्ताव अभी सरकार के पास लंबित है।

दिनांक 3 मार्च, 2009 का जर्मनी के संघीय संवैधानिक न्यायालय का निर्णय

जर्मनी के संघीय संवैधानिक न्यायालय ने निर्णय किया कि—

1. मूल कानून (GrundgesetzṣGG) के अनुच्छेद 38 सहपठित अनुच्छेद

20.1 एवं 20.2 से उभरनेवाली चुनावों की लोक-प्रवृत्ति से यह आवश्यक हो जाता है कि जब तक संविधान के हित अपवाद का औचित्य न हो, तब तक चुनावों के सभी आवश्यक कदम लोक परीक्षण के योग्य हों।

2. जब इलेक्ट्रॉनिक वोटिंग मशीनों का उपयोग किया जाता है, तब नागरिकों के द्वारा चुनाव कर्म और परिणाम निकालने के आवश्यक कदमों की जाँच करना बिना विशेषज्ञ ज्ञान के संभव होना चाहिए।

भारत में ई.वी.एम. के विरोधियों ने जर्मनी के न्यायालय के निर्णय के आधार पर ई.वी.एम. के उपयोग के विरुद्ध तर्क किया है। यह तो बिना कानून की शिक्षा प्राप्त व्यक्ति भी जानता है कि जर्मनी के न्यायालय की भारत के भीतरी मामलों में कोई अधिकारिता नहीं है। जब भारत के सर्वोच्च न्यायालय ने ई.वी.एम. को वैध माना है तो अन्य किसी न्यायालय के निर्णय का उपयोग भारत में ई.वी.एम. की वैधता को चुनौती देने के लिए नहीं किया जा सकता। इसके अतिरिक्त जर्मनी के न्यायालय ने भी ऐसा नहीं कहा है कि ई.वी.एम. का उपयोग चुनावों में किया ही नहीं जा सकता, बल्कि केवल इतना ही कहा है कि बिना विशेषज्ञ ज्ञान के नागरिकों द्वारा चुनाव के स्टेप्स की मॉनीटरिंग संभव होनी चाहिए। स्पष्ट है कि इस निर्णय का भारत की ई.वी.एम. पर कोई प्रभाव नहीं है।

संदर्भ—

1. ए.सी. जोस मामले में सर्वोच्च न्यायालय का निर्णय, https://indiankanoon.org/doc/390634/।
2. निर्वाचनों का संचालन नियम, 1961, https://indiankanoon.org/doc/45933417/।
3. Handbook for Candidates published by Election Commission of India in 1992, http://eci.nic.in/archive/handbook/CandidateHB_EVM_.pdf
4. सुब्रह्मण्यम स्वामी विरुद्ध भारत निर्वाचन आयोग में सर्वोच्च न्यायालय का निर्णय, https://indiankanoon.org/doc/113840870/।
5. जर्मनी के चुनावों में इलेक्ट्रॉनिक वोटिंग मशीनों के उपयोग के संबंध में जर्मनी के संघ संविधान न्यायालय का निर्णय, http://www.bundesverfassungsgericht.de/entscheidungen/cs20090303_2bvc000307.html

6. जर्मनी के चुनावों में इलेक्ट्रॉनिक वोटिंग मशीनों के उपयोग के संबंध में जर्मनी के संघ संविधान न्यायालय के निर्णय का आधिकारिक अंग्रेजी अनुवाद, https://www.bundesverfassungsgericht.de/SharedDocs/Entscheidungen/EN/2009/03/cs20090303_2bvc000307en.html।

□

4

विरोधी

ई.वी.एम. का विरोध 19 मई, 1982 को 70–परूर विधानसभा क्षेत्र के 84 में से 50 मतदान केंद्रों पर उनके प्रथम उपयोग के पहले ही प्रारंभ हो गया था। केरल उच्च न्यायालय के समक्ष ई.वी.एम. का उपयोग रोकने के लिए स्थगन आदेश की प्रार्थना करते हुए एक याचिका दायर की गई थी। माननीय उच्च न्यायालय ने स्थगन आदेश देने से इनकार कर दिया और 50 मतदान केंद्रों पर ई.वी.एम. द्वारा मतदान किया गया। बाद में एक निर्वाचन याचिका भी दायर की गई, जिसे केरल उच्च न्यायालय ने खारिज कर दिया, परंतु सर्वोच्च न्यायालय ने अपील में उच्च न्यायालय का आदेश पलट दिया और जिन 50 मतदान केंद्रों में ई.वी.एम. पर मतदान किया गया था, वहाँ मत–पत्रों द्वारा दोबारा मतदान कराने का आदेश दिया। परंतु 9 अन्य चुनाव, जिनमें ई.वी.एम. का उपयोग किया जा चुका था, उनमें दखल देने से सर्वोच्च न्यायालय ने इनकार कर दिया।

यहाँ ध्यान देने योग्य बात यह है कि सर्वोच्च न्यायालय ने अपने आदेश में यह नहीं कहा कि ई.वी.एम. अविश्वसनीय हैं अथवा उनमें हेरा–फेरी या छेड़छाड़ हो सकती है। सर्वोच्च न्यायालय ने अपने आदेश का कारण यह बताया कि सरकार को ई.वी.एम. के उपयोग करने का प्रस्ताव अनुमोदन हेतु भेजने के पश्चात् निवार्चन आयोग के पास संविधान के अनुच्छेद 324 के अंतर्गत ई.वी.एम. का उपयोग करने का आदेश देने की शक्ति नहीं थी। उस समय मत–पत्रों का उपयोग करके निर्वाचन कराने का कानून लागू था। यदि विधि अथवा नियमों में कोई प्रावधान न होता तो आयोग अनुच्छेद 324 के अंतर्गत आदेश जारी कर सकता था, परंतु क्योंकि विधि में स्पष्ट प्रावधान था, इसलिए अधिनियम एवं नियमों में दिए गए प्रावधानों का सीधा उल्लंघन करके आदेश देने का अधिकार आयोग को नहीं था। इससे यह स्पष्ट है कि सर्वोच्च न्यायालय ने ई.वी.एम. में कोई खराबी नहीं बताई थी, बल्कि केवल इतना कहा था कि आयोग को अपने स्तर पर उनका उपयोग करने का आदेश देने की शक्ति प्राप्त नहीं थी।

बेहतर ई.वी.एम. का निर्माण करने का दावा करनेवाले लोगों द्वारा निर्वाचन आयोग को ई.वी.एम. बेचने का प्रयास

जब आयोग ने चुनावों में ई.वी.एम. का उपयोग करने का निर्णय किया तो उसे अनेक ऐसे लोगों से ऑफर मिलने शुरू हो गए, जिन्होंने ई.सी.आई.एल. और बी.ई.एल. से बेहतर ई.वी.एम. बनाने का दावा किया। अधिकांश अपनी ई.वी.एम. का प्रदर्शन आयोग को करना चाहते थे और कुछ ने यह आरोप भी लगाए कि बी.ई.एल. एवं ई.सी. आई.एल. द्वारा बनाई गई ई.वी.एम. अच्छी नहीं थीं। वर्ष 1980 राष्ट्रपति के सचिवालय ने आयोग को जयपुर के एस.के. सक्सेना का लिखा एक पत्र अग्रेषित किया। इस पत्र में यह आरोप लगाया गया था कि एक ओर तो सरकार ने राष्ट्र की तकनीकी प्रगति में योगदान देने के लिए टेक्नोक्रेट्स की सहायता करने एवं और उन्हें बढ़ावा देने का वादा किया था और दूसरी ओर एक टेक्नोक्रेट के ई.वी.एम. का विकास करने के प्रयासों को फाइलों में दबा दिया गया था।

इसी प्रकार तमिलनाडु के एम. हनीफा ने अनेक अवसरों पर आयोग को लिखा कि उनके द्वारा विकसित ई.वी.एम., ई.सी.आई.एल. एवं बी.ई.एल. की बनाई ई.वी.एम. से बेहतर थीं। उन्होंने आयोग से उनकी ई.वी.एम. का उपयोग करने का अनुरोध किया और तमिलनाडु के विभिन्न शहरों में अपनी ई.वी.एम. का प्रदर्शन भी किया, हालाँकि आयोग ने उन्हें स्पष्ट उत्तर दे दिया था कि उनकी बनाई ई.वी.एम. का उपयोग करना आयोग के लिए संभव नहीं था, फिर भी वे लगातार आयोग को अनुरोध पत्र भेजते ही रहे। अंततः आयोग ने उन्हें बी.ई.एल. को एक प्रदर्शन करने की अनुमति दी, जो 12 अक्तूबर, 2007 को बेंगलुरु में हुआ। परंतु वे आयोग द्वारा उपयोग की जानेवाली ई.वी.एम. में किसी प्रकार की खराबी अथवा छेड़छाड़ की संभावना का प्रदर्शन नहीं कर पाए।

विश्वसनीयता एवं हेरा-फेरी तथा छेड़छाड़ की संभावना की शिकायतें

ई.वी.एम. के बारे में प्रारंभ से ही अनेक शिकायतें हुईं। यह बात दिलचस्प है कि ये शिकायतें लगभग सभी पार्टियों द्वारा की गईं और तभी की गईं, जब वे चुनाव हार गईं, परंतु जब वे चुनाव जीतीं, तब उन्हीं पार्टियों को ई.वी.एम. में कोई खराबी नहीं लगी। यह बात ध्यान रखने योग्य है कि ए.सी. जोस विरुद्ध सिवान पिल्लई में सर्वोच्च न्यायालय के निर्णय के बाद भारत में ई.वी.एम. का उपयोग बंद कर दिया गया था और उसे तभी दोबारा प्रारंभ किया गया, तब संसद् ने कानून में संशोधन किया और लोक प्रतिनिधित्व अधिनियम, 1951 में धारा 61 क जोड़ी। कोई भी राजनीतिक दल, जिसे ई.वी.एम. के संबंध में शिकायत है, उसे यह याद रखना चाहिए कि उन्हें संसद् ने अनुमति दी है, जिसमें

उनका भी प्रतिनिधित्व है। वर्ष 2001 से 2009 तक की शिकायतों की समयक्रमानुसार सूची नीचे दी गई है—

1. वर्ष 2001

(क) ऑल इंडिया द्रविड़ मुन्नेत्र कषगम—ए.आई.ए.डी.एम.के. की महासचिव श्रीमती जयललिता ने 2001 के राज्य विधानसभा चुनावों में ई.वी.एम. का उपयोग न करके मत-पत्रों का उपयोग प्रारंभ करने के लिए आयोग को एक पत्र लिखा। अपने पत्र में उन्होंने इस बात का यह आधार बताया कि इलेक्ट्रॉनिक मशीनें अमेरिका और जापान जैसे वैज्ञानिक और तकनीकी रूप से विकसित देशों में भी बुरी तरह फेल हो चुकी हैं। उन्होंने मद्रास उच्च न्यायालय में एक रिट याचिका क्रमांक 3346 of 2001 भी दायर की। यह प्रकरण अंततः सर्वोच्च न्यायालय तक गया, जिसने ई.वी.एम. के पक्ष में फैसला दिया।

2. वर्ष 2002

(क) पंजाब प्रदेश कांग्रेस समिति के अध्यक्ष कैप्टेन अमरिंदर सिंह ने 2002 के विधानसभा चुनावों के पहले ई.वी.एम. के उपयोग पर आपत्तियाँ उठाते हुए पंजाब उच्च न्यायालय में एक याचिका दायर की। उन्होंने उच्च न्यायालय के निर्देशानुसार मशीनों का परीक्षण करने के लिए विशेषज्ञों का एक दल भी भेजा। उनके विशेषज्ञ विस्तृत परीक्षण करने के बाद भी कोई ठोस आपत्ति नहीं कर पाए।

3. वर्ष 2003

(क) भारतीय खाद्य निगम के उप-प्रबंधक पी. हीरालाल ने सुझाव दिया कि चुनावों के परिणाम जाँचने के लिए लाई डिटेक्टर टेस्ट का इस्तेमाल किया जाए।

4. वर्ष 2004

(क) हैदराबाद के फ्रीलांस पत्रकार एवं मानव अधिकार कार्यकर्ता क्यू.एम.एस. खान ने आरोप लगाया कि राजस्थान, छत्तीसगढ़ और मध्य प्रदेश में भा.ज.पा. के प्रत्याशियों को हराने के लिए मतगणना की प्रणाली में हेर-फेर करके मतों में बदलाव किया गया था।

(ख) जयपुर के सर्व सेवा संघ के भूतपूर्व अध्यक्ष सिद्धराज ढड्ढा ने अंदेशा व्यक्त किया कि कुछ अमेरिकन कंपनियों द्वारा बनाई गई वोटिंग मशीनों

में एक ऐसी युक्ति लगी हुई थी, जो केवल स्टाफ के लोगों को ज्ञात थी, जिसके कारण छेड़छाड़ आसान थी।

(ग) जनता पार्टी के अध्यक्ष डॉ. सुब्रह्मण्यम स्वामी ने आरोप लगाया कि मशीन की चिप में किसी खास प्रत्याशी के पक्ष में हेर-फेर किया जा सकता है।

(घ) एन.आर.आई.एस. फॉर सेकुलर एंड हारमोनियस इंडिया मिशिगन, अमेरिका के श्रीकुमार पोद्दार ने आयोग को ई.वी.एम. में गंभीर कमियों के संबंध में प्रकाशित आलेख भेजे। इनमें राजस्थान के बंकर रॉय द्वारा लिखित 'सेव इंडियन डिमोक्रेसी—लेसंस ऑफ यू.एस. इलेक्ट्रॉनिक वोटिंग' (भारत का प्रजातंत्र बचाओ—अमेरिका में इलेक्ट्रॉनिक मतदान से सीख) और 'घोस्ट इन द मशीन' (मशीन में भूत) शामिल हैं।

(ङ) चेन्नई के के.सी. रामामूर्ति ने अपने पत्र में लिखा कि ई.वी.एम. में इस बात की संभावना है कि किसी चिह्न विशेष के संबंध में बटन द्वारा इंप्रेशन बनाया जा सके। उन्होंने सुझाव दिया कि प्रिंटर से सत्यापन किया जाए।

(च) मानव अधिकार लीग के अध्यक्ष डॉ. आर.ए. खान ने आरोप लगाया कि इलेक्ट्रॉनिक वोटिंग मशीन दरअसल इलेक्ट्रॉल रिंगिंग मशीन (निर्वाचन में हेर-फेर करने की मशीन) है और कहा कि भा.ज.पा. ने मध्य प्रदेश, राजस्थान एवं छत्तीसगढ़ में उसका दुरुपयोग किया था।

(छ) मुंबई के के.एस. मोहन्नारयण ने माँग की कि मतदाताओं को इस बात के लिए आश्वस्त करने के लिए ई.वी.एम. में सत्यापन योग्य ऑडिट ट्रेल लगाई जाए कि उनका मत उसी प्रत्याशी के लिए रिकॉर्ड हुआ, जिसके लिए उन्होंने मतदान किया था।

(ज) नोएडा के अधिवक्ता अमित खेमका, बंकिम कुलश्रेष्ठ, भूपेंद्र सिंह, नितेंद्र शर्मा, संजय रोहतगी, रंजीत खत्री एवं के.पी. सिंह ने यह कहते हुए ई.वी. एम. की विश्वसनीयता पर आरोप गाए कि उनमें चुनाव के समय खराबी आई थी और उन्होंने एक प्रत्याशी के लिए डाले गए मतों को गलत तरीके से दूसरे के लिए बदल दिया था।

(झ) बैटर डिमोक्रेसी फोरम के अध्यक्ष सतीनाथ चौधरी ने 3 मई, 2004 को लिखे पत्र में ई.वी.एम. में सुधारों के सुझाव दिए और ई.वी.एम. में छेड़छाड़ की संभावना पर चिंता व्यक्त की। उन्होंने 23 जून, 2004 को पुनः ई.वी. एम. में छेड़छाड़ की संभावना के आरोप लगाए।

(ञ) 23-नागपुर-कामठी संसदीय निर्वाचन क्षेत्र से विदर्भ राज्य पार्टी के

उम्मीदवार बनवारीलाल पुरोहित ने आरोप लगाया कि यदि किसी को पासवर्ड पता हो तो ई.वी.एम. में किसी विशेष प्रत्याशी के पक्ष में वोट रिकॉर्ड किए जा सकते हैं।

(ट) पूर्व सांसद तथा तत्समय 12–बालाघाट संसदीय क्षेत्र से जनता पार्टी के उम्मीदवार कंकर मुंजारे ने आरोप लगाया कि यदि किसी को पासवर्ड पता हो तो ई.वी.एम. में किसी विशेष प्रत्याशी के पक्ष में वोट रिकॉर्ड किए जा सकते हैं।

(ठ) सी.आई.एन.एल. कल्याण (प्रोसेस ऑटोमेशन, हाई रेजोल्यूशन ऑनलाइन एस.एम.डी. एल.ई.डी. डिस्प्ले के निर्माता) सतीश पाठक ने ई.वी.एम. के संबंध में कुछ सुझाव दिए और ई.वी.एम. की कमियों को दूर करने में सार्थक योगदान देने का ऑफर दिया। जब आयोग ने उनके सुझावों पर अमल नहीं किया तो उन्होंने आयोग को एक लीगल नोटिस भेजा।

(ड) ए.आई.ए.डी.एम.के. सांसद एन. जोथी ने आरोप लगाया कि ई.वी.एम. में छेड़छाड़ संभव है।

(ढ) 1 अक्तूबर, 2004 को पी.एम.जी. पिल्लई ने हिंदू बिजनेस लाइन को यह आरोप लगाते हुए पत्र लिखा कि ई.वी.एम. एक छेड़छाड़युक्त प्रणाली है, जिसमें राजनीतिक संबंधों के अनुसार बहुमत बनाने एवं बिगाड़ने के लिए पहले से सर्किट लगे हैं। कोई भी पूर्व निर्धारित इलेक्ट्रॉनिक प्रणाली अपने मालिक की आज्ञाकारी नौकर होती है। 7 अक्तूबर, 2004 को उन्होंने आयोग को लिखकर अनुरोध किया कि ई.वी.एम. का मूल्यांकन इलेक्ट्रॉनिक के रिसर्च एंड डेवेलपमेंट वैज्ञानिकों से कराया जाए।

(ण) नासिक के बुद्धभाऊ साल्वे ने राष्ट्रपति सचिवालय को एक शिकायती पत्र लिखकर आरोप लगाया कि खराब ई.वी.एम. में वक्रांगी सॉफ्टवेयर लिमिटेड, मुंबई एवं सी.एम.सी. प्रिंटिंग प्रेस की संलिप्तता है।

(त) इंडियन लेजिस्लेटर के कंसल्टिंग एडिटर ने एक आलेख आयोग को भेजा, जिसका शीर्षक था—'टेक्नोलॉजी, वेस्टेड इंटरेस्ट्स एंड डिमोक्रेसी डेफिसिट…' (प्रौद्योगिकी, निहित स्वार्थ और प्रजातंत्र में कमी…)। यह आलेख 'इंडियन लेजिस्लेटर' के 9वें अंक में प्रकाशित हुआ था।

(थ) सेवानिवृत्त भा.प्र.से. अधिकारी एम.जी. देवशशायम ने 4 अगस्त, 2004 के 'इंडियन एक्सप्रेस' अखबार में 'द वर्चुअल वोट' शीर्षक से एक लेख लिखा, जिसमें उन्होंने कहा कि भारत निर्वाचन आयोग को ई.वी.एम. के

संबंध में चले आ रहे संदेहों पर प्रतिक्रिया देनी चाहिए और मतदाता सत्यापन प्रणाली के रूप में एक अभेद्य सुरक्षा बनानी चाहिए।

(द) गुजरात के मुख्यमंत्री के तकनीकी सहायक कल्पेश एम. शर्मा ने ई.वी.एम. में छेड़छाड़ की तथाकथित संभावनाओं को सिद्ध करने की चुनौती दी।

(ध) एकेडेमी फॉर लीगल लिटरेसी फॉर ऑल के संस्थापक एवं संयोजक पी.वी. गोपालाकृष्णन ने लिखा कि ई.वी.एम. पर तमिलनाडु के मुख्यमंत्री के आरोप सीधा निर्वाचन आयोग की विश्वसनीयता पर प्रश्न चिह्न लगा रहे हैं।

5. वर्ष 2006

(क) एम. हनीफा ई.वी.एम. पर सवाल करते रहे और उन्होंने 6 फरवरी, 2006 को लिखकर पूछा कि वे कब और कहाँ ई.वी.एम. का निरीक्षण कर सकते हैं। मद्रास उच्च न्यायालय ने एम. हनीफा की एक रिट याचिका में निर्णय दिया कि याचिकाकर्ता निर्वाचन आयोग को अभ्यावेदन देने के लिए स्वतंत्र है और आयोग उसका निपटारा विधि के अनुसार करेगा। हनीफा ने पुन: 7 अप्रैल, 2006 को ई.वी.एम. छेड़छाड़ की आपनी चुनौती को सिद्ध करने के बारे में लिखा।

6. वर्ष 2007

(क) मणिपुर पीपल्स पार्टी ने आरोप लगाया कि सत्ताधारी दल ने ई.वी.एम. में मतों को रिकॉर्ड करने एवं रिकॉर्ड किए हुए मतों को गिनने के संबंध में कुछ कदाचरण विकसित कर लिये हैं।

(ख) 24 जनवरी, 2007 को एम. हनीफा ने फिर से ई.वी.एम. से तथाकथित छेड़छाड़ की संभावना को सिद्ध करने की चुनौती के लिए निरीक्षण के संबंध में आयोग को लिखा। उन्होंने 15 मार्च, 2007 को पुन: लिखा। 13 अगस्त, 2007 को उन्होंने अनुरोध किया कि ई.वी.एम. में तथाकथित छेड़छाड़ को सिद्ध करने के समय उन्हें अपने पुत्र को साथ लाने की अनुमति दी जाए और 20 नवंबर, 2007 को उन्होंने अपनी पुत्रवधू को भी साथ लाने की अनुमति माँगी। उन्हें दिनांक 12 अक्तूबर, 2007 को बेंगलुरु में बी.ई.एल. के समक्ष ई.वी.एम. में छेड़छाड़ का प्रदर्शन करने की अनुमति दी गई। वे किसी प्रकार की छेड़छाड़ की संभावना नहीं दिखा पाए।

(ग) केरल के एम.जी. गिरीशन ने केरल के मुख्य निर्वाचन पदाधिकारी के माध्यम से आयोग को वायरलेस वोटिंग मशीन पर उनके प्रोजेक्ट को लागू

करने के अवसर देने का अनुरोध किया।

(घ) पश्चिम बंगाल के जयंत कुमार दास एवं सुभ्रजित डे ने लिखा कि किस प्रकार तथाकथित रूप से ई.वी.एम. में सॉफ्टवेयर की चोरी (पायरेसी) की जा सकती है।

7. वर्ष 2008

(क) 48-राजौला विधानसभा क्षेत्र के ब.स.पा. के प्रत्याशी श्री मधुभाई भूवा ने आरोप लगाया कि किसी प्रत्याशी का बटन दबाने पर भी परिणाम दूसरे के पक्ष में आता है।

(ख) एम. हनीफा ने 27 मार्च, 2008 को ई.वी.एम. में तथाकथित छेड़छाड़ सिद्ध करने का एक और अवसर देने का अनुरोध किया।

(ग) यूनाइटेड नेशनल प्रोग्रेसिव एलाएंस ने आरोप लगाया कि ई.वी.एम. में धोखे की संभावना है।

(घ) तृणमूल कांग्रेस ने ई.वी.एम. की सच्चाई पर आरोप लगाए।

(ङ) त्रिपुरा के विधायक सुदीप रॉय बर्मन ने ई.वी.एम. में छेड़छाड़ के आरोपों को सिद्ध करने के लिए समय माँगा।

8. वर्ष 2009

(क) दिनांक 8 अगस्त, 2009 को भारत निवार्चन आयोग में किए गए एक प्रदर्शन सत्र में अमेरिका के कंप्यूटर वैज्ञानिक एवं बैटर डिमोक्रेसी फोरम के अध्यक्ष डॉ. सतीनाथ चौधरी ई.वी.एम. में किसी प्रकार की छेड़छाड़ की संभावना का प्रदर्शन नहीं कर पाए।

वर्ष 2009 के पश्चात् ई.वी.एम. के विरोध की आवाजें अचानक तीव्र हो गईं। इसका कारण 2009 के चुनावों में यू.पी.ए. की अप्रत्याशित जीत हो सकती है। इस समय में ई.वी.एम. के अधिकांश विरोधी अवश्य ही भा.ज.पा. के साथ जुड़े हुए थे। कांग्रेस ने भी, विशेषकर उड़ीसा में ई.वी.एम. पर दोष लगाया। इसका कारण इलेक्ट्रॉनिक वोटिंग को रोकने के अंतरराष्ट्रीय प्रयत्नों का प्रभाव भी हो सकता है। अंतरराष्ट्रीय रूप से ई.वी.एम. पर नीदरलैंड, आयरलैंड, जर्मनी, अमेरिका और कुछ अन्य देशों में भी आक्रमण हुए। जमर्नी के संघीय संवैधानिक न्यायालय ने जर्मनी के चुनावों में ई.वी.एम. के उपयोग पर प्रतिबंध लगा दिया। 'विज वर्ट्रूवेन स्टेमकंप्यूटर्स नियेत' (हम वोटिंग मशीनों पर विश्वास नहीं करते) नामक एक डच लोकहित समूह ने दावा किया कि निडेप के जिन कंप्यूटरों का उपयोग नीदरलैंड में मतों को रिकॉर्ड करने में किया जाता था, उन्हें हैक किया जा सकता है। इसके बाद नीदरलैंड ने इन कंप्यूटरों का उपयोग चुनावों में

करना बंद कर दिया। उत्तरी आयरलैंड ने भी हैकिंग के आरोपों के बाद निडेप कंप्यूटरों का मतदान में उपयोग करना बंद कर दिया। यह दिलचस्प है कि जिस समय जर्मनी के संघीय संवैधानिक न्यायालय ने इलेक्ट्रॉनिक वोटिंग पर प्रतिबंध लगाया, उस समय जर्मनी भी उन्हीं निडेप कंप्यूटरों का उपयोग कर रहा था। ब्राजील और वेनेजुएला में भी ई.वी. एम. के संबंध में शिकायतें आईं, परंतु इन दोनों देशों ने ई.वी.एम. का उपयोग चालू रखा। अमेरिका में प्रत्येक राज्य के अपने पृथक् निर्वाचन कानून और प्रक्रियाएँ हैं और कई राज्यों में पेपर ट्रेल के साथ और उसके बिना भी ई.वी.एम. का उपयोग चालू रखा गया है। अमेरिका में ई.वी.एम. का विरोध करने के उद्द्देश्य से verifiedvoting.org नामक एक वेबसाइट भी बनाई गई।

भारत में भी इस समय ई.वी.एम. पर बड़ा हमला हुआ। हमला सभी ओर से हुआ—

1. राजनीतिक दलों द्वारा विरोध

(क) भा.ज.पा. की राष्ट्रीय कार्यपालिका के सदस्य एवं महाराष्ट्र भा.ज.पा. के उपाध्यक्ष किरीट सोमय्या ने 2009 के महाराष्ट्र चुनावों के पूर्व ई.वी.एम. के मुद्दे पर निर्वाचन आयोग को अनेक पत्र लिखे और अनेक बार आयोग से मुलाकात की। उन्होंने ई.वी.एम. की विश्वसनीयता एवं छेड़छाड़ से मुक्त होने के संबंध में अनेक चिंताएँ व्यक्त कीं और कहा कि ई.वी.एम. के महाराष्ट्र चुनावों में उपयोग के पूर्व उन्हें दूर किया जाए।

(ख) पी.एम.के. के अध्यक्ष जी.के. मणि ने 2009 में ई.वी.एम. में छेड़छाड़ की चिंता के संबंध में निर्वाचन आयोग को लिखा। उन्होंने दावा किया कि आयोग ने तकनीकी विशेषज्ञ समिति की अनुशंसाओं का पालन नहीं किया था। आयोग ने अगस्त 2009 में उन्हें ई.वी.एम. की कमजोरियों का प्रदर्शन करने का निमंत्रण दिया। जी.के. मणि ने आयोग से तकनीकी विशेषज्ञ समिति में स्वतंत्र विशेषज्ञ नियुक्त करने के लिए कहा और यह भी कहा कि वे अपने स्वयं के विशेषज्ञ भी नामांकित करेंगे। उन्होंने प्रदर्शन करने से इनकार कर दिया।

(ग) एक अशासकीय संगठन जन चैतन्य वेदिके के सदस्य एवं तेलुगुदेशम पार्टी के समर्थक श्री वी.वी. राव ने सर्वोच्च न्यायालय में एक याचिका दायर की। न्यायालय ने उन्हें भारत निर्वाचन आयोग के समक्ष जाने का निर्देश दिया। उसके बाद उन्होंने आयोग को लिखकर दावा किया कि ई.वी.

एम. छेड़छाड़ से मुक्त नहीं हैं। आयोग ने अगस्त 2009 में उन्हें छेड़छाड़ की संभावना पर प्रदर्शन करने के लिए निमंत्रित किया।

(घ) तेलुगुदेशम पार्टी के एक और समर्थक श्री हरिप्रसाद ने दावा किया कि ई.वी.एम. को हैक करके उसमें कंप्यूटर वायरस डाला जा सकता है। उन्हें भी आयोग ने अगस्त 2009 में प्रदर्शन करने के लिए निमंत्रित किया।

(ङ) तत्कालीन केंद्रीय स्वास्थ्य मंत्री श्री गुलाम नबी आजाद ने जुलाई 2009 में एक पत्रकार वार्त्ता में दावा किया कि उड़ीसा चुनावों के दौरान ई.वी.एम. में हेर-फेर किया गया था, जिसके कारण अनेक कांग्रेस प्रत्याशी चुनाव हार गए थे।

(च) जनता पार्टी के अध्यक्ष एवं भारत के पूर्व कानून मंत्री श्री सुब्रह्मण्यम स्वामी ने हिंदू अखबार में दिनांक 17 जून, 2009 को प्रकाशित एक लेख में तर्क दिया कि ई.वी.एम. छेड़छाड़ की संभावनाओं से मुक्त नहीं है। बाद में उन्होंने भारत निर्वाचन आयोग को भी लिखा और दिल्ली उच्च न्यायालय में एक लोकहित याचिका दायर की, जो सर्वोच्च न्यायालय तक गई।

(छ) भा.ज.पा. के शैलेंद्र प्रधान और अनिल चावला ने जबलपुर में मध्य प्रदेश उच्च न्यायालय में एक याचिका दायर की। आयोग ने उन्हें भी अगस्त 2009 में प्रदर्शन के लिए बुलाया। उन्होंने इनकार कर दिया और कहा कि यदि आयोग उनकी यात्रा, रहने और भोजन आदि का व्यय वहन करे तो वे चर्चा के लिए आने को तैयार हैं। आयोग ने उन्हें सूचित किया कि आयोग ऐसा व्यय वहन नहीं करेगा।

(ज) तेलंगाना राष्ट्र समिति के महासचिव एस. निरंजन रेड्डी ने 2010 में आयोग को ई.वी.एम. के विरुद्ध लिखा। टी.आर.एस. ने आंध्र प्रदेश उच्च न्यायालय में एक याचिका भी दायर की।

(झ) दिनांक 10 अप्रैल, 2017 को 13 राजनीतिक दलों के प्रतिनिधियों ने आयोग से मिलकर एक संयुक्त अभ्यावेदन दिया, जिसमें उन्होंने ई.वी.एम. द्वारा मतदान की पारदर्शिता के संबंध में चिंता व्यक्त की। भारतीय राष्ट्रीय कांग्रेस ने निर्वाचन आयोग से कहा कि निष्पक्ष एवं आरोपों से परे विशेषज्ञों से मध्य प्रदेश के दो उपचुनावों में उपयोग की जानेवाली सभी वोटिंग मशीनों की सत्यता का पुनः सत्यापन कराया जाए। आम आदमी पार्टी ने कहा, "भिंड की घटना के परिप्रेक्ष्य में हमें आपके अधिकारियों की उपस्थिति में उस मशीन का परीक्षण करने दिया जाए। इस बात का गंभीर

अंदेशा है कि उसका सॉफ्टवेयर बदल दिया गया है।"

(ञ) दिनांक 10 अप्रैल, 2017 को प्रमुख राजनीतिक दलों की ओर से प्रस्तुत एक अभ्यावेदन में कहा गया—"यह सभी संबंधित राजनीतिक दलों के सर्वोपरि हित में है कि इन घटनाओं/आरोपों की निष्पक्ष जाँच हो और सच्चाई भारत के लोगों के सम्मुख रखी जाए...यह जरूरी है कि भारत निर्वाचन आयोग, जिस पर राष्ट्रीय एवं राज्यों के स्वतंत्र एवं निष्पक्ष चुनाव कराने की संवैधानिक जिम्मेदारी है, प्रमुख राजनीतिक दलों द्वारा जाहिर की गई चिंताओं और अंदेशों पर तत्काल काररवाई करे और जब तक ई.वी. एम. से छेड़छाड़ और उनमें खराबी के मुद्दे स्पष्ट न हो जाएँ और ई.वी. एम. का छेड़छाड़ से मुक्त होना एवं दोषरहित होना स्थापित एवं वैश्विक रूप से मान्य न हो जाए, तब तक अगामी चुनाव पुराने मत-पत्रों की प्रणाली से कराए जाएँ।"

2. पूर्व नौकरशाह

(क) दिल्ली के सेवानिवृत्त मुख्य सचिव ओमेश सहगल ने 30 जून, 2009 को आयोग को लिखकर दावा किया कि ई.वी.एम. को हैक करने के लिए एक कंप्यूटर वायरस का विकास किया जा सकता है। उन्होंने दावा किया कि इस वायरस को कुछ बटन एक पूर्वनिर्धारित क्रम से दबाकर सक्रिय किया जा सकता है, जिसके पश्चात् अधिकांश मत किसी खास प्रत्याशी को मिलेंगे। उन्होंने आयोग को अपने लैपटॉप पर एक प्रदर्शन भी दिखाया। ओमेश सहगल ने कंप्यूटर वायरस का अपना लैपटॉप वर्जन दिखाने के लिए कुछ सेवानिवृत्त अधिकारियों की एक बैठक भी आयोजित की, जिसमें ए.आर. लाल, बार एट लॉ, अधिवक्ता सर्वोच्च न्यायालय, डॉ. कृष्ण सहगल, असम के पूर्व मुख्य सचिव, रवि कठपालिया, भारत सरकार के पूर्व महालेखा नियंत्रक, आशा दास, पूर्व सचिव भारत सरकार, के.पी. फेबियन, पूर्व राजदूत और एस.के. अग्निहोत्री, असम के पूर्व मुख्य सचिव शामिल हुए। इस बैठक में किसी कंप्यूटर पेशेवर ने भाग नहीं लिया।

(ख) कर्नाटक के सेवानिवृत्त सूचना प्रौद्योगिकी प्रमुख सचिव जे.सी. मोहंती, जो उड़ीसा के रहनेवाले थे, ने आयोग को लिखा कि उनका मानना है कि ई.वी.एम. में हेरा-फेरी करना संभव है। उन्होंने माँग की कि उन्हें 5 ई.वी. एम. और 2 माह का समय इसे सिद्ध करने के लिए दिया जाए। आयोग ने

उन्हें उत्तर दिया कि किसी को भी ई.वी.एम. आयोग के भवन एवं नियंत्रण के बाहर परीक्षण के लिए नहीं दी जा सकतीं और उन्हें अगस्त 2009 में आयोग में प्रदर्शन के लिए बुलाया।

3. व्यक्ति

अनेक लोगों ने व्यक्तिगत रूप से भी ई.वी.एम. का विरोध किया। मैं उनके राजनीतिक संबंधों के संबंध में जानकारी नहीं ले पाया, परंतु उनमें से कुछ हैं—

(क) मुंबई के डॉ. तुषार जगताप एवं डॉ. जितेंद्र जाधव, जिन्होंने ई.वी.एम. के विरुद्ध मुंबई उच्च न्यायालय में एक जनहित याचिका दायर की। जब आयोग ने उन्हें प्रदर्शन के लिए निमंत्रित किया तो उन्होंने उत्तर दिया कि उन्होंने छेड़छाड़ का आरोप कभी नहीं लगाया था, बल्कि पारदर्शिता और मत की गोपनीयता के आधार पर याचिका दायर की थी। उच्च न्यायालय ने याचिकाकर्ताओं को निर्वाचन आयोग के समक्ष जाने के निर्देश देकर याचिका का निराकरण किया।

(ख) अहमदाबाद के राहुल मेहता ने आयोग को लिखा कि ई.वी.एम. में डाले गए पहले 10-12 मत चुनावों में हेरा-फेरी कर सकते हैं। आयोग ने उन्हें अगस्त 2009 में प्रदर्शन के लिए बुलाया। वे नहीं आए और बाद में उन्होंने लिखा कि उनका आरोप कारखाने के बाहर ई.वी.एम. में हेरा-फेरी का नहीं था, बल्कि कारखाने के भीतर हेरा-फेरी का था। उन्होंने यह भी कहा कि उन्होंने वास्तविक हेरा-फेरी का आरोप कभी नहीं लगाया था, बल्कि केवल इतना कहा था कि ई.वी.एम. में किसी पार्टी के पक्ष में हेरा-फेरी करना संभव था।

(ग) सत्या दोसपति नामक एक अमेरिकी नागरिक अमेरिका से saveindiandemocracy.org नाम की एक वेबसाइट चलाते हैं। उन्होंने 2013 में निर्वाचन आयोग को ई.वी.एम. में छेड़छाड़ की संभावना के संबंध में लिखा। आयोग ने उन्हें विस्तृत उत्तर दिया।

4. प्रेस

अनेक अखबारों, विशेष रूप से 'इंडियन एक्सप्रेस,' 'ऑर्गेनाजर,' 'हिंदू' आदि में ई.वी.एम. के विरोध में लेख छपे और अनेक टी.वी. चैनलों पर ई.वी.एम. पर डिबेट हुईं। टी.वी.-9 चैनल पर श्री हरिप्रसाद द्वारा ई.वी.एम. की हार्डवेयर हैकिंग का प्रदर्शन दिखाया गया।

5. अखबारों में विज्ञापन

अहमदाबाद के राहुल मेहता ने गुजराती अखबारों में यह दावा करते हुए विज्ञापन छपवाए कि ई.वी.एम. को पहले 10–12 मतदाताओं द्वारा हैक किया जा सकता है। इस विज्ञापन में उन्होंने यहाँ तक कह डाला कि क्योंकि ई.वी.एम. का उपयोग 64 से अधिक प्रत्याशी होने पर नहीं किया जा सकता, इसलिए गुजरात चुनावों में सभी निर्वाचन क्षेत्रों में कम-से-कम 65 उम्मीदवार खड़े किए जाएँ, जिससे ई.वी.एम. का उपयोग करना संभव न रहे। जब निर्वाचन आयोग ने उन्हें अपने दावे का प्रदर्शन करने को कहा तो उन्होंने उत्तर दिया कि उन्होंने कभी यह कहा ही नहीं था कि ई.वी.एम. को वास्तव में हैक किया गया है, परंतु उन्हें हैक किया जा सकता है।

6. न्यायालयीन प्रकरण

अनेक उच्च न्यायालयों में ई.वी.एम. के विरोधियों ने याचिकाएँ दायर कीं। इनमें प्रमुख थीं सतीनाथ चौधरी, सुब्रह्मण्यम स्वामी, वी.वी. राव आदि की रिट याचिकाएँ।

7. वेबसाइट

मात्र ई.वी.एम. का विरोध करने के लिए अनेक वेबसाइटें बनाई गईं। इनमें प्रमुख थीं—

(क) https://indiaevm.org/

(ख) https://saveindiandemocracy.wordpress.com/

(ग) https://www.verifiedvoting.org/

8. प्रदर्शन

अनेक लोगों ने निर्वाचन आयोग को हैकिंग की संभावना का आरोप लगाकर ई.वी. एम. के अपने वर्जन का प्रदर्शन करना चाहा। इसमें ओमेश सहगल का लैपटॉप पर किया गया सॉफ्टवेयर का प्रदर्शन और सतीनाथ चौधरी द्वारा किए गए प्रदर्शन शामिल हैं। हरिप्रसाद, एलेक्स हैल्डरमैन एवं रॉप ग्रॉनग्रिप ने टी.वी. चैनलों पर ई.वी.एम. में हार्डवेयर हैकिंग करने का प्रदर्शन किया और इसका वीडियो वेबसाइटों पर भी पोस्ट किया। इसके बारे में बाद के एक अध्याय में विस्तार से बताया गया है।

9. अकादमिक जर्नलों में

इस समय अकादमिक जर्नलों में ई.वी.एम. की हैकिंग की संभावना के आलेख छपना सामान्य था। ई.वी.एम. के विरोधियों ने इन आलेखों का प्रेस में काफी प्रचार-प्रसार बिना यह बताए हुए किया कि यह अकादमिक रूप से संभावित परिदृश्य मात्र थे, जो वास्तविक हैकिंग को सिद्ध नहीं करते थे। दो आलेख, जिन्हें विस्तृत रूप ये उद्धृत किया गया था, इंटरनेशनल इलेक्ट्रिकल इंजीनियरिंग जर्नल में पेज 23 पर मई 2009 में छपा आलेख 'ट्रस्टवर्दी वोटिंग' और 17वीं ए.सी.एम. कॉन्फ्रेंस ऑन कंप्यूटर एंड कम्यूनिकेशंस सिक्योरिटी (सी.सी.एस. 10) अक्तूबर 2010 के काररवाई विवरण में छपा आलेख 'सरक्योरिटर एनालिसिस ऑफ इंडियाज इलेक्ट्रॉनिक वोटिंग मशींस'।

10. पुस्तकें

(क) जी.वी.एल. नरसिम्हा राव की पुस्तक डेमोक्रेसी एट रिस्क! कैन वी ट्रस्ट अवर इलेक्ट्रॉनिक वोटिंग मशींस (प्रजातंत्र खतरे में! क्या हम अपनी इलेक्ट्रॉनिक वोटिंग मशीनों पर विश्वास कर सकते हैं), जिसे सिटीजंस फॉर वेरिफायेबिलिटी, ट्रांसपैरेंसी एंड एकाउंटेबिलिटी इन इलेक्शंस (VETA) ने 2010 में प्रकाशित किया। इस पुस्तक का प्राक्कथन श्री एल.के. आडवाणी ने लिखा। पुस्तक में एन. चंद्रबाबू नायडू और स्टैनफोर्ड विश्वविद्यालय के प्रोफेसर डेविड डिल के संदेश भी हैं। जी.वी.एल. नरसिम्हा राव ने भारत के राष्ट्रपति को भी ई.वी.एम. के विरोध में एक पत्र लिखा। यह पत्र राष्ट्रपति सचिवालय ने आयोग को इस अनुरोध के साथ अग्रेषित कर दिया था कि की गई काररवाई से सीधे आवेदक को अवगत करा दें। तदनुसार आयोग ने जी.वी.एल. नरसिम्हा राव को ई.वी.एम. के

संबंध में समस्त सुरक्षा उपायों से अवगत करा दिया था।

(ख) सुब्रह्मण्यम स्वामी एवं एस. कल्याणरामन द्वारा संपादित पुस्तक इलेक्ट्रॉनिक वोटिंग मशींस अनकॉन्स्टिट्यूशनल एंड टेंपरेबल (इलेक्ट्रॉनिक वोटिंग मशीनें असंवैधानिक एवं छेड़छाड़ की संभावना से युक्त), जिसे विजन बुक्स प्रा.लि. ने 2010 में प्रकाशित किया था।

11. मतदान के पूर्व तथाकथित परिणामों का दिलचस्प प्रकरण

पहले निर्वाचन आयोग अपनी वेबसाइट पर परिणाम पूरी तरह घोषित हो जाने के पश्चात् ही मतदान का डेटा दिखाता था। वर्ष 2009 में आयोग ने पहली बार निर्णय किया कि मतगणना के चलते समय ही मतगणना का डेटा वास्तविक समय में वेबसाइट पर दिखाया जाए, क्योंकि यह पहली बार किया जा रहा था, इसलिए इस प्रणाली का परीक्षण पहले डमी डेटा से किया गया। ये टेस्ट पेज किसी प्रकार पब्लिक हो गए और इ.वी.एम. के विरोधियों ने इन टेस्ट पेजों से यह डमी डेटा उठा लिया और सवाल उठाना प्रारंभ कर दिया कि मतदान का दिन आने के पहले ही किस प्रकार परिणाम दिखाए जा रहे हैं? उन्होंने आरोप लगाया कि यह डेटा ई.वी.एम. में पहले से प्रोग्राम कर दिया गया है और किसी प्रकार वेब पर लीक हो गया है। उनके अनुसार यह ई.वी.एम. में हेरा-फेरी का सबूत था। ये आरोप इतने बेतुके थे कि किसी ने भी इन्हें गंभीरता से नहीं लिया। निर्वाचन आयोग ने स्पष्टीकरण दिया कि यह डमी डेटा था, जो मतगणना को वास्तविक समय में वेबसाइट पर दिखाने वाले सॉफ्टवेयर का परीक्षण करने के लिए इस्तेमाल किया गया था।

ई.वी.एम. के विरुद्ध आरोप

ई.वी.एम. के खिलाफ अनेक आरोप लगाए गए, जिनमें से कुछ बेतुके से लेकर हास्यास्पद तक थे। अधिकांश पर गंभीर चर्चा की आवश्यकता नहीं है। ये आरोप नीचे दिए गए हैं—

1. सामान्य स्वरूप के आरोप

(क) गूगल खोज में ई.वी.एम. को हैक करने के तरीकों के 22400 परिणाम मिलते हैं। यह इसलिए आश्चर्यजनक नहीं है कि आज के जमाने में कंप्यूटर से निकलनेवाली किसी भी बात को सर्वमान्य सत्य मान लिया जाता है।

(ख) ई.वी.एम. का सॉफ्टवेयर कोड वर्षों से नहीं बदला गया है, जबकि जुआखानों में प्रतिदिन कोड बदल दिया जाता है। कितनी विचित्र तुलना है। ई.वी.एम. और जुआखानों की! जुआखाने लोगों को धोखा देने के लिए

बनाए जाते हैं, ई.वी.एम. नहीं।

(ग) पेंटागॉन को भी हैक किया गया है। जो देश हमसे सूचना प्रौद्योगिकी में कहीं आगे हैं, वे ई.वी.एम. का उपयोग नहीं करते हैं। क्या यह दास मानसिकता नहीं है, क्या हम पश्चिम से बेहतर कुछ कर ही नहीं सकते? पेंटागॉन, जिसके असंख्य इंटरनेट कनेक्शन हैं, उसकी हैकिंग की तुलना स्टैंड अलोन (बिना किसी कनेक्शन वाली) ई.वी.एम. से कैसे की जा सकती है?

(घ) 2009 के आम चुनावों के परिणाम सभी ओपीनियन पोल और एक्जिट पोल के विपरीत थे। इस आरोप को केवल तथाकथित सेफोलॉजिस्टों और पोल्स्टरों का घमंड ही कहा जा सकता है। सभी को पता है कि ओपीनियन पोल और एक्जिट पोल में न केवल सैंपल की गलतियाँ होती हैं, बल्कि उन्हें पार्टी विशेष के पक्ष में माहौल बनाने के लिए जानबूझकर गलत भी बनाया जाता है। इसी कारण निर्वाचन आयोग ने इस प्रकार के पोल के परिणाम मतदान के तत्काल पहले प्रकाशित करने पर रोक लगाई है।

(ङ) 2009 के आम चुनावों में जीत का अंतर बहुत कम था, यह वास्तव में हास्यास्पद आरोप है। कौन इस बात पर विश्वास करेगा कि जीत के कम अंतर का अर्थ हेरा-फेरी होता है?

(च) 2009 के आम चुनावों के दौरान जोड़तोड़ करनेवालों ने सभी राजनीतिक दलों से संपर्क किया और ई.वी.एम. में हेरा-फेरी करने के लिए बड़ी रकम की माँग की, इससे अधिक हास्यास्पद और कुछ नहीं हो सकता। राजनीतिक दलों को ऐसे दावों पर भरोसा क्यों करना चाहिए, उस समय निर्वाचन आयोग और पुलिस से इन जोड़तोड़ करनेवालों के विरुद्ध कोई शिकायत क्यों नहीं की गई? क्या ऐसा कोई सबूत है कि ऐसे जोड़तोड़ करनेवाले वास्तव में ई.वी.एम. में हेरा-फेरी करने में सफल हुए?

2. प्रक्रिया के संबंध में आरोप

(क) निर्वाचन आयोग का कोई वास्तविक नियंत्रण ई.सी.आई.एल. एवं बी.ई.एल. पर नहीं है—सच्चाई यह है कि विधि के अनुसार निर्वाचन ड्यूटी पर तैनात संबंधित सभी व्यक्तियों पर निर्वाचन आयोग का पूरा नियंत्रण है।

(ख) ई.सी.आई.एल. एवं बी.ई.एल. ई.वी.एम. के रखरखाव और मरम्मत का ठेका दूसरों को देते हैं—ई.वी.एम. की सुरक्षा उनकी छेड़छाड़ की संभावनाओं से पूरी तरह से मुक्त होने में है। किसी भी व्यक्ति द्वारा कितना भी हैंडल करने पर भी उनमें छेड़छाड़ नहीं हो सकती। इसके अलावा

जिन्हें ठेका दिया जाता है, वे ई.सी.आई.एल. और बी.ई.एल. के वरिष्ठ अधिकारियों के सघन पर्यवेक्षण में काम करते हैं।

(ग) ई.वी.एम. में लगी हुई चिप का निर्माण भारत के बाहर होता है। ई.सी. आई.एल. एवं बी.ई.एल. का चिप के निर्माण पर और उसमें सॉफ्टवेयर को लिखने पर कोई नियंत्रण नहीं है—यह आरोप निर्माण के समय चिप के सॉफ्टवेयर में दुर्भावनापूर्ण कोड डालने की ओर इशारा है, जिसे पूर्वनिर्धारित बटन दबाने से बाद में सक्रिय किया जा सकता है। यह एक गंभीर आरोप है और इस पर इस पुस्तक में अन्यत्र विस्तार से चर्चा की गई है।

(घ) भारत निर्वाचन आयोग ने सॉफ्टवेयर कोड की जाँच नहीं की है, यह बेतुका आरोप है। आयोग सभी चीजों की जाँच इस हेतु विशेष रूप से प्रशिक्षित अपने अधिकारियों द्वारा करता है। स्पष्ट ही है कि आयुक्तों द्वारा स्वयं सॉफ्टवेयर की जाँच करने की अपेक्षा नहीं है। सॉफ्टवेयर बी.ई.एल. एवं ई.सी.आई.एल. ने अपनी कंपनी के भीतर ही बनाया है और उसका ऑडिट ऐसे इंजीनियरों के एक पृथक् दल द्वारा किया जाता है, जो उसे लिखने में शामिल नहीं रहा है। सॉफ्टवेयर का उपयोग उसकी पूर्ण जाँच के बाद ही किया जाता है।

(ङ) ई.सी.आई.एल. एवं बी.ई.एल. को पेटेंट देने से इनकार कर दिया गया, इसके उत्तर में ई.सी.आई.एल. और बी.ई.एल. का कहना है कि उन्हें पेटेंट देने से इनकार नहीं किया गया, बल्कि उन्होंने ऊँची कीमत के चलते स्वयं ही अपनी अर्जी वापस ले ली थी। वे भारत निर्वाचन आयोग अथवा आयोग द्वारा अधिकृत संस्थाओं एवं देशों के अतिरिक्त अन्य किसी को ई.वी.एम. नहीं बेचते हैं। इस कारण पेटेंट लेने का उन्हें कोई लाभ नहीं है। हमें यह भी ध्यान रखना चाहिए कि पेटेंट छेड़छाड़ से मुक्त होने का प्रमाण-पत्र नहीं है। पेटेंट केवल किसी कार्य की मौलिकता और उस पर बौद्धिक संपदा के अधिकार का प्रमाण है। यह बेतुकी बात है कि क्योंकि ई.वी.एम. का पेटेंट नहीं है, इसलिए उनसे छेड़छाड़ की जा सकती है।

(च) चुनावों के बीच में भंडारण की व्यवस्था ढीली है—इस पूरी तरह से आधारहीन आरोप का कोई सबूत नहीं है। इसके अतिरिक्त इस बात का ई.वी.एम. के छेड़छाड़मुक्त होने से भी कोई संबंध नहीं है।

(छ) ई.वी.एम. का रैंडमाइजेशन ठीक प्रकार से नहीं होता—यह बात गलत है। राजनीतिक दलों के प्रतिनिधियों की उपस्थिति में बहु-स्तरीय रैंडमाइजेशन

किया जाता है। फिर रैंडमाइजेशन भी केवल विश्वास बढ़ाने का उपाय मात्र है और इसका छेड़छाड़मुक्त होने से कोई संबंध नहीं है।

(ज) चुनावों के पूर्व ई.वी.एम. की अपूर्ण जाँच की जाती है—यह पूरी तरह से झूठ है। चुनावों में उपयोग किए जाने के पूर्व ई.वी.एम. की जाँच अनेक बार की जाती है। प्रथम और द्वितीय स्तर की जाँच के विस्तृत निर्देश भारत निर्वाचन आयोग की वेबसाइट पर उपलब्ध हैं। इसके अतिरिक्त मतदान प्रारंभ होने के ठीक पहले ई.वी.एम. की एक और जाँच मॉक पॉल के रूप में प्रत्याशियों के अभिकर्ताओं के समक्ष भी होती है।

3. अन्य देशों में ई.वी.एम. पर प्रतिबंध लगा दिया गया है—नीदरलैंड, उत्तरी आयरलैंड एवं जर्मनी में ई.वी.एम. पर प्रतिबंध लागया गया है, यह भी बेतुका आरोप है। तीनों ही देशों में एक ही कंपनी-निडेप के मतदान कंप्यूटरों का उपयोग किया जाता था। इन मतदान कंप्यूटरों और भारत की ई.वी.एम. में कोई समानता नहीं है। इसके अतिरिक्त इन देशों के निर्वाचन कानून भी बिल्कुल अलग हैं। जर्मनी में संघीय संवैधानिक न्यायालय ने इन मतदान कंप्यूटरों के उपयोग को असंवैधानिक करार दिया। भारत में ई.वी.एम. के उपयोग की अनुमति संसद् द्वारा लोकप्रतिनिधित्व अधिनियम, 1951 में धारा 61 क जोड़कर स्पष्ट रूप से दी गई है, जिसे सर्वोच्च न्यायालय ने उचित ठहराया है।

4. भारत की ई.वी.एम. की संवैधानिकता—लोकप्रतिनिधित्व अधिनियम, 1951 में धारा 61 क ने ई.वी.एम. के उपयोग की अनुमति केवल विशेष प्रकरणों में दी है और इसमें सभी स्थानों पर ई.वी.एम. के उपयोग की बात नहीं है—यह सत्य नहीं है। धारा 61 क निर्वाचन आयोग को जब कहीं भी वह आवश्यक समझे, तब ई.वी.एम. के उपयोग की अनुमति देती है। इसके अतिरिक्त यदि सभी स्थानों पर ई.वी.एम. का उपयोग विधायिका की मंशा के विपरीत होता तो संसद् ने एक बार फिर कानून में संशोधन करके यह शक्ति निर्वाचन आयोग से वापस ले ली होती। धारा 61 क के जोड़े जाने के बाद ई.वी.एम. के उपयोग को सर्वोच्च न्यायालय ने भी सही ठहराया है।

5. ई.वी.एम. में खराबी आने की घटनाओं को छेड़छाड़ का सबूत कहना—कोई भी मशीन खराब हो सकती है, परंतु मशीन में खराबी आना छेड़छाड़ का सबूत नहीं है। मशीन में खराबी टूट-फूट या अन्य कारणों से आ सकती है। आयोग ने ऐसी प्रणाली विकसित की है कि खराबी का पता तत्काल ही लग जाता है और उसे तुरंत सुधार लिया जाता है। ई.वी.एम. के विरोधियों द्वारा खराबी के निम्नलिखित प्रकार बताए गए हैं—

(क) मतदाता द्वारा किसी प्रत्याशी का बटन दबाने पर किसी अन्य प्रत्याशी के बटन के समक्ष लाइट जलना। ऐसा किसी कंपोनेंट में खराबी आने से हो

सकता है। यह छेड़छाड़ के कारण नहीं है। जहाँ कहीं भी ऐसे प्रकरण हुए हैं, वहाँ आयोग ने पुनर्मतदान का आदेश दिया है।

(ख) मतदान करने पर लाइट नहीं जली. यह तारों के शॉर्ट हो जाने से हो सकता है। ऐसे सभी प्रकरणों में भी आयोग ने पुनर्मतदान का आदेश दिया है।

(ग) कुछ प्रकरणों में बीप की आवाज नहीं आई या फिर लगातार आवाज आती रही। इसके कारण और आयोग की प्रतिक्रिया भी ऊपर बताए अनुसार ही है।

(घ) बटन जाम हो गए और उन्होंने काम नहीं किया। यह टूट-फूट के कारण होनेवाली पूरी तरह से यांत्रिक खराबी है।

6. तकनीकी विशेषज्ञ समिति से संबंधित आरोप

(क) तकनीकी विशेषज्ञ समिति में स्वतंत्र विशेषज्ञ नहीं हैं। यह आरोप हास्यास्पद है। तकनीकी विशेषज्ञ समिति के सदस्य प्रशंसित भारतीय प्रौद्योगिकी संस्थानों के प्राध्यापक हैं और अपने कार्यक्षेत्र के प्रसिद्ध वैज्ञानिक हैं। उन्हें सूचना प्रौद्योगिकी के क्षेत्र में देश में सर्वश्रेष्ठ माना जाता है, उनकी योग्यता निर्विवाद है तथा उनका रिकॉर्ड बेदाग है। वे स्वतंत्र अकादमिक व्यक्ति हैं तथा निर्वाचन आयोग के अधीन नहीं हैं। वे स्वतंत्र रूप से काम करते हैं तथा निर्वाचन आयोग को निष्पक्ष रिपोर्ट देते हैं। तकनीकी विशेषज्ञ समिति की सभी रिपोर्टें सभी के लिए उपलब्ध हैं।

(ख) तकनीकी विशेषज्ञ समिति में अंतरराष्ट्रीय विशेषज्ञ नियुक्त किए जाने चाहिए थे। यह भी हमारी गुलाम मानसिकता को ही दिखाता है। हमें यह समझना चाहिए कि भारतीय वैज्ञानिक दुनिया में किसी से कम नहीं हैं। हम राष्ट्रीय महत्त्व के क्षेत्रों, जैसे—रक्षा, अंतरिक्ष आदि में विदेशियों पर निर्भर नहीं हैं। हमें अपने चुनावों के संचालन के लिए विदेशी मदद की आवश्यकता नहीं है।

(ग) तकनीकी विशेषज्ञ समिति की सभी अनुशंसाओं को निर्वाचन आयोग ने लागू नहीं किया है, यह भी बड़ा गंभीर आरोप है और इसलिए इस पर अन्यत्र विस्तार से चर्चा की गई है।

7. सॉफ्टवेयर में छेड़छाड़ के आरोप

(क) यह आरोप लगाया गया है कि कोई कंप्यूटर वायरस अथवा ट्रोजन हार्स ई.वी.एम. में डाला जा सकता है, जो बाद में ई.वी.एम. में हेर-फेर करने के लिए पूर्व निर्धारित बटन दबाने से सक्रिय किया जा सकता है। यह

ई.वी.एम. पर सबसे महत्त्वपूर्ण आरोप है और इसका विस्तृत विवरण पुस्तक में अन्यत्र दिया गया है।

(ख) निर्माण के पश्चात् ई.वी.एम. के सॉफ्टवेयर की कोई जाँच नहीं होती है। यह सच नहीं है। पहले मॉडल से ही, पावर ऑन करने पर और बी.यू. को सी.यू. से जोड़ने पर ई.वी.एम. में सॉफ्टवेयर जाँच स्वयमेव होती है। बाद के मॉडलों में सॉफ्टवेयर की जाँच के और विस्तृत तरीके भी लागू किए गए हैं।

8. हार्डवेयर में हेरा-फेरी के आरोप—हार्डवेयर में हेरा-फेरी का प्रदर्शन टेलीविजन पर और इंटरनेट पर अपलोड किए गए वीडियो में किया गया है। एक प्रकार की हार्डवेयर हैकिंग में सी.यू. के डिस्प्ले में एक ब्लूटूथ रिसीवर लगा दिया गया था, जिससे सी.यू. की मेमोरी में कोई भी डेटा हो, परंतु डिस्प्ले पर जो चाहे, वह संख्या दिखाई जा सके। दूसरे प्रकार की हार्डवेयर हैकिंग में सी.यू. की मेमोरी में विभिन्न तकनीकों का उपयोग करके डेटा बदला गया था। इन दोनों आरोपों के संबंध में इस पुस्तक में बाद के अध्यायों में विस्तार से वर्णन किया गया है। यहाँ इतना कहना पर्याप्त है कि किसी भी प्रकार की हार्डवेयर हैकिंग भारतीय ई.वी.एम. में संभव नहीं है।

9. परिणाम दिखाने की वेबसाइट की टेस्टिंग से बवाल—2009 के आम चुनावों में आयोग ने निर्णय लिया कि मतगणना का डेटा पूरे देश के मतगणना केंद्रों से वास्तविक समय में ऑनलाइन एकत्र करके निर्वाचन आयोग की वेबसाइट पर वास्तविक समय में दिखाया जाएगा। मैं आयोग के आई.टी. सेल का प्रभारी था और यह जिम्मेदारी मुझे दी गई। हमारे सॉफ्टवेयर प्रोग्रामरों के दल ने रात-दिन काम करके सॉफ्टवेयर बनाया और हमें मतगणना के दिन 16 मई, 2009 के पास यह विश्वास हो गया कि हम इसका उपयोग कर सकते हैं। मैं इस बात की जाँच करना चाहता था कि यह सॉफ्टवेयर उन क्षेत्रों में भी ठीक से काम करेगा, जहाँ इंटरनेट कनेक्शन अच्छा नहीं है। इसलिए यह निर्णय लिया गया कि इस सॉफ्टवेयर को डमी डेटा डालकर टेस्ट किया जाए। अनुभव की कमी के कारण यह डमी डेटा सार्वजनिक हो गया। यह टेस्ट 6 से 15 मई के बीच अनेक बार किया गया, इसलिए डमी डेटा लगातार बदलता रहा। यह डमी डेटा भारत निर्वाचन आयोग की वेबसाइट पर दिख रहा था और एक्सेल की फाइलों के रूप में डाउनलोड किया जा सकता था। कई लोगों ने यह डेटा डाउनलोड किया और यह प्रश्न उठाना प्रारंभ कर दिया कि मतगणना के पहले ही परिणाम भारत निर्वाचन आयोग की वेबसाइट पर कैसे आ गए। ई.वी.एम. के विरोधियों ने यह कहना प्रारंभ कर दिया कि यह कोड किया हुआ डेटा था, जो ई.वी.एम. में भरा गया था और गलती से लीक हो

गया। प्रेस में अनेक आर्टिकल छपे। 'इंडिया टुडे' में एम.जे. अकबर का एक आलेख भी इस बारे में छपा। आयोग ने यह स्पष्टीकरण दिया कि यह डमी डेटा था, जिसे मतगणना सॉफ्टवेयर की जाँच के लिए उपयोग किया गया था और इसका ई.वी.एम. से कोई लेना-देना नहीं था। ई.वी.एम. को इंटरनेट से जोड़ना संभव नहीं है, इसलिए ई.वी.एम. के डेटा का इंटरनेट पर लीक होना भी संभव नहीं है। इस गलती से ई.वी. एम. के विरोधियों को उन्हें और बदनाम करने का अवसर मिला और आयोग को भी शर्मिंदगी उठानी पड़ी, परंतु इन आरोपों में क्योंकि कोई सच्चाई नहीं थी, इसलिए वे शीघ्र ही समाप्त हो गए।

10.ई.वी.एम. के विरुद्ध इस प्रचार का असर अनेक राजनीतिक दलों पर पड़ा और उन्होंने 2010 में आयोग को एक संयुक्त पत्र लिखा। यह पत्र आर.जे.डी., ए.आई.ए.डी.एम.के., टी.डी.पी., ए.आई.एफ.बी., ए.जी.पी., सी.पी.आई., सी.पी.एम., आई.एन.एल.डी., जे.डी.यू., जे.डी.एस., आर.एल.डी., आर.एस.पी. और एस.पी. ने संयुक्त रूप से लिखा था और इसमें ई.वी.एम. पर एक सर्वदलीय बैठक कराने का अनुरोध किया गया था। भा.ज.पा. ने भी एक पृथक् पत्र लिखकर सर्वदलीय बैठक बुलाने का अनुरोध किया। आयोग ने 4 अक्तूबर, 2010 को एक सर्वदलीय बैठक बुलाई, जिसमें निर्वाचन व्यय, पेड न्यूज और राजनीति का अपराधीकरण सहित अन्य विषयों के साथ ई.वी.एम. पर भी चर्चा की गई। अधिकांश राजनीतिक दलों ने ई.वी.एम. के प्रति संतुष्टि व्यक्त की। कुछ ने आयोग से अनुरोध किया कि वोटर वेरिफाइड पेपर ऑडिट ट्रेल (वीवीपैट) इसमें शामिल की जाए।

निर्वाचन आयोग की प्रतिक्रिया

निर्वाचन आयोग ने ई.वी.एम. का उपयोग उनकी विश्वसनीयता और छेड़छाड़मुक्त होने के प्रति संतुष्ट होने पर ही प्रारंभ किया था। फिर भी उनके विरुद्ध शिकायतें बढ़ती ही गईं। आयोग इस बात का पूर्ण यकीन चाहता था कि ई.वी.एम. पूरी तरह से छेड़छाड़ की संभावना से मुक्त हैं। इसलिए आयोग ने तकनीकी विशेषज्ञ समिति से इस बार फिर सभी प्रकार से ई.वी.एम. का परीक्षण करने को कहा। तकनीकी विशेषज्ञ समिति के अध्यक्ष और सदस्यों ने आयोग को विश्वास दिलाया कि ई.वी.एम. पूरी तरह से छेड़छाड़ की संभावनाओं से मुक्त हैं और उनकी हैकिंग नहीं की जा सकती। इस प्रकार आयोग को इतना विश्वास हो गया और उसने ई.वी.एम. के विरोधियों को उनमें छेड़छाड़ का प्रदर्शन करने की चुनौती देने का निर्णय किया। आयोग ने अगस्त 2009 में जिन लोगों ने कभी भी ई.वी.एम. के विरुद्ध शिकायतें की थीं, उन सबको ई.वी.

एम. में छेड़छाड़ का प्रदर्शन करने के लिए निमंत्रित किया। आयोग की मानसिकता दिनांक 1 अगस्त, 2009 को इस संबंध में आयोग द्वारा जारी किए गए प्रेस नोट के शब्दों में देखी जा सकती है। इसमें कहा गया है, 'निर्वाचन आयोग पूरी तरह संतुष्ट है कि ई.वी.एम. में छेड़छाड़ नहीं की जा सकती। यह पूर्णतया छेड़छाड़ की संभावनाओं से मुक्त है। आज तक कोई भी व्यक्ति इस बात का प्रदर्शन नहीं कर पाया है कि निर्वाचन आयोग द्वारा उपयोग की जानेवाली ई.वी.एम. में छेड़छाड़ या हेरा-फेरी की जा सकती है। दूसरी ओर निर्वाचन आयोग अपनी इस जिम्मेदारी के प्रति पूर्ण सचेत है कि इसके संचालन के किसी भी पहलू के संबंध में जरा सा भी संदेह न रह जाए। यद्यपि आयोग ई.वी.एम. के अशुद्ध होने के किसी भी आरोप को पूरी तरह से खारिज करता है तथापि आयोग ने उदारतापूर्वक उन सब लोगों को, जिन्होंने मशीन के संबंध में संदेह व्यक्त किया है, को अपने आरोपों के बिंदुओं का प्रदर्शन करने के लिए निमंत्रित करने का निर्णय लिया है।'

अगस्त 2009 की ई.वी.एम. चुनौती

निर्वाचन आयोग ने उन सभी लोगों को ई.वी.एम. में छेड़छाड़ की संभावनाओं का प्रदर्शन करने का निमंत्रण दिया, जिन्होंने शिकायतें की थीं। इसमें न्यायालयों में याचिकाएँ दायर करनेवाले लोग, राजनीतिक दल एवं वे लोग, जिन्होंने आयोग को इस संबंध में लिखा था, आदि सभी शामिल थे। कई ने प्रदर्शन करने से इनकार कर दिया, कुछ सामान्य चर्चा के लिए आए और कुछ ने असफल प्रदर्शन किए। कुछ महत्त्वपूर्ण शिकायतें और शिकायतकर्ताओं की प्रतिक्रियाएँ नीचे दी गई हैं—

1. तुषार जगताप एवं जितेंद्र जाधव, जिन्होंने मुंबई उच्च न्यायालय में याचिका दायर की थी, को निमंत्रित किया गया, परंतु उन्होंने इनकार कर दिया।
2. शैलेंद्र प्रधान एवं अनिल चावला, जो मध्य प्रदेश उच्च न्यायालय के समक्ष याचिकाकर्ता थे, को 3 से 7 अगस्त के बीच प्रदर्शन के लिए निमंत्रित किया गया। उन्होंने उत्तर दिया कि प्रदर्शन पर आधारित दृष्टिकोण वैज्ञानिक नहीं है और आयोग को ई.वी.एम. का परीक्षण किसी तीसरे पक्ष से कराना चाहिए। उन्होंने माँग की कि यदि आयोग उनसे चर्चा करना चाहता है तो उन्हें आने-जाने, रहने एवं खाने का खर्चा दिया जाए। आयोग ने व्यय देने से इनकार कर दिया।
3. पी.एम.के. के जी.के. मणि को प्रदर्शन के लिए निमंत्रित किया गया। उन्होंने उत्तर दिया कि आयोग का यह लिखना कि ई.वी.एम. में छेड़छाड़ की कोई

संभावना नहीं है, आयोग की बंद मानसिकता और पूर्वग्रह को दिखाता है। उन्होंने आगे कहा कि निर्वाचन आयोग को सभी पहलुओं का परीक्षण एक स्वतंत्र विशेषज्ञ समिति से कराना चाहिए और वे इस समिति में अपने विशेषज्ञ भी भेजेंगे।

4. सतीनाथ चौधरी ने आयोग को लिखा था कि वे ई.वी.एम. का परीक्षण करना और एक प्रदर्शन करना चाहते हैं। उन्हें इसके लिए निमंत्रण भेजा गया। उन्होंने ई.वी.एम. में छेड़छाड़ करने के कुछ कमजोर से प्रयास भी किए, परंतु ई.वी.एम. में कोई कमी दिखाने में असफल रहे।
5. सुब्रह्मण्यम स्वामी को प्रदर्शन करने के लिए निमंत्रण भेजा गया। पहले उन्होंने यह कहकर समय माँगा कि वे उस समय हार्वर्ड में पढ़ाने में व्यस्त हैं। इसके बाद उन्होंने दिनांक 7, 8 एवं 17 अगस्त को किए गए प्रदर्शनों की वीडियो रिकॉर्डिंग की प्रतियाँ व्यवहार प्रक्रिया संहिता के आदेश 11 नियम 17 के अंतर्गत माँगीं। आयोग ने उत्तर दिया कि उनके आरोप अन्य लोगों के आरोपों से संबंधित नहीं थे। इसलिए अन्य लोगों के काररवाई विवरण प्रासंगिक नहीं थे। उन्हें उनके पास उपलब्ध सामग्री का उपयोग करके प्रदर्शन करने को कहा गया। उन्हें यह भी बताया गया कि आदेश 11 नियम 17, आयोग के समक्ष काररवाई पर लागू नहीं होता, क्योंकि यह कोई मुकदमा नहीं है। उन्होंने प्रदर्शन नहीं किया।
6. जन चैतन्य वेदिके के लक्ष्मण रेड्डी से प्रदर्शन करने को कहा गया।
7. सर्वोच्च न्यायालय के समक्ष याचिकाकर्ता वी.वी. राव, जिन्हें न्यायालय ने आयोग के समक्ष जाने के निर्देश दिए थे, को भी प्रदर्शन करने को कहा गया। उन्होंने आयोग को लिखा कि सर्वोच्च न्यायालय के निर्णय के प्रकाश में केवल प्रदर्शन करने को कहना उचित नहीं है और वे आयोग के समक्ष अपना पूरा प्रकरण रखेंगे। वे आयोग से 17 अगस्त को मिले और चर्चा के पश्चात् प्रदर्शन करने के लिए सहमत हो गए। आयोग ने प्रदर्शन के लिए 3 सितंबर, 2009 की तारीख निश्चित की। श्री राव ने 27 अगस्त, 2009 को आयोग को लिखा कि उन्हें ई.सी.आई.एल. से एक कानूनी नोटिय मिला है और यह नोटिस वापस लिया जाना चाहिए। उन्होंने एक दस्तावेज भी आयोग को भेजा, जिसे उन्होंने 17 अगस्त, 2009 की बैठक की काररवाई विवरण का नाम दिया। उन्होंने एक लंबी प्रश्नावली भी अपने पत्र के साथ भेजी और कहा कि उन्हें प्रदर्शन करने के पूर्व इन प्रश्नों के उत्तर चाहिए। उन्होंने प्रदर्शन के लिए एक प्रक्रिया भी

सुझाई। आयोग ने ई.सी.आई.एल. को कानूनी नोटिस वापस लेने के लिए लिखा और ई.सी.आई.एल. ने आयोग के प्रति सम्मान के कारण नोटिस वापस ले लिया। आयोग ने श्री राव द्वारा भेजा गया कारवाई विवरण स्वीकार करने से इनकार कर दिया और श्री राव को लिखा कि वह विवरण सही नहीं था और उनमें गलत आरोपण थे। आयोग ने एक बार पुन: उनसे 3 सितंबर, 2009 को प्रदर्शन करने का आग्रह किया। उन्होंने कोई प्रदर्शन नहीं किया।

8. राहुल मेहता ने गुजराती अखबारों में ई.वी.एम. के विरुद्ध विज्ञापन छपवाए थे। उन्हें भी 3 से 7 अगस्त की बीच प्रदर्शन करने के लिए आमंत्रित किया गया। उन्होंने यह कहकर इनकार कर दिया कि उन्होंने यह कहा था कि ई.वी.एम. कारखाने के भीतर ही हैक की जा सकती है, बाहर नहीं। उन्होंने यह भी कहा कि उन्होंने केवल ई.वी.एम. में हेरा-फेरी की संभावना व्यक्त की थी, यह नहीं कहा था कि उनमें सचमुच हेरा-फेरी की गई है।
9. ओमेश सहगल से भी 3 से 7 अगस्त के बीच प्रदर्शन करने को कहा गया। उन्होंने 8 अगस्त को आयोग से मिलकर एक पत्र दिया, जिसमें उन्होंने ई.वी.एम. को खोलकर रिवर्स इंजीनियरिंग करने की अनुमति माँगी। आयोग ने ई.वी.एम. निर्माताओं से परामर्श के उपरांत 4 सितंबर, 2009 को उन्हें उत्तर दिया कि ई.वी.एम. को खोलने की अनुमति इस पर आधारित होगी कि श्री सहगल इस बात का वचन दें कि उनके द्वारा इस प्रकार प्राप्त जानकारी एवं ज्ञान का व्यापारिक दुरुपयोग सहित किसी भी प्रकार का दुरुपयोग नहीं किया जाएगा और ऐसा दुरुपयोग रोकने के लिए ऐसी जानकारी आयोग के भवन से बाहर नहीं ले जाई जाएगी और किसी अन्य व्यक्ति को नहीं दी जाएगी। ओमेश सहगल ने प्रदर्शन नहीं किया।
10. किरीट सोमय्या को प्रदर्शन करने के लिए बुलाया गया। वे आयोग से चर्चा के लिए मिले, परंतु उन्होंने प्रदर्शन नहीं किया।
11. जे.सी. मोहंती से भी प्रदर्शन करने के लिए कहा गया। उन्होंने कहा कि आयोग उन्हें 5 मशीनें दे और उन्हें हैक करने के लिए 2 महीने का समय दे। आयोग ने उन्हें बताया कि उन्हें ई.वी.एम. को आयोग के भवन के बाहर ले जाने की अनुमति नहीं दी जा सकती और एक बार फिर प्रदर्शन का न्योता दिया गया। उन्होंने कोई प्रदर्शन नहीं किया।

आयोग ने 8 अगस्त, 2009 को एक प्रेस नोट जारी किया, जिसमें कहा गया था, 'इस एक्सरसाइज का परिणाम यह हुआ कि जिन्हें अवसर दिया गया था, उनमें से कोई

भी इस हेतु रखी गई 100 मशीनों में किसी में भी भारत निर्वाचन आयोग की ई.वी.एम. में छेड़छाड़ की संभावना का प्रदर्शन नहीं कर पाया। वे या तो असफल हुए या उन्होंने प्रदर्शन न करने का फैसला किया।'

के. हरिप्रसाद द्वारा ई.वी.एम. की हैकिंग

ई.वी.एम. की कथा में के. हरिप्रसाद का विशेष महत्त्व है। वे एक इलेक्ट्रॉनिक व्यवसायी हैं और नेट इंडिया नामक कंपनी का संचालन करते हैं। वे अन्य लोगों की अपेक्षा यह बेहतर जानते थे कि ई.वी.एम. की चिप का प्रोग्राम बदला नहीं जा सकता और ई.वी.एम. में कोई नेटवर्क कनेक्शन नहीं है। मशीन के सॉफ्टवेयर में हैक करने का कोई तरीका नहीं है। इसलिए उन्होंने ई.वी.एम. के हार्डवेयर (पुर्जे) को ही बदलने का फैसला किया। उन्हें इस बात से कोई मतलब नहीं था कि इस प्रकार पुर्जे बदलने के बाद वे मशीनें भारत निर्वाचन आयोग की ई.वी.एम. रह ही नहीं जाएगी, बल्कि उनके जैसी दिखनेवाली नकली ई.वी.एम. बन जाएँगी। उन्हें इस बात से भी कोई अंतर नहीं पड़ा कि चुनावों के परिणामों पर असर डालने के लिए आवश्यक बड़े पैमाने पर इस प्रकार से पुर्जे बदलना आयोग द्वारा निर्धारित कड़े सुरक्षा उपायों के बीच संभव ही नहीं था। हरिप्रसाद को कुछ विदेशियों एवं भारत के भीतर कुछ राजनीतिक दलों की सहायता प्राप्त थी। उनके हैकिंग के प्रयासों के अनेक परिणाम हुए।

जी.वी.एल. नरसिम्हा राव ने अपनी पुस्तक 'प्रजातंत्र खतरे में' में 3 सितंबर, 2009 को हरिप्रसाद द्वारा हैकिंग के प्रयास का वर्णन विस्तार से किया है। इस वर्णन की शुद्धता पर कोई टिप्पणी किए बिना मैं उसके कुछ महत्त्वपूर्ण अंश यहाँ उद्‌धृत कर रहा हूँ, जो आयोग तथा शिकायतकर्ता दोनों की मानसिकता और दोनों के बीच विश्वास के पूर्ण अभाव को दरशाते हैं। जी.वी.एल. नरसिम्हा राव ने लिखा है, 'तीनों निर्वाचन आयुक्त और वरिष्ठ अधिकारी सभी बैठकों में परफेक्शन की हद तक विनम्र थे।' वे आगे कहते हैं, 'यह विरोधियों का मन जीतने तथा ई.वी.एम. के प्रति उनके विषैले (विरूलैंट) विरोध को कम करने की चाल थी।' यह बात न केवल आयोग में विश्वास न होना प्रदर्शित करती है, बल्कि यह भी सिद्ध करती है कि ई.वी.एम. पर आक्रमण विषैली प्रकृति का था। एक-दूसरे पैराग्राफ में श्री जी.वी.एल. नरसिम्हा राव तकनीकी विशेषज्ञ समिति के अध्यक्ष प्रो. इंदरेसन को इस प्रकार उद्‌धृत करते हैं, "यदि आप माइक्रोचिप को बदले बिना ई.वी.एम. में हेरा-फेरी कर सकें तो मैं आपके पैर छू लूँगा।" इस बात को ई.वी.एम. में छेड़छाड़ की संभावना न होने के विश्वास का परिचायक न मानकर श्री जी.वी.एल. नरसिम्हा राव इसे एक पागल बयान (वाइल्ड स्टेटमेंट) की संज्ञा देते हैं। उन्होंने

इसके बाद श्री सुब्रह्मण्यम स्वामी को यह कहते हुए उद्धृत किया है, "यह आपकी मूर्खतापूर्ण (सिली) टिप्पणी है। आपसे इससे अधिक और आशा भी क्या की जा सकती है? आप एक इलेक्ट्रिकल इंजीनियर हैं और आपको दो तारों को सोल्डर करने से अधिक कुछ नहीं आता। आप इलेक्ट्रॉनिक वोटिंग प्रणालियों पर टिप्पणी करने की तकनीकी योग्यता नहीं रखते। अपनी और ई.वी.एम. की कमजोरी छुपाने के लिए आप ई.वी.एम. को सीता बताने जैसे पागल बयान दे रहे हैं।" यह बात प्रतिष्ठित आई.आई.टी. चेन्नई के निदेशक रह चुके प्रो. इंदरेसन जैसे व्यक्ति के लिए घोर अपमानजनक थी। इन बातों से ई.वी.एम. के विरोधियों की घबराहट ही परिलक्षित होती है। दूसरी ओर निर्वाचन आयोग को भी इस बात का अनुमान होना चाहिए था कि जिन लोगों ने हैकिंग के लिए ई.वी.एम. को खोलने की अनुमति माँगी थी, वे उसके पुर्जे बदलने का प्रयास करेंगे। यदि निर्वाचन आयोग ने ऐसा अनुमान किया होता तो पुर्जे बदलने का पता लगानेवाले उपकरण तैयार रखे होते और उनकी डींगों की पोल खोल दी होती। निर्वाचन आयोग पुर्जे बदलने का पता हैकिंग के लिए दिए गए बी.यू. और सी.यू. को अपने स्टॉक में रखे सी.यू. और बी.यू. से जोड़कर आसानी से लगा सकता था। बी.यू. और सी.यू. को जोड़ने पर उनके बीच एक हैंडशेक की प्रक्रिया है, जो बदले हुए पुर्जोंवाले सी.यू. या बी.यू. से जोड़ने पर तत्काल त्रुटि (एरर) दिखा देती।

परंतु जब के. हरिप्रसाद और उनके दल के सदस्यों ने ई.वी.एम. को खोलकर उसके पुर्जों की माप लेना प्रारंभ किया तो ई.वी.एम. निर्माता कंपनियों के लोग नर्वस हो गए। उन्होंने वहाँ उपस्थित तकनीकी विशेषज्ञ समिति के सदस्यों और उप-निर्वाचन आयुक्त से अनुरोध किया कि प्रदर्शन रोक दिया जाए। तब उप-निर्वाचन आयुक्त ने ई.वी. एम. का निरीक्षण रोक दिया और हैकर्स से कहा गया कि आयोग की सहमति लेने के पश्चात् उन्हें यह प्रक्रिया आगे करने के संबंध में सूचित किया जाएगा। यह एक बड़ी गलती थी। यदि प्रदर्शन चालू रखा जाता तो हैकरों का झाँसा पकड़ा जाता और दुनिया ने देख लिया होता कि ई.वी.एम. में यदि पुर्जे बदले गए तो यह बात भी छिपी नहीं रह सकती। ऐसा होने से हरिप्रसाद द्वारा चुराई हुई ई.वी.एम. पर पुर्जे बदलने के प्रदर्शन जैसी अनेक चीजें टाली जा सकती थीं।

आयोग ने अंततः 14 दिसंबर, 2009 को लिखा कि उसने याचिकाकर्ताओं को कथित हेरा-फेरी की संभावना का प्रदर्शन करने का एक और अवसर देने का निर्णय किया है, परंतु आयोग ने हैकिंग के प्रयासों पर यह कहते हुए कड़े प्रतिबंध लगा दिए कि 'इसे क्षेत्र में किए जानेवाले सुरक्षा उपायों के भीतर रहते हुए सामान्य हेरा-फेरी के फ्रेमवर्क तक ही सीमित रखना होगा। रिवर्स इंजीनियरिंग के प्रयास

स्वीकार्य नहीं हैं। इनसे निर्वाचन आयोग के ई.वी.एम. निर्माताओं के बौद्धिक संपदा अधिकारों का हनन होता है।' यह निर्वाचन आयोग के पहले के उस कथन को वापस लिया जाने के बराबर था, जिसमें कहा गया था कि ई.वी.एम. को खोलने की अनुमति होगी। इस वापसी ने निर्वाचन आयोग को बुरी रोशनी में दिखाया। सच यह है कि निर्वाचन आयोग को इतना बेचैन होने की कोई आवश्यकता नहीं थी। ई.वी.एम. सदा हेरा-फेरी से मुक्त थीं, हैं और रहेंगी। निर्वाचन आयोग को पुर्जे बदलने की अनुमति दे देनी थी, क्योंकि यह बात आसानी से पकड़ी जाती।

हैकिंग में कुरूपता आई : हैकिंग दिखाने के लिए एक ई.वी.एम. की चोरी की गई

ई.वी.एम. विवाद 29 अप्रैल, 2010 को अचानक ही कुरूप हो गया, जब एक तेलुगु टी.वी. चैनल टी.वी.-9 पर एक कार्यक्रम में एक असली ई.वी.एम. में पुर्जे बदलकर हैकिंग का प्रदर्शन किया गया। यह प्रदर्शन हरिप्रसाद और उनके विदेशी सहयोगियों के दल ने किया। यह सिद्ध करने के लिए कि यह भारत निर्वाचन आयोग की ही ई.वी.एम. थी, उसका क्रमांक प्रमुखता से दिखाया गया। इसे अन्य टी.वी. चैनलों एवं अखबारों ने भी तेजी से प्रकाशित करना प्रारंभ कर दिया। यह वीडियो indiaevm.org वेबसाइट पर भी रखा गया और शीघ्र ही वायरल हो गया। जब आयोग ने अपने रिकॉर्डों की जाँच की तो पाया कि दिखाए गए क्रमांक की ई.वी.एम. वास्तव में मुंबई कलेक्टर के गोदाम से गायब थी। गुस्से में आयोग ने कलेक्टर को एक प्रथम सूचना रिपोर्ट दर्ज करवाने का आदेश दिया। एफ.आई.आर. दर्ज की गई। उसके संगत अंश यहाँ दिए गए हैं—

'टेलीकास्ट के अनुसार एवं टेलीकास्ट में की गई स्वीकारोक्ति के अनुसार चुराई गई वस्तु—क्रमांक—E 131812 की कंट्रोल यूनिट श्री हरिप्रसाद के कब्जे में थी। टेलीकास्ट में उन्होंने यह दावा भी किया है कि उन्होंने इस कंट्रोल यूनिट पर अकादमिक शोध किया है, जिसमें कई विदेशी वैज्ञानिक, एक अमेरिका तथा दूसरा नीदरलैंड से शामिल थे, क्योंकि श्री हरिप्रसाद के कार्यों एवं अभिकथनों के दूरगामी परिणाम होंगे, इसलिए आप कृपया इस बात की जाँच करें कि इसमें देश की स्थापित निर्वाचन प्रणाली को गलत उद्देश्य से बदनाम करनेवाले निहित स्वार्थ शामिल हैं। यह प्रार्थना है कि एक प्रकरण/एफ.आई.आर. दर्ज करके जाँच की जाए और दोषियों को कानून के अनुसार सजा दी जाए और बरामद होने पर कंट्रोल यूनिट शिकायतकर्ता को वापस की जाए।'

के. हरिप्रसाद को गिरफ्तार कर लिया गया और वे 8 दिन अभिरक्षा में रहे। उन्हें 28 अगस्त, 2010 को मेट्रोपोलिटन मजिस्ट्रेट से जमानत मिली। यह बात दिलचस्प

है कि इसके बाद भी आयोग की उनके साथ अनेक अवसरों पर सौहार्दपूर्ण बातचीत हुई। वे 13 सितंबर, 2010 को आयोग से मिले और उन्होंने 23 दिसंबर, 2010 को ई.वी.एम. की कथित कमजोरियों और पुर्जे बदलकर हैकिंग की संभावनाओं पर एक विस्तृत प्रस्तुतीकरण दिया। उन्होंने अपने विदेशी सहयोगियों के साथ मिलकर पुर्जे बदलकर ई.वी.एम. की हैकिंग पर एक तकनीकी आलेख भी लिखा, जो indiaevm.org पर उपलब्ध है। हरिप्रसाद अब ई.वी.एम. के क्षेत्र में सक्रिय नहीं हैं।

मैंने श्री हरिप्रसाद से इस पुस्तक के लिए इ-मेल पर भेजी गई एक प्रश्नावली का उत्तर देने का अनुरोध किया। उन्होंने तत्काल खरे-खरे उत्तर दिए। उनका यह साक्षात्कार यहाँ नीचे दिया गया है—

Indiaevm.org *से लिया गया हरिप्रसाद, हैल्डरमैन और गांग्रिप का चित्र*

हरिप्रसाद के साथ ई-मेल साक्षात्कार

आ.शु. : क्या यह सत्य है कि आपने ई.वी.एम. का विरोध इसलिए प्रारंभ किया, क्योंकि ई.सी.आई.एल. ने आपके ठेके रद्द कर दिए थे?

ह. : झूठ।

आ.शु. : आप एलेक्स हैल्डरमैन और रॉप गॉनग्रिप, जिनके साथ मिलकर आपने ई.वी.एम. की कमजोरियों पर आलेख लिखा है, के संपर्क में कैसे आए?

ह. : सेव इंडियन डिमोक्रेसी फाउंडेशन के माध्यम से।

आ.शु. : इलेक्ट्रॉनिक्स विशेषज्ञ के रूप में आपकी क्या योग्यता है?

ह. : मैं बीच में पढ़ाई छोड़नेवाला एक इलेक्ट्रॉनिक्स इंजीनियर हूँ। मैं

स्वाध्याय से सीखा हुआ इम्बैडेड इलेक्ट्रॉनिक्स एवं कम्युनिकेशंस प्रोटोकाल्स का इंजीनियर हूँ।

आ.शु. : आपके विरुद्ध मुंबई कलेक्टर के गोदाम से एक ई.वी.एम. की चोरी की प्रथम सूचना रिपोर्ट दर्ज की गई थी। क्या इस प्रकरण में विवेचना पूरी होकर प्रकरण अदालत पहुँच गया है ?

ह. : कोई टिप्पणी नहीं।

आ.शु. : क्या न्यायालय से प्रकरण का फैसला आ गया है, अंतिम फैसला क्या हुआ ?

ह. : अभी निर्णय नहीं हुआ है। मेरी ओर से और कोई टिप्पणी नहीं है।

आ.शु. : आपको इस प्रकरण में गिरफ्तार किया गया था। आपको कब और किस न्यायालय से जमानत मिली ?

ह. : 8 दिनों में मुंबई मेट्रोपोलिटन मजिस्ट्रेट द्वारा।

आ.शु. : क्या आपका इस ई.वी.एम. की चोरी में कोई हाथ था ?

ह. : नहीं, यह आपके ही एक चुनाव अधिकारी ने ऑफ द रिकॉर्ड चुनौती देते हुए लाकर दी थी। उसे यह पता नहीं था कि हम हैकिंग की पूरी प्रक्रिया को रिकॉर्ड कर रहे हैं। मशीन वापस कर दी गई।

आ.शु. : आपको अपना आलेख लिखने और टी.वी. पर वीडियो दिखाने के लिए ई.वी.एम. कहाँ से मिली ?

ह. : ऊपर के उत्तर को देखें।

आ.शु. : क्या आप ई.सी.आई.एल. से किसी रूप में जुड़े थे ?

ह. : हाँ, काफी पहले करीब 2003 में, वर्तमान ई.वी.एम. को ऑनलाइन प्रणाली के नेटवर्क से जोड़ने के लिए डायल अप मॉडम बनाने के लिए।

आ.शु. : क्या यह सही है कि आपकी एक कंपनी थी, जिसके ई.सी.आई.एल. के साथ व्यावसायिक व्यवहार थे और ई.सी.आई.एल. ने ई.वी.एम. के कुछ पुर्जे प्रदाय करने के आपके ठेके रद्द कर दिए थे ?

ह. : केवल एक बार मैंने ई.सी.आई.एल. के अनुरोध पर जल्दी में एक प्रोटोटाइप (नेट कनेक्ट यंत्र) बनाया था और उसके लिए मुझे भुगतान मिल गया था। इसके बाद उनसे और कोई आदेश नहीं मिले। कोई आदेश रद्द करने का प्रश्न ही नहीं है, क्योंकि उन्होंने विकसित किए गए यंत्र के लिए कोई आदेश ही नहीं दिया।

आ.शु. : जिस समय आपने वीडियो बनाकर टी.वी. पर दिखाया, उस समय आप लगातार निर्वाचन आयोग से चर्चा कर रहे थे। आपने इसे सार्वजनिक करने के पूर्व निर्वाचन आयोग को क्यों नहीं दिखाया ?

ह. : हमने उन्हें 2 सितंबर, 2009 को दिखाने का प्रयास किया, परंतु निर्वाचन अधिकारियों ने हमें यह कहकर रोक दिया कि हमारी प्रक्रिया निर्माणकर्ताओं के बौद्धिक संपदा अधिकारों का उल्लंघन करती है। दरअसल जो निर्वाचन आयुक्त उपस्थित थे, उन्होंने हमसे कहा था कि प्रदर्शन जारी रखने के लिए हमें किसी बाद की तारीख को बुलाया जाएगा, पर इसके विपरीत भारत निर्वाचन आयोग ने एक बयान जारी किया कि हमारा दल ई.वी.एम. की कमियाँ प्रदर्शित करने में असफल रहा। ऐसे में हमारे पास, मेरी व्यक्तिगत स्वतंत्रता और व्यवसाय की कीमत पर भी, जनता को यह बताने के अतिरिक्त कोई विकल्प नहीं रह गया था कि हमें ई.वी.एम. में क्या मिला।

आ.शु. : आप कितने दिन अभिरक्षा में रहे, क्या अभिरक्षा में किसी ने आपके साथ दुर्व्यवहार किया ?

ह. : 8 दिन। नहीं।

आ.शु. : क्या आप अभिरक्षा से छूटने के बाद निर्वाचन आयोग से मिले, आपकी किस प्रकार की बातचीत हुई, क्या आप इस प्रकरण में निर्वाचन आयोग की प्रतिक्रिया से संतुष्ट हैं ?

ह. : मुख्य निर्वाचन आयुक्त डॉ. कुरैशी ने हमारे तर्क विस्तार में सुने और ई.वी.एम. की सुरक्षा को सुधारने के लिए वीवीपैट को जोड़ने का समर्थन किया। उन्होंने भारत निर्वाचन आयोग द्वारा उपयोग की जानेवाली ई.वी.एम. पर बौद्धिक संपदा अधिकार का दावा करनेवाले ई.सी.आई.एल. के अधिकारियों को झिड़का भी।

आ.शु. : जो आलेख आपने लिखा है और जो वीडियो आपने टी.वी. पर दिखाया है, उसमें मूल रूप से आपने भौतिक रूप से ई.वी.एम. प्राप्त हो जाने पर उसके पुर्जे बदलने की संभावना को दिखाया है। क्या आप भौतिक रूप से ई.वी.एम. प्राप्त किए बिना भी उसका परिणाम बदल सकते हैं, यदि ऐसा है तो आपने उसका प्रदर्शन क्यों नहीं किया ?

ह. : मशीनों के सुरक्षा ऑडिट में शामिल चेक एवं बैलेंस की कमियाँ वीडियो में स्पष्ट रूप से दिखाई गई हैं। हमारा तर्क हमेशा अंदरूनी

खतरे का रहा है, जिसे वर्तमान ई.वी.एम. में पता करना असंभव है। हाँ, यदि ई.वी.एम. को उनके पूरे जीवनकाल में एक बार भी हैकरों के हवाले कर दिया जाए तो हम उनके परिणाम बदल सकते हैं और चुनावों के समय इस बात का पता नहीं लगेगा, क्योंकि भारत निर्वाचन आयोग के चेक एवं बैलेंस केवल भौतिक हैं, ई.वी.एम. की चिप में छिपे हुए कोड के संबंध में तार्किक नहीं हैं।

आ.शु. : क्या आप ऐसा मानते हैं कि हैकरों को बदलाव करने के लिए न केवल पर्याप्त संख्या में ई.वी.एम. भौतिक रूप ये प्राप्त हो जाएँगी, बल्कि वे उन्हें बिना पकड़े गए चुनाव प्रणाली में इस प्रकार वापस भी रख सकेंगे, जिससे उनका चुनावों में उपयोग हो सके?

ह. : हाँ, ईमानदार अधिकारियों को छोड़कर मैं इस बात पर विश्वास करता हूँ कि जब तक भ्रष्ट अधिकारी हैं, तब तक अपराधी आसानी से ई.वी. एम. प्राप्त कर सकते हैं। इसे सिद्ध करने के लिए चुनावों में ऐसी बहुत सी घटनाएँ हुई हैं और लगातार होती रहती हैं।

आ.शु. : जब एक ई.वी.एम. की चोरी भी छुपी नहीं रही और प्रशासन ने तत्काल काररवाई की तो फिर भी आपको लगता है कि बड़े पैमाने पर ई.वी.एम. में धोखाघड़ी संभव है?

ह. : यह बात हास्यास्पद है कि भारत निर्वाचन आयोग यह दावा करता है कि उसने स्वयं ही गायब हुई ई.वी.एम. का पता लगा लिया। हमने यह सिद्ध करने के लिए कि हमारे द्वारा उपयोग किया गया कंट्रोल यूनिट असली है, उसका क्रमांक जानबूझकर दिखाया था। क्रमांक देखकर तो कोई भी व्यक्ति डेटाबेस से जानकारी निकालकर ई.वी.एम. का अता-पता निकाल सकता है, परंतु अपराधी ऐसा कभी नहीं करेंगे। मैं इस विषय को लंबा नहीं खींचना चाहता। आज भी बहुत सी ई.वी.एम. गायब हैं और कुछ तो कबाड़ी की दुकानों में भी मिली हैं।

आ.शु. : क्या आपको ई.वी.एम. में किए गए बदलावों, जैसे—वीवीपैट और हेरा-फेरीमुक्त सर्किट की जानकारी है, क्या आपको लगता है कि इनसे ई.वी.एम. अधिक सुरक्षित होंगी?

ह. : दुर्भाग्य से हम ही अपनी ओर से सुझाव देते रहे। भारत निर्वाचन आयोग ने एक पूरी तरह से नियंत्रित प्रदर्शन के अतिरिक्त कभी हमें भी डिजाइन और जाँच पर चर्चा के लिए नहीं बुलाया, परंतु मैं वीवीपैट का समर्थन

करता हूँ और यह विश्वास भी करता हूँ कि इससे अधिकांश खतरे समाप्त हो जाते हैं।

आ.शु. : आपने लंबे समय से ई.वी.एम. पर कुछ नहीं कहा है, क्यों?

ह. : मैं अकसर ट्वीट करता रहता हूँ। मैं भारत निर्वाचन आयोग द्वारा सुरक्षा उपायों के लिए किए गए प्रयासों से कुछ हद तक संतुष्ट भी हूँ।

आ.शु. : आजकल आप क्या कर रहे हैं?

ह. : अपनी कंपनी नेट इंडिया चला रहा हूँ और साथ में आंध्र प्रदेश सरकार को प्रौद्योगिकी पर सलाह भी दे रहा हूँ।

आ.शु. : आपके चंद्रबाबू नायडू और टी.डी.पी. के साथ निकट संबंध हैं ? क्या आप उन्हें ई.वी.एम. और चुनावों पर भी सलाह देते हैं?

ह. : हाँ, मेरे श्री नायडू के साथ निकट संबंध हैं और मैं उनके तकनीकी दल में शामिल हूँ।

आ.शु. : क्या आपकी कोई राजनीतिक महत्त्वाकांक्षा है?

ह. : नहीं।

हरिप्रसाद की घटना का असर

भारतीय चुनावों में ई.वी.एम. के उपयोग पर इस घटना के गंभीर और दूरगामी परिणाम हुए। इनका विवरण नीचे दिया गया है—

1. भारतीय चुनावों में वीवीपैट का उपयोग

प्रारंभ में आयोग वीवीपैट पर विचार करने के लिए तैयार नहीं था। वीवीपैट मतदान की प्रक्रिया को कठिन और जटिल बनाता है। एक आम निरक्षर मतदाता के लिए यह समझना कठिन हो सकता है कि उसे अपने मत का सत्यापन एक पारदर्शी खिड़की में झाँककर करना है। हिलने-डुलनेवाले पुर्जों के कारण प्रिंटरों का रखरखाव मुश्किल होता है और इनके कारण प्रक्रिया में नई त्रुटियाँ आ सकती हैं। वीवीपैट के प्रिंटरों का वजन कई किलोग्राम होता है और उन्हें दूर-दराज के मतदान केंद्रों तक ले जाना मुश्किल है। सबसे बड़ी बात तो यह है कि यह संदेह करनेवालों के लिए अतिरिक्त विश्वसनीयता देने के अतिरिक्त ई.वी.एम. में कोई अन्य सुधार नहीं करते। इस कारण से यह कोई आश्चर्य की बात नहीं है कि आयोग चुनावों में वीवीपैट के उपयोग के प्रति उत्साही नहीं था, परंतु टी.वी. पर कथित रूप से ई.वी.एम. में छेड़छाड़ की संभावना के प्रदर्शन ने न केवल वीवीपैट की माँग को हवा दी, बल्कि आयोग को भी इस पर गंभीरता से विचार करने के लिए मजबूर कर दिया। आयोग

के निर्देश पर बी.ई.एल. एवं ई.सी.आई.एल., दोनों ने ही तकनीकी विशेषज्ञ समिति की सहायता से वीवीपैट के प्रोटोटाइप बनाए। इनकी क्षेत्र में गहन जाँच की गई और इनके कार्य से पूरी तरह संतुष्ट होने और एक सर्वदलीय बैठक में राजनीतिक दलों को इनका प्रदर्शन करने के बाद आयोग ने सर्वप्रथम वीवीपैट उपयोग नागालैंड के तुएनसांग जिले के 51–नोकसेन (अजजा) विधानसभा क्षेत्र के उपचुनाव में 4 सितंबर, 2013 को किया।

क्योंकि निर्वाचन आयोग अब वीवीपैट के संबंध में पूरी तरह आश्वस्त था, इसलिए उसने सुब्रह्मण्यम स्वामी प्रकरण में सर्वोच्च न्यायालय में शपथपत्र देकर कहा कि आयोग ने वीवीपैट का उपयोग पहले ही एक चुनाव में कर लिया है और आगे के चुनावों में भी इसका उपयोग करने को तैयार है। सर्वोच्च न्यायालय ने अपने निर्णय में आदेश दिया कि चुनावों में वीवीपैट का उपयोग किया जाए और इसे चुनावों में चरणबद्ध तरीके से लागू किया जाए। अब वीवीपैट भारत में चुनावों का अभिन्न अंग बन गई है और आयोग का इरादा लोकसभा के आगामी आम चुनावों में इसका उपयोग सभी मतदान केंद्रों में करने का है।

2. ई.वी.एम. के डिजाइन एवं जाँच में तकनीकी विशेषज्ञ समिति की अधिक सहभागिता

पूर्व में तकनीकी विशेषज्ञ समिति ई.वी.एम. के डिजाइन करने की प्रक्रिया में शामिल नहीं थी। डिजाइन तथा विकास बी.ई.एल. एवं ई.सी.आई.एल. द्वारा स्वयं किया जाता था एवं तकनीकी विशेषज्ञ समिति अंतिम उत्पाद का परीक्षण अपना अनुमोदन देने के पहले करती थी, विशेषकर हरिप्रसाद द्वारा किए गए प्रदर्शन के बाद डिजाइन, प्रक्रिया, सॉफ्टवेयर और हार्डवेयर के संबंध में असहज करनेवाले सवाल पूछे जाने लगे तो तकनीकी विशेषज्ञ समिति को इस बात का अहसास हुआ कि उसे ई.वी.एम. के सभी पक्षों के बारे में पूरी जानकारी रखने के लिए डिजाइन की प्रक्रिया में भी शामिल होना ही पड़ेगा। तभी वह ई.वी.एम. के छेड़छाड़ की संभावना से मुक्त होने और अचूकता के संबंध में संतुष्ट हो सकेगी।

इस बीच आयोग ने 2 नए सदस्य—प्रो. रजत मूना और प्रो. दिनेश शर्मा को जोड़कर तकनीकी विशेषज्ञ समिति का विस्तार कर दिया था। प्रो. मूना उस समय आई.आई.टी. कानपुर में पढ़ा रहे थे, परंतु शीघ्र ही वे सीडैक के निदेशक बन गए। वे सॉफ्टवेयर और कोडिंग के क्षेत्र में देश के सबसे प्रख्यात व्यक्तियों में से एक हैं। वतर्मान में वे आई.आई.टी. भिलाई के निदेशक हैं। प्रो. दिनेश शर्मा कंप्यूटर हार्डवेयर के क्षेत्र में सर्वोच्च विशेषज्ञ हैं और उनको कंप्यूटर चिप्स का गहरा ज्ञान है। वे आई.आई.टी., मुंबई में पढ़ाते हैं।

तकनीकी विशेषज्ञ समिति के अध्यक्ष प्रो. इंदरेसन के मृत्यु हो जाने पर वरिष्ठतम सदस्य प्रो. डी.टी. शाहनी को इसका अध्यक्ष बनाया गया और उन्होंने कुशल नेतृत्व प्रदान किया। तकनीकी विशेषज्ञ समिति ने बी.ई.एल. एवं ई.सी.आई.एल. के इंजीनियरों के साथ लगभग साप्ताहिक रूप से बैठकें करना प्रारंभ कर दिया और उन्हें संकल्पना के स्तर से ही वीवीपैट तथा ई.वी.एम. का नया मॉडल विकसित करने में सहायता की। परिणामस्वरूप वीवीपैट और नए मॉडल की ई.वी.एम. बहुत बेहतर बन पाईं।

3. मार्क-III या उत्तर-2013 मॉडल की ई.वी.एम. का विकास

तकनीकी विशेषज्ञ समिति ने वर्तमान ई.वी.एम. का गहन अध्ययन किया और वे इस परिणाम पर पहुँचे कि आयोग द्वारा उपयोग की जानेवाली सभी मॉडलों की ई.वी. एम. छेड़छाड़मुक्त हैं, परंतु जब और अधिक संख्या में ई.वी.एम. के निर्माण की बात आई तो तकनीकी विशेषज्ञ समिति ने निर्णय किया कि ई.वी.एम. का एक नया मॉडल विकसित किया जाना चाहिए, जिसमें शिकायतकर्ताओं द्वारा उठाए गए सभी प्रश्नों का उत्तर हो और भविष्य में छेड़छाड़ की संभावनाओं की अटकलबाजी की कोई गुंजाइश न रहे। परिणामस्वरूप मार्क-III या उत्तर-2013 मॉडल की ई.वी.एम. का विकास किया गया। इस मॉडल में कई विशिष्ट और अनूठी बातें हैं, जैसे—छेड़छाड़ पता लगानेवाला सर्किट, कोड डंप, पृथक् यूनिट द्वारा कोड का सत्यापन, पब्लिक का इन्फ्रास्ट्रक्चर (पी.के.आई.), सुरक्षित निमाण प्रक्रियाएँ आदि, आगे के एक अध्याय में इनका विस्तृत विवरण दिया गया है।

4. सर्वदलीय बैठक और वीवीपैट की माँग

अनेक राजनीतिक दलों में निर्वाचन आयोग को ई.वी.एम. में कमजोरियों की आशंकाएँ व्यक्त करते हुए लिखा। 2010 में आर.जे.डी., ए.आई.डी.एम.के., टी.डी. पी., ए.आई.एफ.बी., ए.जी.पी., सी.पी.आई., सी.पी.एम., आई.एन.एल.डी., जे.डी.यू., जे.डी.एस. आर.एल.डी. (अजीत सिंह), आर.एस.पी. एवं एस.पी. ने संयुक्त रूप से आयोग को लिखा। आयोग ने इस मुद्दे पर एक सर्वदलीय बैठक में राजनीतिक दलों से चर्चा करने का निर्णय लिया। यह बैठक 4 अक्तूबर, 2010 को हुई। अनेक पार्टियों ने वीवीपैट की माँग की। चंद्रबाबू नायडू ने बैठक में वीवीपैट पर एक प्रदर्शन भी दिखाया। दिनांक 8 अक्तूबर, 2010 को बैठक के संबंध में जारी एक प्रेस नोट में आयोग ने कहा, 'राजनीतिक दलों ने आयोग द्वारा किए गए उपायों की सराहना की और इस बात को माना कि एक दशक से भी अधिक समय से ई.वी.एम. का उपयोग भारत के चुनावों में प्रभावी रूप से किया जाता रहा है। राजनीतिक दलों में ई.वी.एम. के आगे भी उपयोग के संबंध में सहमति थी। इस बात के मद्देनजर कि आयोग ने पहले भी समय-समय

पर ई.वी.एम. में सुधार किए हैं, अनेक राजनीतिक दलों ने सुझाव दिया कि मतदाताओं की संतुष्टि बढ़ाने के लिए ई.वी.एम. में 'वोटर वेरिफाएबल पेपर ट्रेल' शामिल करने की संभाव्यता का पता लगाया जाए। बैठक में मिले सुझावों के आधार पर आयोग ने निर्णय लिया है कि तकनीकी विशेषज्ञ समिति से व्यापक परामर्श द्वारा ई.वी.एम. में 'वोटर वेरिफाएबल पेपर ट्रेल' के सभी पक्षों का परीक्षण करने को कहा जाए। विशेषज्ञ समिति अपनी रिपोर्ट आयोग के विचार हेतु प्रस्तुत करेगी।'

ई.वी.टी. वोट सम्मेलन

9 एवं 10 अगस्त, 2010 को अमेरिका की राजधानी वाशिंगटन में इलेक्ट्रॉनिक मतदान पर एक सम्मेलन आयोजित किया गया। यह सम्मेलन यूजनिक्स (USENIX) एडवांस्ड कंप्यूटर सिस्टम एसोसिएशन द्वारा आयोजित किया गया था। अपनी वेबसाइट पर यूजनिक्स ने अपना परिचय इन शब्दों में दिया है, 'यूजनिक्स एसोसिएशन 501(c)(3) के अंतर्गत गैर-लाभ संगठन है, जो उन्नत कंप्यूटिंग सिस्टम समुदायों को सहायता करने एवं नवाचारी शोध को फैलाने के लिए प्रतिबद्ध है। हमें सम्मेलन आयोजित करने तथा शोध प्रकाशित करने के लिए जाना जाता है, परंतु हमारी सबसे बड़ी ताकत कंप्यूटिंग सिस्टम समुदायों के विकास में है। हम अपने समुदायों के हितों का प्रतिनिधित्व विभिन्न तरीकों से करते हैं, जिनमें कंप्यूटिंग रिसर्च एसोसिएशन के साथ हमारी व्यावसायिक संबद्धता शामिल है।'

ई.वी.टी.-वोट (EVT-WOTE) सम्मेलन यूजनिक्स द्वारा प्रतिवर्ष अमेरिका में आयोजित किए जाते हैं, क्योंकि हरिप्रसाद को चुराई हुई ई.वी.एम. में पुर्जे बदलने में सहायता करनेवाले व्यक्ति अमेरिका से थे, इसलिए उन्होंने इस सम्मेलन में भारतीय ई.वी.एम. पर एक पैनल चर्चा रखने का निर्णय लिया और भारत निर्वाचन आयोग को अपना प्रतिनिधि भेजने के लिए निमंत्रित किया। 'प्रजातंत्र खतरे में' पुस्तक के लेखक जी.वी.एल. नरसिम्हा राव को ई.वी.एम. को चुनौती देनेवालों की ओर से प्रस्तुतीकरण करने के लिए निमंत्रित किया गया। मैंने आयोग को सलाह दी थी कि हमें इस बात पर चिंता करने की आवश्यकता नहीं है कि अमेरिका में क्या हो रहा है और सम्मेलन में अपना प्रतिनिधि नहीं भेजना चाहिए, परंतु आयोग को यह लगा कि क्योंकि ई.वी.एम. के विरुद्ध दुष्प्रचार अमेरिका से ही हो रहा है, इसलिए सम्मेलन में हमारा पक्ष रखने की आवश्यकता है। आयोग ने तकनीकी विशेषज्ञ समिति के अध्यक्ष प्रो. इंदरेसन को वहाँ भाषण देने के लिए भेजने का निर्णय लिया। मुझे उनके साथ जाकर भारत निर्वाचन आयोग की ओर से एक प्रस्तुतीकरण करने के निर्देश दिए गए। बी.ई.एल. की सुश्री रमादेवी को भी सम्मेलन में

भाग लेकर ई.वी.एम. का प्रदर्शन करने को कहा गया।

जैसा अपेक्षित था, सम्मेलन में केवल ई.वी.एम. के आलोचकों ने ही भाग लिया, जिन्हें भारतीय ई.वी.एम. की आधी-अधूरी जानकारी थी और भारतीय निर्वाचन प्रणाली की कोई जानकारी नहीं थी। इस सम्मेलन में किए गए प्रस्तुतीकरणों के कुछ अंश नीचे दिए गए हैं। इस सत्र का एक पूरा वीडियो अभी भी सम्मेलन की बेवसाइट पर उपलब्ध है और वहाँ से डाउनलोड किया जा सकता है। मैंने उसका यू.आर.एल. इस अध्याय के अंत में संदर्भों में दिया है।

मुझे नहीं लगता कि हम वहाँ पर लोगों को अपने पक्ष में कर पाए। इसका कारण यह था कि अधिकांश लोग खुले दिमाग से सुनने को तैयार नहीं थे और पहले से ही यह माने हुए थे कि डायरेक्ट रिकॉर्डिंग इलेक्ट्रॉनिक वोटिंग मशीनों का त्याग कर देना चाहिए। यह दूसरी बात है कि यही लोग अमेरिका के भी सभी राज्यों की सरकारों को अपने दावों की सत्यता के प्रति विश्वास नहीं दिला पाए हैं।

ई.वी.टी.-वोट (EVT-VOTE) सम्मेलन 2010 के अंश

जी.वी.एल. नरसिम्हा राव के प्रस्तुतीकरण के अंश

...यह बड़ा शुभ है कि आज दोपहर को इलेक्ट्रॉनिक वोटिंग पर भारत से संबंधित लंबी चर्चा है। मैंने हाल ही में 'प्रजातंत्र खतरे में-क्या हम अपनी इलेक्ट्रॉनिक वोटिंग मशीनों पर विश्वास कर सकते हैं?' नाम से एक पुस्तक प्रकाशित की है और विषय का महत्त्व दरशाने के लिए अपने प्रस्तुतीकरण को भी यही शीर्षक देने का निर्णय किया है। मैं सीधा स्लाइडों पर जाता हूँ।

ऐसी घटनाएँ हुई हैं, जब वोटिंग मशीनें फेल हुई हैं। यह अवश्य ही बड़े पैमाने पर नहीं होता, परंतु काफी स्थानों पर होता है। उदाहरण के लिए मतदाताओं ने कभी-कभी मतदान केंद्रों पर मशीनों की ठीक प्रकार से काम नहीं करने की शिकायत की है।

इलेक्ट्रॉनिक वोटिंग मशीनें क्या हैं और उनकी कमजोरियाँ क्या हैं? मैं आपको कुछ उदाहरण और तथ्य देता हूँ। हमारे पास डायरेक्ट रिकॉर्डिंग इलेक्ट्रॉनिक वोटिंग मशीने हैं, जिनमें कागज का कोई रिकॉर्ड नहीं रखा जाता। भारत निर्वाचन आयोग, जिसे मैं ई.सी.आई. कहूँगा, के पास नहीं है। आयोग के पास मशीनों में उपयोग किया जानेवाला सोर्स कोड भी नहीं है। करीब 1.3 मिलियन मशीनें उपयोग की जा रही हैं और वे 100 प्रतिशत सरकार के लोक उपक्रमों द्वारा बनाई जाती हैं।

अधिकांश फंक्शनल जाँच ही की जाती है, केवल ब्लैक बॉक्स जाँच और जैसा

हम समझते हैं, कोई व्हाइट बॉक्स जाँच नहीं की जाती। बड़ी संख्या में निजी खिलाड़ी चुनावों के संचालन में शामिल हैं। यह कागज के मत-पत्रों के समय से एक बड़ी चुनौती है, क्योंकि कागज के मत-पत्रों के समय सभी कुछ सरकारी अधिकारियों द्वारा किया जाता था, जिनकी जवाबदेही है। अब अनेक कार्य निजी कंपनियों को दे दिए गए हैं। इसमें कोई शक नहीं कि मशीनों की दोनों निर्माता सार्वजनिक क्षेत्र की कंपनियाँ हैं, परंतु उनकी कोई जवाबदेही नहीं हैं। वे केवल कुछ अधिकृत तकनीशियनों की सेवाएँ ले ली हैं, जो मशीनों को सँभालते हैं। फिर विदेशी कंपनियाँ भी सॉफ्टवेयर लगाने में शामिल हैं और माइक्रोचिप निर्माताओं को भारत में उनके विक्रेताओं द्वारा दी जाती हैं। हम नहीं जानते कि वे कौन हैं। बहुत से ऐसे खिलाड़ी हैं, जिनके बारे में जनता कुछ नहीं जानती। हम बहुत से सवाल पूछते रहे हैं, पर अभी भी हमें कोई सुराग नहीं मिला है। मुझे उम्मीद है कि आनेवाले दिनों में हमें इसके बारे में जानकारी मिलेगी।

भारत निर्वाचन आयोग ही यह बयान देता रहा है, “हमारी मशीनें फेल-सेफ हैं; वे पूरी तरह छेड़छाड़ से मुक्त हैं। उनमें आगे किसी भी सुधार की आवश्यकता नहीं है। वे पूरी तरह अलग-थलग मशीनें हैं, जो किसी भी नेटवर्क का अंग नहीं हैं, इसलिए इनमें किसी इनपुट का प्रावधान नहीं है और इसलिए वे हैक नहीं की जा सकतीं,” इत्यादि और सबसे महत्त्वपूर्ण, जहाँ तक प्रशासनिक सुरक्षा का संबंध है, क्योंकि प्रशासनिक सुरक्षा है, इसलिए मशीनें स्वयं ही धोखाधड़ी नहीं रोक सकतीं। इसलिए हमारी प्रशासनिक प्रणालियाँ हैं।

इसलिए हम इसे बड़े सुरक्षा उपाय के रूप में नहीं देखते। एक मॉक पॉल होता है। हम इस मशीन की सुरक्षा की सत्यता को जाँचने के लिए अनेक अवसरों पर मॉक पॉल करते हैं। हम कुछ मत डालते हैं और फिर यह जाँचते हैं कि वे ठीक प्रकार से गिने गए अथवा नहीं, पर हम यह मानते हैं कि यह पर्याप्त सुरक्षा नहीं है, क्योंकि यदि आप मशीन में ट्रोजन डाल दें तो यह मॉक पॉल के समय ठीक काम करेगी और अगर आप नजर न रखें तो वोट चुरा लेगी और भी अनेक बातें हैं, जिन पर मैं बोलता रह सकता हूँ।

आलोक शुक्ला के प्रस्तुतीकरण के अंश

श्री नरसिम्हा राव ने पृष्ठभूमि बताकर मेरा काम आसान कर दिया है। मुझे उसे बताने की आवश्यकता नहीं रह गई है। मैं सीधा इलेक्ट्रॉनिक वोटिंग मशीनों पर आता हूँ। श्री राव ने पहले ही आपको बता दिया है कि मशीन कैसी दिखती है। इसमें दो यूनिट होती हैं—कंट्रोल यूनिट और बैलेट यूनिट। भारत की इलेक्ट्रॉनिक वोटिंग मशीन की वि शिष्टता है कि (1) इसमें ऑपरेटिंग सिस्टम नहीं है, (2) यह न तो तार और बेतार द्वारा

किसी नेटवर्क से जोड़ी जा सकती है। इसमें बैलेट यूनिट को छोड़कर और कहीं से इनपुट नहीं हो सकता। जैसा आपने देखा है, एक कंट्रोल यूनिट और एक बैलेट यूनिट है। डेटा कंट्रोल यूनिट में रहता है और बैलेट यूनिट एक की-बोर्ड की तरह है, जिसमें प्रत्येक प्रत्याशी के लिए बटन होता है। आप अपनी पसंद के प्रत्याशी के पक्ष में मतदान करने के लिए उसका बटन दबाते हैं। डेटा कंट्रोल यूनिट में चला जाता है। माइक्रोकंट्रोलर चिप एक ही बार प्रोग्राम की जाने योग्य है। मशीन के दो प्रकार हैं। सॉफ्टवेयर कोड चिप में हैक्स कोड के रूप में लिखा रहता है। कोई रैम नहीं है और सॉफ्टवेयर चिप के स्तर पर काम करता है। यह मेमोरी में काम नहीं करता। प्रो. इंदरेसन मशीन के तकनीकी पहलुओं के बारे में अधिक विस्तार से बता पाएँगे, परंतु हम ऐसा मानते हैं कि इन सब बातों के कारण मशीनों को हैक करना न केवल बहुत कठिन है, बल्कि असंभव है। मैं कुछ देर में इस पर और बात करूँगा।

अब क्योंकि इसे संसद् ने अधिनियमित किया है, इसलिए हमें यह समझना चाहिए कि यह जनता की चाहत है। संसद् फिर से अधिनियम को संशोधित कर सकती है और कह सकती है कि इलेक्ट्रॉनिक वोटिंग मशीनों का उपयोग नहीं किया जाएगा। जैसा श्री नरसिम्हा राव ने बताया है, हमारे देश में यह बहस चल रही है और शायद किसी दिन यह भी हो जाए, परंतु जो कानून आज है, संसद् ने इलेक्ट्रॉनिक वोटिंग मशीनों के उपयोग की मंजूरी दी है।

जो भी हो, हमें मत-पत्रों में भी बहुत सी समस्याएँ मिली थीं। हेरा-फेरी की शिकायतें होती थीं। लोग मत-पेटियाँ छीन लेते थे, बड़ी संख्या में मत-पत्रों पर ठप्पा लगाकर उन्हें मत-पेटियों में भर देते थे। वास्तव में हमारा अनुभव तो यह है कि जब से इलेक्ट्रॉनिक वोटिंग मशीनों को उपयोग प्रारंभ हुआ है, तब से हेरा-फेरी जैसे कदाचरण की शिकायतें कम हुई हैं। इसका एक कारण यह है कि वोटिंग मशीनों का निर्माण इस प्रकार किया गया है कि दो मत डालने के बीच 12 सेकंड का समय लगता है। यदि आप वोटिंग मशीन में मत भरना चाहें तो आपको पूरा दिन लग जाएगा, जबकि मतदान-पेटी में मत-पत्र आधे घंटे के भीतर ही ठप्पा लगाकर भरे जा सकते थे। हाँ मत-पत्रों की अपनी समस्याएँ थीं, परंतु मुझे उनका विवरण देने की आवश्यकता नहीं है।

अंततः उपाय तकनीकी सुरक्षा के साथ प्रशासनिक सुरक्षा में है, जिससे एक अच्छी वोटिंग प्रणाली बनती है। उदाहरण के लिए हम सभी जानते हैं कि नकली करंसी नोट बनाए जा सकते हैं, पर इस कारण हम करंसी बंद करके वस्तु विनिमय प्रणाली पर वापस जाने की वकालत तो नहीं करते। हमें और कड़े प्रशासनिक प्रबंध करने की आवश्यकता है। इसका उत्तर है, सभी स्तरों पर अधिक पारदर्शिता, हितधारकों की पूरी साझेदारी, कड़ी

प्रशासनिक सुरक्षा और उपयुक्त प्रौद्योगिकी।

मैं उठाए गए कुछ प्रश्नों के उत्तर देने का प्रयास करता हूँ। प्रो. इंदरेसन अपनी तकनीकी पृष्ठभूमि के कारण अवश्य ही तकनीकी प्रश्नों का विस्तृत उत्तर देंगे। पहली बात सॉफ्टवेयर में ट्रोजन हार्स की है। जैसा मैंने आपको बताया था, सॉफ्टवेयर निर्माण के समय ही चिप में लिख दिया जाता है। अभी इस्तेमाल की जानेवाली बहुत सी मशीनें 10-12 साल पहले बनाई गई थीं। अब यदि आपने 12 साल पहले सॉफ्टवेयर में ट्रोजन हार्स को प्रोग्राम नहीं लिखा था तो आप उसे अब बिना चिप को बदले हुए चिप में नहीं डाल सकते। यदि यह उसी समय चिप में लिख दिया गया होता तो वही लोग लगातार 12 साल तक चुनाव हारते-जीतते रहते। मुझे नहीं लगता कि यह बात इतने लंबे समय तक गुप्त रह जाती। इसके अतिरिक्त चुनावों की घोषणा होने तक प्रत्याशियों का पता नहीं होता। बैलेट यूनिट पर प्रत्याशियों का क्रम निश्चित नहीं है, क्योंकि निर्वाचन आयोग ने निर्देश दिए हैं कि यह क्रम प्रत्याशियों के नाम के वर्णक्रमानुसार होगा। प्रत्येक चुनाव में यह क्रम अलग होगा। यह क्रम मतदान के केवल 14 दिन पहले ही पता लगता है। तब तक मशीन तैयार करके सील की जा चुकी होती है। इसलिए मुझे लगता है कि सॉफ्टवेयर में ट्रोजन हार्स की शरारत की बात लोगों की कल्पना की उपज है। मैं यह नहीं कह रहा हूँ कि सॉफ्टवेयर में ट्रोजन हार्स डाला ही नहीं जा सकता, अवश्य ही डाला जा सकता है, परंतु मुझे अवश्य ही यह नहीं लगता कि हमारी मशीनों में ट्रोजन हार्स है।

दूसरे एलेक्स ने एक प्रदर्शन दिखाया है, उसके संबंध में जब वे यह प्रदर्शन दिखा चुकें तो निष्पक्षता के लिए संभवत: प्रश्नोत्तर के समय हमें उस पर अपनी बात कहने का अवसर मिलेगा, परंतु एक बात, जो उन्होंने दिखाई है, वह यह है कि आप ब्लूटूथ डिवाइस से डिस्प्ले बदल सकते हैं। जैसा मैं आपको पहले ही स्पष्ट कर चुका हूँ, यह मशीन नेटवर्क से जुड़ी नहीं है। इसलिए आप ब्लूटूथ डालकर इसे नेटवर्क से जोड़ रहे हो, परंतु ब्लूटूथ डिवाइस को काम करने के लिए ब्लूटूथ ट्रांसमीटर के साथ संपर्क करना होगा। इसलिए यदि आप ब्लूटूथ डिवाइस लगा भी दें तो यह छिपी नहीं रहेगी और ब्लूटूथ डिवाइस का पता लगते ही हम उस मशीन का उपयोग नहीं करेंगे। हम उसकी मतगणना नहीं करेंगे। इसलिए यदि आप उसे लगा भी दें तो भी उस मतदान केंद्र में पुनर्मतदान किया जाएगा।

इसी प्रकार शायद उन्होंने यह मेमोरी पर भी दिखाया है। आप एक क्लिप लगाकर डेटा पढ़ लेते हैं और मेमोरी में डेटा डाल देते हैं, परंतु इसके लिए आपकी मशीन के पुर्जों तक पहुँच होनी चाहिए, पर जैसा मैं आपको समझाने का प्रयास कर रहा था, मशीन को मतदान के पहले जब तैयार किया जाता है, तब उसे खोलकर सभी को, राजनीतिक

दलों को, उनके प्रतिनिधियों को दिखाया जाता है और फिर उसे बंद करके सील कर दिया जाता है। एक गुलाबी कागज की सील, जिसे हमारे सुरक्षा छापाखाने में छापा जाता है, जो भारत की मुद्रा भी छापती है, मशीन पर लगाई जाती है और उस पर एक विशिष्ट क्रम संख्या होती है। सभी प्रत्याशी और उनके प्रतिनिधि सील पर हस्ताक्षर करते हैं। जब मशीन को मतगणना के लिए लाया जाता है तो सबसे पहले यह देखा जाता है कि सील तो टूटी नहीं है। यदि सील टूटी हो तो मतगणना नहीं की जाती, हम पुनर्मतदान का आदेश करते हैं। इसलिए सैद्धांतिक रूप से आप कह भी दें तो भी वास्तव में चुनावों में आपकी उस तक पहुँच ही नहीं है।

अंत में प्रत्येक देश को अपने विकास के स्तर के अनुसार अपने नागरिकों के लिए उनकी आवश्यकताओं के अनुरूप एक विशिष्ट प्रणाली विकसित करनी होती है। अमेरिका के लोगों को तो यह बात समझनी ही चाहिए, क्योंकि आपके देश में तो पूरे देश के लिए एक सामान्य प्रणाली भी नहीं है। आप प्रत्येक कंट्री के लोगों को उस कंट्री के लिए उचित प्रणाली का उपयोग करने देते हैं। आप अवश्य ही यह समझ सकेंगे कि भारत के लोगों को हमारे लिए उचित प्रणाली की अवश्यकता है। धन्यवाद।

मिशीगन विश्वविद्यालय के प्रो. एलेक्स हैल्डरमैन के प्रस्तुतीकरण के अंश

यह सब शुरू कैसे हुआ ? मैं आपको बताना चाहता हूँ कि मैं भारत में इस प्रक्रिया में कैसे जुड़ गया। इस फरवरी में मुझे भारत में एक सिमपोजियम में निमंत्रित किया गया था, जो ई.वी.एम. पर श्री राव की पुस्तक के विमोचन के साथ होना था। जब मैं वहाँ पहुँचा तो मेरी मुलाकात रॉप गांग्रिप से हुई, जो जैसा कि आपमें से कुछ जानते होंगे, नीदरलैंड के एक मतदान शोधकर्ता हैं और जिन्होंने वहाँ डी.आर.ई. मशीनों पर प्रतिबंध लगाने में सहायता की थी। रॉप को और मुझे शीघ्र ही हरिप्रसाद नाम के इस व्यक्ति से मिलाया गया, जो हैदराबाद के एक इलेक्ट्रिकल इंजीनियर हैं और नेट इंडिया नाम की एक प्रोटोटाइपिंग कंपनी चलाते हैं। ''हरि ने हाल ही में एक इलेक्ट्रॉनिक वोटिंग मशीन प्राप्त कर ली थी, जाहिर तौर पर पहली बार निर्माताओं के अतिरिक्त किसी व्यक्ति ने अध्ययन हेतु एक मशीन प्राप्त की थी। उन्होंने यह मशीन एक ऐसे व्यक्ति से प्राप्त की थी, जो गुमनाम रहना चाहता था, परंतु मैं यह कह सकता हूँ कि इस स्रोत ने हमें यह मशीन अपने अंत:करण से प्रेरित होकर दी थी, क्योंकि उसे इसकी सुरक्षा की चिंता थी।

हमें क्या मिला ? ऐसे कई क्षेत्र हैं, जिनमें यह मशीनें कमजोर हैं। एक प्रमुख सवाल यह था कि हमने पूर्व में जिन डी.आर.ई. मशीनों का अध्ययन किया था, उनकी तुलना में यह कैसी थी। अब तक डी.आर.ई. अकादमिक सुरक्षा साहित्य में पूरी तरह कलंकित

हो चुकी थीं, परंतु अमेरिका और यूरोप की मशीनें बहुत जटिल थीं और अकसर लाखों लाइनों के कोड और ऑपरेटिंग सिस्टम के साथ होती थीं। भारतीय ई.वी.एम. की डिजाइन बहुत सरल थी।

क्योंकि डिजाइन इतना सरल है, इसलिए इसके पुर्जे और पूरे यूनिट भी आसानी से इस प्रकार निर्मित किए जा सकते हैं कि वे ठीक प्रकार से काम करते हुए प्रतीत हों, परंतु वास्तव में बेईमान हों। बेईमान चुनाव कर्मचारियों की मदद से अपराधियों द्वारा इन नकली और बेईमान यूनिटों से असली ई.वी.एम. को बदला जा सकता है।

यह सैद्धांतिक लग सकता है। हमने इन आक्रमणों के प्रदर्शन वास्तव में बनाए और हमारे द्वारा बनाए गए प्रदर्शन पूरी तरह काम करते हैं। हमसे मेरा तात्पर्य है, मुख्य रूप से मेरे विद्यार्थी, स्कॉट वॉलचॉक और इरिक वुस्ट्रॉ और नेट इंडिया में हरिप्रसाद के साथ काम करनेवाले इंजीनियर।

पहला आक्रमण यह है। यह एक बेईमान डिसप्ले बोर्ड है। आप मशीन को खोलकर इसे बदल सकते हैं और चुनाव का परिणाम बदल सकते हैं, बेईमान डिस्प्ले मशीन जो दिखाना चाहती है, उन सिग्नल को रोककर बेईमान चुनाव परिणामों से बदल देता है। हमने एंड्रायड पर काम करनेवाली यह स्मार्ट फोन एप्लीकेशन बनाई, जो आपको यह करने देती है। आप बस जिस प्रत्याशी को जिताना चाहते हैं, उसके नाम को भर दें और पोर्ट उसका चयन अपने आप कर लेता है।

यह दूसरा आक्रमण भी हमने बनाया। यह डिजाइन है और स्थायी हेरा-फेरी आक्रमण का उदाहरण है¨हमने इस डिवाइस का नाम क्लिपी दिया है। क्लिपी जहाँ वोट रखे जाते हैं, वहाँ ई.ई.पी.आर.ओ.एम. (EEPROM) पर क्लिप के रूप में लगा दी जाती है। एक यह है। आप देख सकते हैं कि यह कितनी बड़ी है। यह आपकी कमीज की जेब में आसानी से आ जाती है। मेरी कमीज में जेब नहीं है तो यह मेरे बैज में फिट हो जाती है। क्लिपी वोट पढ़ लेती है और उसके बाद किसी और को जिताने के लिए वोट बदलकर वापस लिख देती है। इस डिवाइस से वोट बदलने में कुछ ही क्षण लगते हैं। क्लिपी पर लगी इस घुंडी से आप जीतनेवाले प्रत्याशी का चयन कर सकते हैं और यदि आप शून्य का चयन करें तो यह मशीन से सारे वोट डाउनलोड कर लेगी और जिस क्रम से मतदाताओं ने वोट डाले हैं, उसकी तुलना करके यह बता देगी कि किसने कौन से प्रत्याशी को चुना है।

निर्वाचन आयोग ने प्रक्रिया में सुरक्षा रखी है और वे तर्क करते हैं कि मशीनें सुरक्षित हैं, परंतु हम असहमत हैं। मुख्य सुरक्षा के रूप में विभिन्न हेरा-फेरी बतानेवाली सीलें हैं, जिन्हें चुनावों में अलग-अलग समय पर लगाया जाता है, परंतु सीलें काफी बदनाम हो चुकी हैं। मूल रूप से जो भी सीलें लोगों ने लगाई हैं, वे कमजोर सिद्ध हो चुकी हैं।

दूसरी महत्त्वपूर्ण सुरक्षा मशीन की भौतिक सुरक्षा है। मशीनें देश भर में अलग-अलग स्थानों पर रखी जाती हैं, जिनमें कुछ परित्यक्त गोदाम, स्कूल आदि शामिल हैं। ऐसा संभव है कि इनमें से कई अपराधियों की पहुँच में हों, विशेष रूप से बेईमान अंदरूनी लोगों की सहायता से, जिन्हें यह रिश्वत दे सकते हैं। रखरखाव करनेवाले अंदरूनी लोग अनेक स्थानों पर पहुँच सकते हैं। इन्हें सुरक्षित रखना वास्तव में बहुत कठिन है।

उपसंहार में भारत निर्वाचन आयोग द्वारा किए गए दावे के अनुरूप यह प्रणाली हेरा-फेरी से मुक्त या अचूक और निष्कलंक नहीं है। सच यह है कि कोई भी प्रणाली हेरा-फेरी से पूरी तरह मुक्त नहीं हो सकती, परंतु यह प्रणाली विशेष रूप से अनेक स्तरों पर नाजुक और कमजोर है। जटिलता डी.आर.ई. को असुरक्षित बनाती है, पर उसका इलाज सरलता नहीं है। सरल मशीनें दूसरी प्रकार के गंभीर आक्रमणों से ग्रस्त हो सकती हैं, जैसे भौतिक हेरा-फेरी हमने दिखाई है। मुख्य समस्या जटिलता नहीं पारदर्शिता न होना है। मतदाताओं को यह दिखना चाहिए कि मतों की गणना कैसे हो रही है। समस्या से ध्यान नहीं हटाया जा सकता। मत-पत्रों की समस्या को आप कम-से-कम देख तो सकते थे। इन मशीनों में तो आपको समस्या दिखाई तक नहीं पड़ती।

मैं अब भारत निर्वाचन आयोग का आह्वान करता हूँ कि वे स्वीकार कर लें कि मशीनें अचूक नहीं हैं और शोधकर्ताओं तथा अपने आलोचकों के साथ मिलकर सुरक्षा बढ़ाने के लिए काम करें। कई अन्य स्थानों पर डी.आर.ई. मशीनों का त्याग किया जा चुका है। भारत को भी बेहतर पारदर्शितावाली वैसी ही प्रणालियों, जैसे—ऑप्टिकल स्कैन, वीवीपैट और कागज के मत-पत्रों की ओर जाना चाहिए।

मुझे और उम्मीद भरे रूप में अंत करना अच्छा लगता, परंतु कुछ दिन पहले एक बहुत परेशान करनेवाली घटना हुई है। शनिवार को मेरे सहयोगी लेखक और देश के माने हुए वोटिंग शोधकर्ता हरिप्रसाद को निर्वाचन आयोग द्वारा दर्ज शिकायत के आधार पर पुलिस का सम्मन मिला¨हरिप्रसाद को जेल हो सकती है और उन्होंने प्रारंभिक जमानत ले ली है। यह घोर बेरहमी है। प्रजातांत्रिक सरकारें अपने आलोचकों को डराती नहीं हैं और उनके विरुद्ध इस प्रकार की काररवाई नहीं करती हैं। मैं डॉ. शुक्ला और भारत निर्वाचन आयोग का आह्वान करता हूँ कि वे तत्काल अपनी शिकायत वापस लें और निष्पक्ष चुनावों के साझा लक्ष्य के लिए हमारे साथ मिलकर काम करें। धन्यवाद!

प्रो. इंदरेसन के प्रस्तुतीकरण के अंश

महत्त्वपूर्ण बात यह है कि यह मशीन प्रोग्राम नहीं की जा सकती। ऐसा कोई तरीका नहीं है कि जो इलेक्ट्रॉनिक वोटिंग मशीन हम भारत में उपयोग करते हैं, उसे प्रोग्राम

किया जा सके। यह एक निश्चित प्रणाली है। इसमें दोहरा लचीला स्मृति भंडारण है। इसमें एक विशिष्ट क्रमांक भी है जो स्वयं सत्यापित होता है। लोगों ने कहा है कि कोई नहीं बता सकता कि यह वही मशीन है, जो निर्मित की गई थी। इसकी जाँच आवश्यक नहीं है, क्योंकि प्रत्येक मशीन का अपना क्रमांक है और वह दिखाई पड़ता है। उसे देखकर ही तकनीशियन यह कहेगा कि यह हमारी मशीन है। यह किया जाता है…

दूसरी बात यह है कि जो बैलेट यूनिट दिखाई गई थी, वह तभी काम करती है, जब पीठासीन अधिकारी उसे क्रियाशील करता है और यह न्यूनतम 12 सेकंड बाद ही किया जा सकता है और हाँ यह भी कहा गया है कि मेकैनिकल सीलें बहुत अच्छी नहीं हैं, परंतु निवार्चन आयोग इन्हीं सीलों का उपयोग कर रहा है और वे काफी अच्छा कार्य करती दिख रही हैं। प्रत्येक मत का समय लिखा होता है। भारत में दो संस्थाएँ हैं। पहली संसद् और दूसरी न्यायपालिका। संसद् ने फैसला किया कि इसे कैसे करना चाहिए और न्यायालय निर्णय करता है कि इसे ठीक प्रकार से किया जा सकता है अथवा नहीं। यदि न्यायालय जाँच करना चाहता है तो वे डाले गए प्रत्येक मत की जाँच कर सकते हैं—किसने मतदान किया और किसके लिए मतदान किया। यह किया जा सकता है और एक प्रणाली है, जिससे यह जाना जा सकता है कि किस व्यक्ति ने किसके लिए मतदान किया है, क्योंकि मशीन में एक घड़ी लगी है और हाँ इसमें कोई बिजली का कनेक्शन नहीं है। यह बैटरी से चलती है और प्रत्येक मतदान के पहले बैटरी बदल दी जाती है।

हमारे देखने के बाद इसमें सुरक्षा उपाय किए गए। बैलेट बॉक्स से एक ही कोड पोलिंग मशीन में जाने के स्थान पर उसे गोपित (encrypt) किया जाता है। बड़ी संख्या होती है, इसलिए सुरक्षा अधिक है। जोड़नेवाला केबल अब क्रिंप करके ढाल दिया गया है (crimped and molded) और इसे इस प्रकार सील किया गया है कि बैलेट बॉक्स को मशीन से जोड़नेवाले इस 16 फीट के केबल में कोई रेडियो सिग्लन नहीं जा सकते। यह उपाय भी हाल ही में किया गया है। प्रत्येक यूनिट में एक डिजिटल सिग्नेचर है।

अब मैं मुद्दों पर आता हूँ। क्या ब्लूटूथ की अनुपस्थिति गारंटी है? यह कहा गया है कि इसे जोड़ा जा सकता है। उदाहरण के लिए किसी अमेरिकी विश्वविद्यालय का कोई प्रोफेसर अपने नए विद्यार्थी को एक समस्या हल करने के लिए देना चाहता है। उदाहरण के लिए यदि कोई जानना चाहे कि एमट्रैक, जो रेल पर चलनेवाली रेलगाड़ी है, के कारण अमेरिका की सड़कों पर किस प्रकार की दुर्घटनाएँ हो सकती हैं। कोई सुझाव दे सकता है कि बस इसके पहिए बदलकर इसमें टायर लगा दो, जिससे यह सड़क पर चलने लगे। एमट्रैक अभी बिजली से चलती है। कोई यह भी सुझाव दे सकता है कि इसे डीजल से चलाया जाए और इसमें स्टीयरिंग लगा दी जाए। यह सबकुछ किया जा सकता

है, पर प्रश्न यह है कि क्या हमें यह सब काल्पनिक कसरतें करना आवश्यक है? जब आवश्यकता होगी, तब हम अवश्य ही उत्तर देंगे, परंतु अभी तक जो अधिकांश शिकायतें की गई हैं, वे हमें दूर की कौड़ी लगती हैं। बहुत से लोग, जो सुरक्षा के व्यवसाय में हैं, असहमत हो सकते हैं, परंतु मेरे लिए इसे 20 सालों तक देखने के बाद यह शिकायतें अमहत्त्वपूर्ण लगती हैं।

वे कहते हैं कि आप प्रणाली बदल देंगे। यदि आप प्रणाली बदल देंगे तो स्पष्ट ही है कि यह वैसे काम नहीं करेगा, जैसा हमने बनाया है, पर किसी को भी चुनौती है कि जैसी प्रणाली है, वैसा रखते हुए हेरा-फेरी करके दिखाए। कोई भी व्यक्ति यह सिद्ध नहीं कर पाया है कि प्रणाली में ट्रोजन हार्स है। न्यायालयों में भी अनेक शिकायतें की गईं और वहाँ भी केवल यही कहा गया है कि हेरा-फेरी संभव है या की जा सकती है। वास्तव में यहाँ उपस्थित एक प्रतिनिधि ने 'यह बेईमान डिस्प्ले है' शब्दों पर उपयोग किया है। मैं समझता हूँ कि यह ठीक नहीं है। हमें इस प्रकार के बयान देने में सावधानी बरतने की आवश्यकता है।

मुझे यह समझाने दीजिए। उदाहरण के लिए आप कहते हैं कि जो प्रणाली आपने दिखाई है, उसमें डिस्प्ले में कुछ और दिखाया जा सकता है, परंतु इसका पता लगाया जा सकता है। अभी यह चीज वहाँ नहीं है। दूसरा आपने कहा कि कोड को जाँचने का कोई तरीका नहीं है। वास्तव में यह जाँचने का तरीका प्रणाली में है कि यह वही मशीन है, वही प्रणाली है अथवा नहीं और मशीन तक भौतिक पहुँच है। चीजें चुराई जा सकती हैं। वास्तव में श्री हरिप्रसाद के विरुद्ध प्रकरण यह नहीं है कि उन्होंने कोई ऐसा प्रदर्शन किया, जिसने निर्वाचन आयोग को शर्मिंदा किया। श्री हरिप्रसाद के विरुद्ध प्रकरण है कि अपनी स्वीकारोक्ति के अनुसार उन्होंने निर्वाचन आयोग के गोदाम से एक मशीन ली। उन्होंने उसको चुराया। यह सच हो या न हो, परंतु यह दावा किया गया है कि इसे निर्वाचन प्रणाली से लिया गया और निर्वाचन प्रणाली को सुरक्षित होना चाहिए। मशीन को एक सुरक्षित स्थान से लिया गया और वह गायब है। यही कारण है कि उनके विरुद्ध प्रकरण है और शायद डॉ. हैल्डरमैन के विरुद्ध भी।

क्लिपिंग का सवाल है। आप प्रणाली में कुछ जोड़ नहीं सकते और प्रणाली को बदलना बहुत महँगी प्रक्रिया है। आप चाहें तो कर सकते हैं। प्रो. हैल्डरमैन बहुत अमीर बन सकते हैं। वे करोड़पति बन सकते हैं, क्योंकि हमारे राजनीतिक दलों के पास बहुत पैसा है। अगर वे उन्हें यह विश्वास दिला दें कि वे मशीन में हेरा-फेरी कर सकते हैं तो वे बहुत पैसा बना सकते हैं। कर सकें तो उनका स्वागत है। देखें तो कि वे यह कर सकते हैं कि नहीं। हमें ये चीजें ध्यान में रखनी चाहिए। क्या संभव है और क्या संभावित है,

इसमें बड़ा अंतर है। किसी भी प्रणाली में हेरा-फेरी करना संभव है। मैं यह नहीं कहता कि यह असंभव है, पर क्या यह संभावित है। आप करना चाहें तो इसे कैसे करेंगे? बहुत सी सुरक्षा प्रणालियाँ हैं और सुरक्षा प्रणालियाँ फेल हो सकती हैं, परंतु इसके बाद मशीनों की भौतिक सुरक्षा भी है।

दूसरी बात यह है कि अगर आप यह करते हैं तो आपको इसे बेचना भी होगा, क्योंकि यह देश की विधिक प्रणाली का हिस्सा है। इसलिए इसे बदलना आपराधिक गतिविधि है। इसलिए आपको एक आपराधिक प्रणाली बेचनी होगी। तो आप इसे किसको बेचेंगे? भारत में प्रत्याशी अकसर सारे चुनावों में दल बदल लेते हैं। यदि आप आज पार्टी 'क' के किसी व्यक्ति को चुनते हैं तो वह पार्टी 'ब' को बता सकता है कि 'मैं किसी को जानता हूँ, जो मेरे लिय यह कर सकता है'। वास्तव में आज भी यह बात कही गई है कि अनेक लोगों ने शिकायत की है कि उन्हें बहुत धन देने का वादा किया गया था, परंतु किसी ने उन्हें वह धन क्यों नहीं दिया? कारण यह है कि किसी को विश्वास नहीं है कि यह संभव है। हमें यह ध्यान रखना होगा कि संभव और संभावित में अंतर है। यह होना संभावित नहीं दिखता है।

हमने करोड़ों डॉलर खोए हैं, क्योंकि हम बाँध, पेयजल प्रणालियाँ, उद्योग आदि नहीं बना पाए, जिनकी बेहद आवश्यकता है, क्योंकि ऐसे ही कार्यकर्ताओं ने यह तर्क दिए कि किसी चिड़िया की नस्ल समाप्त हो जाएगी और इसलिए हम यह खदान या यह पेयजल परियोजना नहीं बनने दे सकते। यह नहीं चाहते कि इलेक्ट्रॉनिक वोटिंग मशीनों के साथ ऐसा हो, क्योंकि इन्होंने पूर्व में किए जानेवाले काम से बहुत बेहतर काम किया है। हमें कोई बेहतर समाधान बताए तो हम उसका पालन अवश्य करेंगे। मैं आपसे तब तक हमारे प्रति कुछ अधिक उदार होने की विनती करता हूँ। धन्यवाद!

उपाख्यान

एलेक्स हैल्डरमैन का निर्वासन रोका

यह 12 दिसंबर की ठंडी रात थी। रात के लगभग 10.30 बजे थे और मैं रजाई ओढ़कर टेलीविजन देख रहा था कि अचानक फोन की घंटी बजी। जी.वी.एल. नरसिम्हा राव लाइन पर थे। वे काफी उत्तेजित लग रहे थे, "मिशिगन विश्वविद्यालय के एलेक्स हैल्डरमैन भारत आए हैं, पर उन्हें हवाई अड्डे पर आव्रजन ने रोक लिया है।" मैं इस बात से आश्चर्यचकित था कि वे मुझे ये सब क्यों बता रहे हैं, पर उन्होंने मुझे आश्चर्य व्यक्त करने का मौका भी नहीं दिया और आरोप लगाते हुए कहा, "अधिकारियों ने उन्हें अगली उड़ान से अमेरिका वापस जाने को कहा है। यह

ई.वी.एम. पर हैल्डरमैन के शोध के कारण किया जा रहा है।"

मुझे उनकी इस फोन कॉल का कारण अब समझ में आया। शायद श्री राव यह समझ रहे थे कि हैल्डरमैन को रोके जाने की पीछे निर्वाचन आयोग का हाथ था। यह बात सत्य सिद्ध हो गई, जब उन्होंने मुझसे आगे कहा कि निर्वाचन आयोग को हैल्डरमैन को भारत में प्रवेश देने का अनुरोध आव्रजन अधिकारियों से करना चाहिए। मुझे नहीं लगता कि आव्रजन के मामलों में निर्वाचन आयोग का कोई रोल है, परंतु मुझे लगा कि श्री राव इस समय आयोग की सीमाओं के संबंध में कुछ सुनने को तैयार नहीं थे। इसलिए मैंने उनसे कहा कि मैं आयोग को इस घटना के संबंध में ब्रीफ कर दूँगा।

मैंने तत्काल ही मुख्य निर्वाचन आयुक्त डॉ. कुरैशी को फोन पर ब्रीफ किया। वे चिंतित थे कि आयोग को इस विवाद में घसीटा जा रहा था। उन्होंने मुझसे गृह मंत्रालय के संबंधित अधिकारियों से संपर्क करके तथ्य पता करने के लिए कहा। उन्होंने यह भी कहा कि हैल्डरमैन नेकनीयत अकादमिक हैं और संभव हो तो हमें उनकी सहायता करनी चाहिए। मैं भी हैल्डरमैन से उस समय मिला था, जब मैं ई.वी.टी.-वोट सम्मेलन में भाग लेने अमेरिका गया था और मुझे भी वे एक ऐसे व्यक्ति के रूप में अच्छे लगे थे, जो सहायता करना चाहते हैं, परंतु इतनी देर रात को गृह मंत्रालय के किसी भी व्यक्ति से फोन पर बात करना कठिन था।

अचानक मुझे याद आया कि गृह मंत्रालय में विदेशी मामलों का संयुक्त सचिव जी.वी.वी. शर्मा मेरा बैचमेट है। मैंने उसे जगाने का निर्णय लिया। शर्मा भला आदमी है। उसने तुरंत ही फोन उठा लिया और यह पता लगाने का वादा किया कि हैल्डरमैन को क्यों रोका गया है। लगभग एक घंटे बाद उसने मुझे कॉल किया और बताया कि उसने अपने ऑफिस से पता किया है कि हैल्डरमैन को इसलिए रोका गया था, क्योंकि जब कुछ महीने पहले वे पर्यटन वीजा पर भारत आए थे तो उन्होंने भारत में एक सम्मेलन में भाग लिया था। इसे वीजा की शर्तों का उल्लंघन माना गया। इसलिए उन्हें भारत में प्रवेश की अनुमति नहीं दी जा रही थी।

जी.वी.एल. नरसिम्हा राव ने मुझे फिर से फोन किया और कहा कि नीदरलैंड के रॉप गांग्रिप भी भारत आ रहे हैं और उन्हें आशंका है कि उनको भी ई.वी.एम. के शोध में शामिल होने के कारण आव्रजन अधिकारियों द्वारा भारत में प्रवेश की अनुमति नहीं दी जाएगी। जब मैंने मुख्य निर्वाचन आयुक्त को इस संबंध में बताया तो उन्होंने कहा कि उन्हें के. हरिप्रसाद से इस बारे में एक एस.एम.एस. मिला है। अब तक यह साफ हो चुका था कि नरसिम्हा राव, के. हरिप्रसाद, हैल्डरमैन और गांग्रिप मिलकर भारत निर्वाचन आयोग की ई.वी.एम. की बदनामी करने का प्रयास कर रहे थे।

सुबह की चाय पर अखबार पढ़ते हुए मैंने देखा कि 'इंडियन एक्सप्रेस' में इस हेडलाइन के साथ खबर छापी थी—ई.वी.एम. अध्ययन के पीछे के अमेरिकी प्रोफेसर को आते ही निर्वासित किया गया। यह साफ था कि ई.वी.एम. के विरोधी सांकेतिक रूप से कह रहे थे कि निर्वाचन आयोग सच्चे ई.वी.एम. शोधकर्ताओं के भारत में प्रवेश में रोड़े अटका रहा है। बिना यह जाने कि इसका कोई असर होगा अथवा नहीं, आयोग ने गृह मंत्रालय को पत्र लिखने का निर्णय किया कि उसे श्री हैल्डरमैन अथवा श्री गांग्रिप के भारत प्रवेश में कोई आपत्ति नहीं थी। गृह मंत्रालय ने साद्भाविक रूप से हैल्डरमैन को भारत प्रवेश की अनुमति दे दी। वे आयोग से मिलने आए और मुझे भी उन्होंने सहायता के लिए व्यक्तिगत रूप से धन्यवाद दिया।

2013 के मध्य प्रदेश आम चुनाव में 37-सुर्खी विधानसभा क्षेत्र में ई.वी. एम. में छेड़छाड़ की शिकायत

27 नवंबर, 2013 को शाम 6 बजे, 37-सुर्खी विधानसभा क्षेत्र से कांग्रेस के प्रत्याशी गोविंद सिंह राजपूत के निर्वाचन अभिकर्ता श्री कमलेश बघेल ने जिला निर्वाचन अधिकारी सागर को शिकायत की कि इस विधानसभा निर्वाचन क्षेत्र के 86-राहतगढ़ मतदान केंद्र पर काले कपड़े में लिपटी एक चिप जैसी वस्तु मतदान के दौरान वोटिंग मशीन के नीचे मिली। उन्होंने अपनी शिकायत में कहा कि यह वस्तु मतदान के बाद मतदान अधिकारियों को मिली और इसे उनके मतदान अभिकर्ता शैलेंद्र चौबे सहित अन्य मतदान अभिकर्ताओं ने भी देखा। चौबे ने पीठासीन अधिकारी को एक लिखित शिकायत दी, जिस पर एक अन्य प्रत्याशी अफजल उस्मानी ने भी गवाह के रूप में हस्ताक्षर किए थे। आरोप यह था कि मतदान केंद्र के बाहर से मोबाइल पर ई.वी.एम. के नीचे रखी इस चिप को सिग्नल भेजकर ई.वी.एम. में वोटिंग का डेटा बदल दिया गया था।

रिटर्निंग अधिकारी ने जाँच की और रिपोर्ट दी कि ऐसी एक शिकायत वास्तव में 86-राहतगढ़ मतदान केंद्र के पीठासीन अधिकारी गुलाबचंद तंतुवाय को प्राप्त हुई थी, परंतु पीठासीन अधिकारी को मतदान समाप्त होने पर ई.वी.एम. उठाने पर उसके नीचे कोई वस्तु नहीं मिली थी और मतदान के दौरान कोई शिकायत भी नहीं मिली थी। शिकायत मतदान समाप्त होने के आधे घंटे के बाद मिली थी, जब ई.वी.एम. एवं मतदान सामग्री की सीलिंग पूर्ण हो चुकी थी। मतदान अभिकर्ता ने एक वस्तु अवश्य दिखाई थी, जो वह मतदान समाप्ति के आधे घंटे के बाद बाहर से लाया था, परंतु उसने वह वस्तु पीठासीन अधिकारी को यह कहकर देने से इनकार कर दिया था कि उसे कांग्रेस कार्यालय में जमा कराया जाएगा। बाद में कांग्रेस के अभिकर्ता ने वह वस्तु रिटर्निंग अधिकारी के समक्ष

प्रस्तुत की, जिसे राहतगढ़ थाने के थाना प्रभारी ने जब्त किया।

इस वस्तु का परीक्षण सागर की फोरेंसिक साइंस प्रयोगशाला में किया गया। इसकी जाँच एफ.एस.एल. के वरिष्ठ विज्ञान अधिकारी कैलाश चंद शर्मा एवं इंदिरा गांधी इंजीनियरिंग कॉलेज सागर के एसोसिएट प्रो. मनीराम अहिरवार ने की। वस्तु की जाँच के बाद उन्होंने यह रिपोर्ट दी—'प्रदर्श 'ए' प्रिंटेड सर्किट बोर्ड (PCB) वाली एक इलेक्ट्रॉनिक युक्ति है। इसकी बैटरी चालू हालत में है और वर्तमान में 3.42 वोल्ट दे रही है। एंटिना अथवा अन्य ट्रांसमिटिंग/रिसीविंग युक्तियाँ इस इलेक्ट्रॉनिक युक्ति पर नहीं मिलीं।'

इससे यह साफ हो गया कि यह युक्ति ई.वी.एम. से किसी प्रकार के संपर्क में नहीं थी और ई.वी.एम. का डेटा नहीं बदल सकती थी। यह युक्ति शिकायतकर्ता के दावे के अनुसार ई.वी.एम. के नीचे भी नहीं मिली थी, बल्कि कांग्रेस पार्टी के मतदान अभिकर्ता द्वारा मतदान समाप्ति के आधे घंटे बाद मतदान केंद्र में लाई गई थी। स्पष्ट ही यह ई.वी.एम. को बदनाम करने का एक भोंडा प्रयास था, जो सफल नहीं हुआ।

2014 के बाद ई.वी.एम. का विरोध

2014 में आम चुनाव हुए। इनमें ई.वी.एम. का उपयोग किया गया। आयोग ने लखनऊ, गांधीनगर, बेंगलुरु दक्षिण, चेन्नई मध्य, जाधवपुर, रायपुर, पटना साहिब और मिजोरम में वीवीपैट का उपयोग भी किया। नए मॉडल की ई.वी.एम. के विकास और वीवीपैट के उपयोग से ई.वी.एम. के विरोध का शोर कुछ थम गया। इन चुनावों में केंद्र में सरकार में बदलाव हो गया। भा.ज.पा. के सत्ता में आते ही अचानक भा.ज.पा. समर्थकों का सारा ई.वी.एम. विरोध समाप्त हो गया। दूसरी ओर जो पार्टियाँ अब विपक्ष में थीं, उन्होंने ई.वी.एम. के विरुद्ध खुसफुसाहट प्रारंभ कर दी। 2014 के बाद भा.ज.पा. अधिकांश चुनाव जीतती गई और अन्य पार्टियों की ई.वी.एम. विरोधी शिकायतें मुखर होती गईं। भारतीय राष्ट्रीय कांग्रेस, आम आदमी पार्टी, तृण मूल कांग्रेस, समाजवादी पार्टी और बहुजन समाज पार्टी, सभी ने ई.वी.एम. के विरुद्ध कहना प्रारंभ कर दिया। आम आदमी पार्टी ने दिल्ली विधानसभा में ई.वी.एम. जैसी दिखनेवाली मशीन पर हैकिंग की संभावना का प्रदर्शन किया। यह बात दिलचस्प थी कि पहले जो आरोप भा.ज.पा. लगाती थी, वही अब अन्य दल लगा रहे थे। 13 राजनीतिक दल ई.वी.एम. के उपयोग के प्रति संदेह व्यक्त करने के लिए 10 अप्रैल, 2017 को आयोग से मिले। आयोग ने 12 मई, 2017 को एक सर्वदलीय बैठक इस मुद्दे पर बुलाई। यह निर्णय किया गया कि राजनीतिक दलों को चुनौती दी जाए कि वे इस बात का प्रदर्शन करें कि हाल ही में

संपन्न विधानसभा चुनावों में उपयोग की गई ई.वी.एम. में छेड़छाड़ की गई थी, अथवा निर्धारित तकनीकी और प्रशासनिक सुरक्षा उपायों के भीतर रहकर ई.वी.एम. में छेड़छाड़ की जा सकती है। अब तक आयोग बड़े पैमाने पर वीवीपैट का उपयोग करना प्रारंभ कर चुका था और उसने नए मॉडल की ई.वी.एम. भी बड़ी संख्या में क्रय कर ली थीं। इस कारण इस बार ओछे आरोपों से निपटने की बेहतर तैयारी थी।

भिंड में तथाकथित रूप से वीवीपैट में गलत छपाई की घटना

मध्य प्रदेश के भिंड जिले की अटेर विधानसभा क्षेत्र का उप-चुनाव 9 अप्रैल, 2017 को होना था। मुख्य निर्वाचन पदाधिकारी, मध्य प्रदेश ने 31 मार्च, 2017 को मीडिया के लोगों के साथ एक बैठक रखी और वीवीपैट के एक प्रदर्शन में भाग लिया। ऐसा आरोप लगाया गया कि इस प्रदर्शन में ई.वी.एम. में कोई भी बटन दबाने पर भी एक खास राजनीतिक दल का चिह्न ही छप रहा था। आयोग ने तत्काल मुख्य निर्वाचन पदाधिकारी आंध्र प्रदेश के नेतृत्व में एक दल से जाँच कराने का आदेश दिया।

जाँच में पाया गया कि वीवीपैट से 31 मार्च को जो चुनाव चिह्न और नाम छप रहे थे, वे उत्तर प्रदेश के कानपुर जिले की गोविंदनगर विधानसभा क्षेत्र के थे। इसका कारण यहाँ समझाया गया है—जब ई.वी.एम. का बटन दबाया जाता है तो उस बटन का क्रमांक वीवीपैट मशीन को भेजा जाता है। प्रत्येक चुनाव के पहले वीवीपैट मशीन को प्रोग्राम करके बी.यू. पर लगाए गए मत-पत्र के अनुसार चुनाव चिह्न और नाम वीवीपैट मशीन में लोड किए जाते हैं। जब वीवीपैट को बटन का क्रमांक प्राप्त होता है तो वह उसे डिकोड करके मत-पत्र पर छपे हुए सही नाम और चुनाव चिह्न छाप सकती है। यदि बी.यू. पर लगाए गए मत-पत्र के अनुसार सही नाम और चुनाव चिह्न वीवीपैट में लोड न किए जाएँ तो वीवीपैट में पहले से लोड नाम और चिह्न छप जाएँगे। इस कारण चुनाव के पहले बी.यू. के अनुसार सही नाम और चुनाव चिह्न वीवीपैट में लोड करने की सावधानी बरतना आवश्यक है। इस हेतु निर्वाचन आयोग ने विस्तृत निर्देश जारी किए हैं।

दिनांक 31 मार्च, 2017 को भिंड में हुए प्रदर्शन में चुनाव अधिकारियों ने लापरवाही से उत्तर प्रदेश के गोविंदगढ़ विधानसभा क्षेत्र, जहाँ इस वीवीपैट का उपयोग इसके पहले किया गया था, के नाम और चुनाव चिह्न मिटाकर भिंड में बी.यू. पर लगाए गए मत-पत्र के अनुसार सही नाम और चुनाव चिह्न वीवीपैट में लोड नहीं किए थे। इसलिए वीवीपैट ने उसमें पहले से लोड किए हुए गोविंदगढ़ विधानसभा क्षेत्र के नाम और चुनाव चिह्न छाप दिए। यह हैकिंग का नहीं, बल्कि निर्वाचन अधिकारियों की लापरवाही का प्रकरण था। इसके अतिरिक्त इस प्रकार की लापरवाही वास्तविक चुनावों में छिपी नहीं रहेगी,

क्योंकि मॉक पॉल से समय उस निर्वाचन क्षेत्र के प्रत्याशियों के नाम नहीं छपने के कारण तत्काल ही पकड़ में आ जाएगी। इसलिए ऐसी लापरवाही वास्तविक चुनावों में होने का कोई खतरा नहीं है।

धौलपुर की घटना

राजस्थान के धौलपुर में दिनांक 9 अप्रैल, 2017 को हुए उप-चुनावों में भी ई.वी. एम. में छेड़छाड़ की खबरें छपी थीं। इन खबरों में कहा गया कि एक पार्टी को दिए गए मत दूसरी पार्टी को जा रहे थे। निर्वाचन आयोग ने मुख्य निर्वाचन पदाधिकारी, राजस्थान से जाँच करवाई, जिसने रिपोर्ट दी कि मतदान प्रारंभ होने के पहले 8 ई.वी.एम. बदली गई थीं और मतदान प्रारंभ होने के बाद उपयोग की गई 231 मशीनों में से 2 मशीनें मतदान प्रक्रिया में समस्या के कारण बदली गईं। किसी भी ई.वी.एम. ने गलत परिणाम नहीं दिए। मुख्य निर्वाचन पदाधिकारी ने यह रिपोर्ट भी दी कि पूरी मतदान प्रक्रिया के दौरान कोई शिकायत प्राप्त नहीं हुई।

2017 की ई.वी.एम. चुनौती

12 मई, 2017 को मान्यताप्राप्त राष्ट्रीय और क्षेत्रीय राजनीतिक दलों की एक बैठक नई दिल्ली के कॉन्स्टिट्यूशन क्लब में रखी गई, जिसमें 7 राष्ट्रीय दलों और 35 राज्य दलों ने भाग लिया। मुख्य निर्वाचन आयुक्त नसीम जैदी ने भिंड और धौलपुर की घटनाओं के संबंध में उनके प्रश्नों के उत्तर दिए और बताया कि आरोप निराधार थे। उन्होंने भविष्य के सभी चुनावों में 100 प्रतिशत वीवीपैट के उपयोग का आश्वासन भी दिया। निर्वाचन आयोग ने राजनीतिक दलों को बताया कि वह एक ई.वी.एम. चुनौती आयोजित करेगा, जिसमें राजनीतिक दलों को यह अवसर दिया जाएगा कि वे प्रदर्शित करें कि फरवरी-मार्च 2017 में आयोजित राज्यों के विधानसभा चुनावों में उपयोग की गई ई.वी.एम. में हेरा-फेरी की गई थी अथवा निर्धारित तकनीकी और प्रशासनिक सुरक्षा उपायों के अंतर्गत रहते हुए उनमें छेड़छाड़ की जा सकती है।

आयोग ने 20 मई, 2017 को एक पत्रकार वार्त्ता में ई.वी.एम. चुनौती की घोषणा की और सभी राष्ट्रीय तथा राज्यस्तरीय मान्यताप्राप्त राजनीतिक दलों को दिनांक 3 जून, 2017 से इसमें भाग लेने के लिए न्योता भेजा। इस बार निर्वाचन आयोग ने चुनौती का एक स्पष्ट कथन तैयार किया और चुनौती के समय पालन की जानेवाली प्रक्रिया भी निर्धारित की। इसने 2009 की पहली ई.वी.एम. चुनौती के समय बनी अराजक स्थिति बनने की संभावना समाप्त कर दी। दो स्पष्ट चुनौती कथन बनाए गए। ये थे—

1. चुनौती कथन I

यह कि 2017 के पाँच राज्यों के आम चुनावों में उपयोग की गई ई.वी.एम. में भंडारित परिणामों को मतदान के बाद किसी विशिष्ट प्रत्याशी/राजनीतिक दल के पक्ष में बदलकर हेरा-फेरी की गई थी। इसके लिए दावा करनेवाले को इन चुनावों में उपयोग की गई कंट्रोल यूनिटों के परिणामों को निम्नलिखित तरीकों से ठीक उसी परिस्थिति में बदलना होगा, जिसमें मतदान के बाद भारत निर्वाचन आयोग द्वारा निर्धारित तकनीकी और प्रशासनिक सुरक्षा उपायों में ई.वी.एम. रखी जाती हैं, अर्थात् स्ट्रांग रूम में भंडारण के दौरान या मतगणना के समय—

(क) सी.यू., बी.यू. अथवा दोनों के ही कोई भी बटन किसी भी कॉम्बिनेशन से दबाकर, अथवा

(ख) बाहरी वायरलेस, ब्लूटूथ, मोबाइल फोन आदि युक्तियों से संचार के द्वारा।

2. चुनौती कथन-II

यह कि 2017 के पाँच राज्यों के चुनावों में उपयोग की गई ई.वी.एम. में मतदान के दिन के पहले या मतदान के दौरान हेरा-फेरी की गई थी। इसलिए ऐसा दावा करनेवाले व्यक्तियों को उसी परिस्थिति में इन चुनावों में उपयोग की गई ई.वी.एम. के परिणाम भारत निर्वाचन आयोग द्वारा मतदान के पूर्व के समय के लिए निर्धारित तकनीकी और प्रशासनिक सुरक्षा उपायों के अंतर्गत रहते हुए निम्नलिखित तरीकों से बदलने होंगे, अर्थात् मतदान के पूर्व स्ट्रांग रूम में भंडारण और मतदान के समय—

(क) सी.यू., बी.यू. अथवा दोनों के ही कोई भी बटन किसी भी कॉम्बिनेशन से दबाकर, अथवा

(ख) बाहरी वायरलेस, ब्लूटूथ, मोबाइल फोन आदि युक्तियों से संचार के द्वारा।

ई.वी.एम. चुनौती सभी राष्ट्रीय दलों और केवल उन्हीं राज्यस्तरीय मान्यताप्राप्त दलों के लिए खुली थी, जिन्होंने पाँच राज्यों, अर्थात् गोवा, पंजाब, मणिपुर, उत्तराखंड और उत्तर प्रदेश के राज्य विधानसभा चुनावों में भाग लिया था। चुनौती देनेवाले को इन चुनावों में उपयोग किए गए किन्हीं 4 मतदान केंद्रों की कोई 4 ई.वी.एम. चुनने का अधिकार था।

चुनौती के समय निम्नलिखित की अनुमति थी

(क) बी.यू. या सी.यू. या दोनों पर कोई भी बटन किसी भी क्रम में दबाना।

(ख) बाहरी युक्तियों, जैसे—वायरलेस, ब्लूटूथ, मोबाइल फोन, ट्रांसमीटर आदि का उपयोग।

(ग) चुनौती-II में ई.वी.एम. को खोलकर उसका निरीक्षण करने की अनुमति थी, क्योंकि फर्स्ट लेवल चेक (FLC) के दौरान यह किया जाता है, परंतु चुनौती-I में इन्हें खोलने की अनुमति नहीं थी, क्योंकि मतदान के बाद किसी वास्तविक चुनाव में ई.वी.एम. हमेशा सीलबंद ही रखी जाती हैं।

छेड़छाड़ अथवा आंतरिक सर्किट को बदलने के लिए ई.वी.एम. को भारत निर्वाचन आयोग के भवन से बाहर ले जाने की अनुमति नहीं थी, क्योंकि निर्वाचन आयोग के शब्दों में, 'यह इस प्रकार है, जैसे उन्हें एक नई ई.वी.एम. बनाने और उसे हमारी निर्वाचन प्रणाली में उपयोग करने की अनुमति दे दी जाए। इसके अतिरिक्त यह बात भी सभी जानते हैं कि किसी इलेक्ट्रॉनिक युक्ति का 'आंतरिक सर्किट' बदलना उस युक्ति को पूरी तरह से बदल देने के ही समान है, जिसके बाद यह वही युक्ति रह ही नहीं जाती है। जैसा कि सामान्य बुद्धि का कोई भी व्यक्ति समझ सकता है कि जो ई.वी.एम. भारत निर्वाचन आयोग की नहीं है अथवा जिस ई.वी.एम. में आंतरिक सर्किट बदल दिया गया है, वह एक दूसरी ही मशीन बन गई है अथवा भारत निर्वाचन आयोग की ई.वी.एम. जैसी दिखनेवाली ई.वी.एम. है और इसलिए भारत निर्वाचन आयोग उससे सही परिणाम की गारंटी नहीं दे सकता। ऐसा होना हमारे प्रशासनिक सुरक्षा उपायों के कारण संभव नहीं है, इसलिए इसे चुनौती में प्रस्तावित नहीं किया जा रहा है।'

किसी भी राजनीतिक दल ने चुनौती स्वीकार नहीं की। केवल एन.सी.पी. और सी.पी.आई. (एम) चुनौती स्थल पर आए, परंतु उन्होंने कहा कि वे चुनौती में भाग नहीं लेना चाहते, केवल ई.वी.एम. को बेहतर समझना चाहते हैं। चुनौती में भाग न लेने के बावजूद अनेक राजनीतिक दल ई.वी.एम. में छेड़छाड़ का कोई सबूत न होने पर भी ई.वी.एम. का विरोध करते रहे हैं।

संदर्भ—

1. Democracy at Risk! Can we trust our Electronic Voting Machines—लेखक जी.वी.एल. नरसिम्हा राव, प्रकाशक Citizens for Verifiability, Transparency & Accountability in Elections (VETA)।
2. Electronic Voting Machines Unconstitutional and Tamperable, सुब्रह्मण्यम स्वामी तथा एस. कल्याणरामन द्वारा संपादित एवं

Vision Books Pvt. Ltd द्वारा प्रकाशित।

3. https://indiaevm.org/।
4. https://www.verifiedvoting.org/।
5. https://saveindiandemocracy.wordpress.com/।
6. Security Analysis of India's Electronic Voting Machines, Proc. 17th ACM Conference on Computer and Communications Security (CCS '10), Oct. 2010 में छपा तकनीकी आलेख - दिनांक 11-04-2018 को https://indiaevm.org/evm_tr2010-jul29.pdf से डाउनलोड किया गया।
7. रॉप गांग्रिप, विलेम-जान हैंगेवेल्ड, एंड्रियाज बोक, डर्क एंगलिंग, हानेस मेनहर्ट, फैंक रीजर्स, पास्कल शेफर्स, बैरी वेल्स का आलेख Nedap/Groenendaal ES3B voting computer a security analysis 6 अक्तूबर, 2006 को प्रकाशित। दिनांक 12-04-2018 को—http://wijvertrouwenstemcomputersniet.nl/other/es3b-en.pdf से डाउनलोड किया गया।
8. नथानियल पॉल एवं एंड्रूज एस. का आलेख Trustworthy Voting: From Machine to System, दिनांक 12 जून, 2009 को IEEE journal में छपा। इसे इस लिंक से क्रय किया जा सकता है—https://ieeexplore.ieee.org/document/5070034/।
9. https://indiaevm.org/ पर उपलब्ध ई.वी.एम. की हैकिंग का वीडियो।
10. https://indiaevm.org/transcript.txt पर उपलब्ध ई.वी.एम. हैकिंग के वीडियो की ट्रांसक्रिप्ट।
11. सुब्रह्मण्यम स्वामी का आलेख—Are electronic voting machines tamper-proof ? दिनांक 11-04-2018 को-http://www.thehindu.com/todays-paper/tp-opinion/Are-electronic-voting-machines-tamper-proof/article16579547.ece से डाउनलोड किया गया।
12. सुब्रह्मण्यम स्वामी का आलेख—EVMs are not tamper-proof 7 जून, 2009 को Organizer में प्रकाशित और 11-04-2018 को-http://organiser.org/archives/historic/dynamic/modulesf6b0.html?name=Content&pa=showpage&pid=294&page=2 से डाउनलोड किया गया।

13. 2009 के उड़ीसा चुनावों पर श्री गुलाम नबी आजाद की पत्रकार वार्त्ता पर रिपोर्ट 11-04-2018 को-http://www.thaindian.com/newsportal/politics/voting-machines-manipulated-in-orissa-polls-claims-azad_100206516.html से डाउनलोड किया गया।
14. इलेक्ट्रॉनिक वोटिंग मशीनों पर भारत निर्वाचन आयोग का प्रेस नोट दिनांक 8 अगस्त, 2009, 11-04-2018 को-http://eci.nic.in/Eci_Main1/current/pn080809.pdf से डाउनलोड किया गया।
15. तेलंगाना राष्ट्र समिति के महासचिव एवं पोलित ब्यूरो के सदस्य श्री एस. निरंजन रेड्डी को भारत निर्वाचन आयोग का उत्तर दिनांक 8 जुलाई, 2010, 11-04-2018 को-eci.nic.in/eci_main/recent/Reply%20to%20TRS.doc से डाउनलोड किया गया।
16. श्री वी.वी. राव द्वारा भारत निर्वाचन आयोग को लिखा गया पत्र दिनांक 24 अप्रैल, 2010, 11-04-2018 को-http://www.indianevm.com/pdf/Letter-to-ECI-from-VV-Rao-26April10.pdf से डाउनलोड।
17. भारत निर्वाचन आयोग का प्रेस नोट दिनांक 8 अगस्त, 2009, 13-04-2018 को-http://eci.nic.in/Eci_Main1/current/pn080809.pdf को डाउनलोड किया गया।
18. अगस्त 2009 में आयोजित प्रदर्शन के संबंध में भारत निर्वाचन आयोग का प्रेस नोट दिनांक 1 अगस्त, 2009, 13-04-2018 को-http://eci.nic.in/eci_main1/current/pn010809.pdf से डाउनलोड किया गया।
19. ई.वी.एम. चुनौती पर भारत निर्वाचन आयोग का प्रेस नोट दिनांक 20 मई, 2017 13-04-2018 को-http://eci.nic.in/eci_main1/current/PN42_20052017.pdf से डाउनलोड किया गया।
20. Election Commission's EVM Challenge a damp squib-https://www.livemint.com/Politics/HrKqH82NjU8fq25SPbuFpO/EVM-challenge-EC-kicks-off-its-hackathon-NCP-CPIM-only-c.html।
21. ई.वी.एम. चुनौती संपन्न शीषर्क से भारत निर्वाचन आयोग का प्रेस नोट दिनांक 3 जून, 2017, 13-04-2018 को-http://eci.nic.in/eci_main1/current/PN47_03062017.pdf से डाउनलोड किया गया।
22. दिनांक 4 अक्तूबर, 2010 की सर्वदलीय बैठक पर भारत निर्वाचन आयोग का प्रेस नोट दिनांक 8 अक्तूबर, 2010, 13-04-2018 को-http://eci.nic.in/

eci_main1/current/pn07102010.pdf से डाउनलोड किया गया।

23. https://www.usenix.org/ ।
24. Video of proceedings of Panel on Indian Electronic Voting Machines (EVMs) in EVT-VOTE conference in Washington DC (The video starts at 54 minutes into the programme)- https://c59951.ssl.cf2.rackcdn.com/evtwote10/panel.mp4 ।
25. https://www.usenix.org/conference/evtwote-10/panel-indian-electronic-voting-machines-evms ।
26. http://archive.indianexpress.com/news/us-prof-behind-evm-study-deported-on-arrival/723897/
27. 29 नवंबर, 2013 को टाइम्स ऑफ इंडिया में प्रकाशित खबर–Mystery chip on EVM presses panic button, दिनांक 5–05–2018 को–https://timesofindia.indiatimes.com/assembly-elections-2013/madhya-pradesh-assembly-elections/Mystery-chip-on-EVM-presses-panic-button/articleshow/26546400.cms से डाउनलोड किया गया।
28. 20 मार्च, 2017 को टाइम्स ऑफ इंडिया में प्रकाशित खबर–EVM row revives ghost of mystery chip seized in 2013 MP polls, दिनांक 05–05–2018 को–https://timesofindia.indiatimes.com/city/bhopal/evm-row-revives-ghost-of-mystery-chip-seized-in-2013-mp-polls/articleshow/57722820.cms से डाउनलोड किया गया।
29. 9 दिसंबर, 2017 को इकोनॉमिक टाइम्स में प्रकाशित खबर–Complaint of EVM tampering through bluetooth baseless: EC, दिनांक 05–05–2018 को–https://economictimes.indiatimes.com/news/politics-and-nation/complaint-of-evm-tampering-through-bluetooth-baseless-ec/articleshow/61999322.cms से डाउनलोड किया गया।
30. 29 नवंबर, 2013 को प्रकाशित–MP polls: Congress wants probe into EVM rigging complaints, published दिनांक 05–05–2018 को–https://www.indiatvnews.com/politics/national/mp-polls-congress-wants-probe-into-evm-rigging-complaints-13625.

html से डाउनलोड किया गया।

31. दिनांक 10 अप्रैल, 2017 को इंडिया टुडे में प्रकाशित-How EVM tampering row flared up: Truth behind Bhind experiment of Madhya Pradesh दिनांक 17-05-2018 को https://www.indiatoday.in/india/story/evm-tampering-bhind-madhya-pradesh-970604-2017-04-10 से डाउनलोड किया गया।
32. IndiaEVM-indiaevm.org

□

5

राजनीतिज्ञों के बदलते बयान

ई.वी.एम. पर कोई भी बातचीत बिना इस चर्चा के पूरी नहीं हो सकती कि किस प्रकार राजनीतिक दलों एवं व्यक्तियों ने अपने चुनावी परिणामों के अनुसार अपने बयान बदले हैं। यह साफ तौर पर दिखाता है कि ई.वी.एम. पर अवसरवादी तरीके से आरोप लगाए जाते रहे हैं। भारत में राजनीतिक दल हमें यह विश्वास दिलाना चाहते हैं कि चुनावों में जीत तो उन्हें लोकप्रियता के कारण मिलती है, परंतु हार का कारण ई.वी.एम. में हेरा-फेरी का होता है। भारत में प्रत्येक राजनीतिक दल ने कभी-न-कभी अपनी हार का दोष ई.वी.एम. पर मढ़ा है, परंतु उन्होंने अपनी जीत का श्रेय कभी भी ई.वी.एम. को नहीं दिया है।

यह याद रखना भी आवश्यक है कि भारत में संसद् निर्वाचन कानून बनाती है और निर्वाचन आयोग उन्हें केवल लागू करता है। ई.वी.एम. का उपयोग करने का कानून भी संसद् ने ही बनाया है। उन सभी राजनीतिक दलों के प्रतिनिधि संसद् में हैं, जिन्होंने कभी भी ई.वी.एम. के उपयोग का विरोध किया है। इसलिए सभी के पास अवसर था कि वे कानून बदल सकें और चुनावों में ई.वी.एम. का उपयोग करना बंद करा सकें। ऐसा न होना यह दरशाता है कि ई.वी.एम. के विरुद्ध उनकी शिकायतें जनता के समक्ष दिखावे के लिए अधिक थीं और उन्हें स्वयं भी ई.वी.एम. की कमजोरियों पर विश्वास नहीं है। राजनीतिक दलों और उनके समर्थकों के बदलते हुए बयानों के अनेक उदाहरण नीचे दिए गए हैं।

भारतीय राष्ट्रीय कांग्रेस

भारत की पुरानी पार्टी को ई.वी.एम. का उपयोग प्रारंभ करने का श्रेय लेना चाहिए। प्रधानमंत्री के रूप में इंदिरा गांधी ने ई.वी.एम. का समर्थन किया था। लोकप्रतिनिधित्व अधिनियम में संशोधन करके ई.वी.एम. का उपयोग करने की शक्ति

देने के लिए धारा 61 क उस समय जोड़ी गई, जब राजीव गांधी प्रधानमंत्री थे। नरसिम्हा राव जब प्रधानमंत्री थे, उस समय पहली बार ई.वी.एम. का उपयोग बड़े पैमाने पर हुआ था। यह सभी दूरंदेश नेता थे, जो देश को आधुनिक प्रौद्योगिकी के नए युग में ले जाना चाहते थे। कांग्रेस को ई.वी.एम. का उपयोग प्रारंभ करने में उसके रोल के लिए गर्व होना चाहिए, परंतु हाल ही में भा.ज.पा. की चुनावी जीत और कांग्रेस तथा उसके सहयोगियों की हार के बाद कांग्रेस उनका विरोध करने के जाल में फँस गई। इसके बावजूद कांग्रेस में अभी भी समझदार आवाजें हैं।

वीरप्पा मोइली : एक कांग्रेसी नेता हैं, जिन्होंने सार्वजनिक रूप से पार्टी के रुख के विपरीत बात की है। इंडिया टी.वी. न्यूज की वेबसाइट ने उन्हें यह कहते हुए उद्धृत किया है, "…ई.वी.एम. के विरुद्ध शोर 'हार की मानसिकता' को दरशाता है…" उन्हें यह कहते हुए भी उद्धृत किया गया है, "मैं पूर्व कानून मंत्री हूँ। मेरे समय में ई.वी.एम. का उपयोग प्रारंभ किया गया था और शिकायतें भी आई थीं। हमने उनकी जाँच कराई। फिर तुम्हें इतिहास नहीं भूलना चाहिए। ई.वी.एम. को हम बहुत अच्छी तरह जानते हैं। हमारे समय में (यू.पी.ए.), हमने उनकी जाँच कराई, ई.वी.एम. कारण नहीं हैं। [क्या आप ई.वी.एम. को दोष देंगे] केवल हार के कारण? केवल हार माननेवाले लोग ही ई.वी. एम. को दोष देते हैं।"

कैप्टेन अमरिंदर सिंह : कांग्रेस के नेताओं का बदलता रुख पंजाब के मुख्यमंत्री कैप्टेन अमरिंदर सिंह के बदलते बयानों से साफ हो जाता है।

(क) 2017 में पंजाब चुनावों में उनकी जीत के बाद टाइम्स ऑफ इंडिया की वेबसाइट ने उन्हें उद्धृत किया है, "यदि ई.वी.एम. में छेड़छाड़ हुई होती तो मैं यहाँ न बैठा होता। अकाली होते।"

(ख) दिलचस्प बात यह है कि 2001 में कैप्टेन अमरिंदर सिंह ई.वी.एम. के घोर विरोधी थे। मार्च 2001 में चुनाव हारने के बाद उन्होंने कहा था, "हमें इस बात का यकीन है कि ई.वी.एम. में हेरा-फेरी की जा सकती है और अगले सप्ताह हम नई दिल्ली में मुख्य चुनाव आयुक्त को एक अभ्यावेदन देकर मूल मत-पत्रों की प्रणाली पर लौटने का अनुरोध करेंगे। यदि आयोग हमारी बात नहीं मानेगा तो ई.वी.एम. को चुनावों से बाहर करने के लिए न्यायपालिका का दरवाजा खटखटाने के अतिरिक्त हमारे पास और कोई चारा नहीं होगा।"

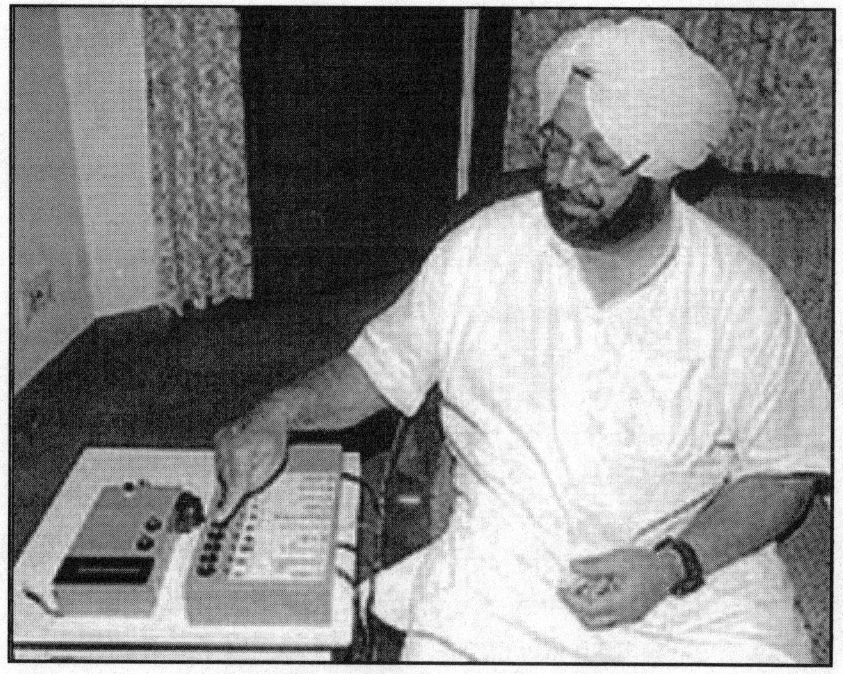

ट्रिब्यून की वेबसाइट से लिया गया ई.वी.एम. हैकिंग का प्रदर्शन करते हुए कैप्टेन अमरिंदर सिंह का फोटो

भारतीय जनता पार्टी और उसके समर्थक

तत्कालीन मुख्य निर्वाचन आयुक्त श्री शकधर द्वारा बुलाई गई पहली राजनीतिक दलों की बैठक में लालकृष्ण आडवाणी और मुरली मनोहर जोशी दोनों ही उपस्थित थे। दोनों ने न केवल मशीन देखी थी, बल्कि बैठक में उन्होंने कई महत्त्वपूर्ण सुझाव भी दिए थे। लालकृष्ण आडवाणी चुनाव सुधारों पर दिनेश गोस्वामी समिति के सदस्य भी थे, जिसने चुनावों में ई.वी.एम. के उपयोग की अनुशंसा की थी। इससे यह बात साफ है कि भा.ज.पा. भी चुनावों में ई.वी.एम. के उपयोग का रास्ता साफ करने की प्रक्रिया का अंग थी। जब लालकृष्ण आडवाणी ने जी.वी.एल. नरसिम्हा राव की पुस्तक 'प्रजातंत्र खतरे में' का प्राक्कथन लिखा तो उन्होंने भारतीय ई.वी.एम. पर कोई आरोप नहीं लगाए। उन्होंने केवल इतना ही कहा था कि वीवीपैट के प्रावधान पर विचार किया जाना चाहिए। यह बात भी दिलचस्प है कि रिमोट इलेक्ट्रॉनिक मतदान का पहला प्रयोग स्थानीय संस्थाओं के चुनावों में गुजरात में उस समय किया गया था, जब वर्तमान प्रधानमंत्री श्री

नरेंद्र मोदी गुजरात के मुख्यमंत्री थे। यह बात साफ है कि भा.ज.पा. प्रौद्योगिकी के विकास और सूचना प्रौद्योगिकी के उपयोग का समर्थन करती है।

जब 2009 में भविष्यवाणियों के विपरीत भा.ज.पा. चुनाव नहीं जीती तो वह हताशा में ई.वी.एम. का विरोध करने लगी, तब जी.वी.एल. नरसिम्हा राव ने अपनी पुस्तक लिखी। सुब्रह्मण्यम स्वामी, जो उस समय जनता पार्टी के अध्यक्ष थे, ने ई.वी.एम. के विरोध में एक पुस्तक संपादित की। उन्होंने निर्वाचन आयोग को लिखा और एक रिट याचिका भी दायर की, परंतु भा.ज.पा. को उनका समर्थन अब साफ है, क्योंकि वे औपचारिक रूप से पार्टी में शामिल हो गए हैं। ई.वी.एम. का विरोध करते हुए भा.ज.पा. की केंद्रीय कार्यकारिणी के सदस्य और महाराष्ट्र भा.ज.पा. के उपाध्यक्ष किरीट सोमैया ने आयोग को अनेक बार लिखा। भा.ज.पा. के शैलेंद्र प्रधान ने मध्य प्रदेश उच्च न्यायालय में एक याचिका लगाई। ओमेश सहगल जैसे भा.ज.पा. समर्थकों ने ई.वी.एम. पर आक्रमण ही कर दिया।

अब देखते हैं कि 2014 के चुनावों में भा.ज.पा. की जीत के बाद क्या हुआ।

जी.वी.एल. नरसिम्हा राव : जब 2017 में गुजरात के चुनाव परिणामों के दिन उनसे टाइम्स नाओ टी.वी. चैनल पर ई.वी.एम. में छेड़छाड़ के बारे में पूछा गया तो उन्होंने ई.वी.एम. का बचाव करते हुए कहा कि वीवीपैट के उपयोग के कारण ई.वी.एम. सुरक्षित हो गई हैं और उनमें कोई हैकिंग संभव नहीं है।

सुब्रह्मण्यम स्वामी : उन्होंने आम आदमी पार्टी द्वारा दिल्ली विधानसभा में प्रदर्शन के बाद में ए.बी.पी. न्यूज से कहा कि वे वीवीपैट लागू होने के बाद ई.वी.एम. से संतुष्ट हैं। उन्होंने वीवीपैट लागू किए जाने का श्रेय भी लिया।

ओमेश सहगल : आम आदमी के प्रदर्शन के बाद क्विंट को दिए एक साक्षात्कार में दिल्ली के पूर्व मुख्य सचिव ने कहा कि वीवीपैट लागू होने के बाद ई.वी.एम. को हैक करना संभव नहीं है।

वेंकय्या नायडू : इंडियन एक्सप्रेस में प्रकाशित पी.टी.आई. के एक समाचार के अनुसार जब नायडू कानून मंत्री थे, उस समय उन्होंने विपक्ष पर चुटकी लेते हुए तिरुवनंतपुरम में प्रेस से कहा था, "कोई मुद्दे न होने के कारण वे (विपक्षी दल) मुद्दों का आविष्कार करने का प्रयास करते हैं और वे ई.वी.एम. के विरुद्ध आरोपों का बहाना अपनी हार के लिए बनाते हैं।"

ऐसा लगता है कि भा.ज.पा. का रुख अब यह है कि वीवीपैट लगाने से ई.वी.एम. अब सुरक्षित हो गई है। यह महज दिखावा है। जो ई.वी.एम. पहले उपयोग की जाती थी, वही आज भी उपयोग की जा रही है। वीवीपैट से ई.वी.एम. में कोई नए

सुरक्षा उपाय नहीं जोड़े गए हैं। ई.वी.एम. पहले भी छेड़छाड़ से मुक्त थीं और आज भी हैं। वीवीपैट मात्र विश्वसनीयता बढ़ाने का तरीका मात्र है, जिसका मशीनों में सुरक्षा के उपायों से कोई संबंध नहीं है। विवाद के अवसर पर वीवीपैट की मतगणना की जाती है, परंतु ऐसा वास्तव में कितने अवसरों पर किया गया है? यदि 100 प्रतिशत वीवीपैट की मतगणना करने का ही उद्देश्य है, तो मतों को इलेक्ट्रॉनिक रूप से रिकॉर्ड करने का कोई कारण ही नहीं रह जाएगा। इससे यह बात साफ है कि भा.ज.पा. अब वीवीपैट के कारण ई.वी.एम. का समर्थन नहीं कर रही है। उसने ई.वी.एम. का विरोध किया, क्योंकि वह चुनाव हार रही थी और अब ई.वी.एम. का समर्थन कर रही है, क्योंकि वह चुनाव जीत रही है। इस बारे में वह अन्य राजनीतिक दलों से भिन्न नहीं है।

बहुजन समाज पार्टी

हाल ही में बहुजन समाज पार्टी मत-पत्रों पर लौटने की माँग करती रही है। बी.एस. पी. की सुप्रीमो मायावती ने तो यहाँ तक कह दिया है कि भा.ज.पा. उत्तर प्रदेश में ई.वी. एम. में हुई हेरा-फेरी के कारण ही चुनाव जीती है, परंतु जब वे 2007 में चुनाव जीती थीं, तब उन्होंने निर्वाचन आयोग की बड़ी प्रशंसा की थी। दिनांक 28 मई, 2007 की इकोनॉमिक टाइम्स की एक रिपोर्ट में उन्हें यह कहते हुए उद्धृत किया गया है, "मैं मुख्य निर्वाचन आयुक्त से मिली और उन्हें उत्तर प्रदेश में स्वतंत्र और निष्पक्ष चुनाव कराने के लिए धन्यवाद दिया।"

समाजवादी पार्टी

अखिलेश यादव ने भी उत्तर प्रदेश में अपनी बड़ी हार के बाद मत-पत्रों पर लौटने की माँग की है, परंतु मैंने स्वयं समाजवादी पार्टी के अनेक प्रतिनिधियों और वरिष्ठ नेताओं को चुनाव जीतने के बाद बैठकों में आयोग की प्रशंसा करते हुए सुना है। उस समय उन्हें वही ई.वी.एम. अविश्वसनीय नहीं लगी थीं।

तृणमूल कांग्रेस

हाल में तृणमूल कांग्रेस की मुखिया ममता बनर्जी ई.वी.एम. विरोधी शिकायतों की अगुवाई करती रही हैं, परंतु फर्स्ट पोस्ट की दिनांक 16 फरवरी, 2015 की एक पोस्ट में उन्होंने भी निर्वाचन आयोग को शांतिपूर्ण चुनावों में मतदाताओं को स्वतंत्र रूप से मतदान करने का अवसर देने के लिए धन्यवाद दिया था। डी.एन.ए. ने भी 15 अप्रैल, 2014 को लिखा है कि 'यह वही थीं, जिन्होंने 2009 और 2011 में लोकसभा

और विधानसभा चुनावों में पासा पलटकर जीतने पर निर्वाचन आयोग के रोल की प्रशंसा की थी।'

आम आदमी पार्टी

आज शायद आम आदमी पार्टी ई.वी.एम. की सबसे मुखर विरोधी है। उसने ई.वी.एम. की कमजोरियों पर दिल्ली विधानसभा में एक ई.वी.एम. जैसी दिखनेवाली मशीन पर प्रदर्शन किया था। उसने ई.वी.एम. का विरोध करते हुए अनेक बार निर्वाचन आयोग को भी लिखा है, परंतु आम आदमी पार्टी ने उस समय कोई शिकायत नहीं की, जब वह प्रबल बहुमत से 2013 का दिल्ली चुनाव जीती थी। उसने सक्रिय रूप से गैर-पक्षपातपूर्ण रहने के लिए निर्वाचन आयोग की प्रशंसा भी की थी। यह बात दिलचस्प है कि जब आम आदमी पार्टी ई.वी.एम. के विरोध में आरोप लगा रही थी, उस समय ही, जब बवाना उप-चुनाव जीतने पर पत्रकारों द्वारा उनसे उनकी जीत पर ई.वी.एम. के प्रभाव के बारे में पूछा गया तो आम आदमी पार्टी के प्रतिनिधि ने कहा कि पुरानी ई.वी.एम. खराब थीं, परंतु नई ई.वी.एम. अच्छी हैं।

ए.आई.ए.डी.एम.के.

हालाँकि ए.आई.ए.डी.एम.के. ई.वी.एम. के विरुद्ध आरोप लगाती रही है, परंतु उनकी नेता स्वर्गीय जयललिता ने निर्वाचन आयोग की निष्पक्षता की प्रशंसा अनेक अवसरों पर की है। फ्रंटलाइन में 2011 में छपी एक खबर में कहा गया है, 'उन्होंने ए.आई.ए.डी.एम.के. को चुनने के लिए मतदाताओं के प्रति गहरा आभार व्यक्त किया और निर्वाचन आयोग की 'बहुत अच्छा कार्य' करने और स्वतंत्र एवं निष्पक्ष चुनाव कराने के लिए प्रशंसा की।'

सारांश में सभी राजनीतिक दलों के वरिष्ठ नेताओं के बयानों से यह बात साफ है कि वे उस समय ई.वी.एम. पर आक्रमण नहीं करते, जब वे चुनाव जीतते हैं, परंतु चुनाव हारने पर जब वे यह सच स्वीकार नहीं कर पाते कि उनकी लोकप्रियता कम हो गई है तब ई.वी.एम. का विरोध करना उनका पसंदीदा कार्य बन जाता है।

संदर्भ—

1. 1.2017 में ई.वी.एम. पर वीरप्पा मोइली-https://www.indiatvnews.com/politics/national-congress-leader-veerappa-moily-defends-evms-slams-party-members-for-joining-defeatist-

mindset-376710।

2. 2017 में ईवी.एम. पर कैप्टेन अमरिंदर सिंह–https://timesofindia.indiatimes.com/india/if-evms-were-tampered-with-i-wouldnt-have-been-in-power-amarinder-singh/articleshow/58153049.cms।
3. 2017 में ईवी.एम. पर कैप्टेन अमरिंदर सिंह-https://swarajyamag.com/insta/evm-row-embarrassmentforcongres-as-amarinder-singh-and-moily-refuse-to-parrot-party-line
4. 2001 में ई.वी.एम. के विरोध में कैप्टेन अमरिंदर सिंह–http://www.tribuneindia.com/2001/20010312/main4.htm।
5. टाइम्स नाओ टी.वी. चैनल पर ई.वी.एम. का बचाव करते हुए जी.वी.एल. नरसिम्हा राव का वीडियो–https://www.youtube.com/watch?v=Apv5A86rsYU&index=157&list=PLAQGzpyU01aGJCO7hvpjbnJQdXLM1eKhO
6. 2017 में ई.वी.एम. हैकिंग की संभावना पर आम आदमी पार्टी के प्रदर्शन के बाद क्वेंट को दिल्ली के पूर्व मुख्य सचिव ओमेश सहगल द्वारा दिए गए साक्षात्कार का वीडियो – दिनांक 11-04-2018 को–https://www.thequint.com/news/india/delhi-ex-chief-secretary-on-aap-evm-expose से डाउनलोड किया गया।
7. आम आदमी पार्टी के प्रदर्शन के बाद ए.बी.पी. न्यूज पर सुब्रह्मण्यम स्वामी का वीडियो, जिसमें वे कह रहे हैं कि वे वीवीपैट के बाद ई.वी.एम. से संतुष्ट हैं – https://www.youtube.com/watch?v=RrsPVAOQDj0।
8. तिरुवनंतपुरम में वेंकय्या नायडू http://indianexpress.com/article/india/opposition-allegation-on-evms-absurd-m-venkaiah-naidu-4611956/
9. 2017 के उत्तर प्रदेश चुनावों के बाद मायावती ने ई.वी. एम. को दोष दिया, दिनांक 11-04-2018 को–http://www.business-standard.com/elections/uttar-pradesh-assembly-elections-2017/election-results-2017-mayawati-alleges-evm-tampering-asks-ec-for-up-repoll-117031100396_1.html से डाउनलोड किया गया।
10. उत्तर प्रदेश चुनाव जीतने के बाद मायावती ने निर्वाचन आयोग को धन्यवाद दिया और धन्यवाद देने के लिए मुख्य निर्वाचन आयुक्त से भेंट की, दिनांक

11-04-2018 को—https://economictimes.indiatimes.com/news/politics-and-nation/mayawati-pays-cec-a-thank-you-visit/articleshow/2078396.cms से डाउनलोड किया।

11. आगे के चुनाव मत-पत्रों से कराएँ : निर्वाचन आयोग से अखिलेश यादव ने कहा, http://www.newindianexpress.com/nation/2017/may/09/hold-future-polls-through-ballot-papers-akhilesh-yadav-to-election-commission-1602998.html।
12. ई.वी.एम. विवाद पर ममता बनर्जी : निर्वाचन आयोग को सर्वदलीय बैठक बुलानी चाहिए- https://www.indiatoday.in/india/story/evm-tampering-election-commission-mamata-banerjee-uttar-pradesh-election-all party-meeting-966222-2017-03-18
13. https://www.firstpost.com/india/grateful-bengal-trusting-us-says-mamata-bypoll-win-2101435.html
14. http://www.dnaindia.com/analysis/standpoint-why-does-mamata-banerjee-think-election-commission-and-everyone-else-is-the-opposition-1978482।
15. आम आदमी पार्टी ने चुनाव संचालन में सक्रिय रूप से निष्पक्ष रहने के लिए निर्वाचन आयोग की प्रशंसा की-https://economictimes.indiatimes.com/news/politics-and-nation/delhi-election-2013-aap-congratulates-delhi-voters-for-record-turnout/articleshow/26865938.cms
16. नई ई.वी.एम. अच्छी हैं, पुरानी ई.वी.एम. बुरी थीं : बवाना उपचुनाव परिणाम के बाद आम आदमी पार्टी-https://www.indiatoday.in/india/story/evms-old-evms-aap-bawana-bypoll-result-bjp-delhi-1031602-2017-08-29
17. http://www.frontline.in/static/html/fl2811/stories/20110603281101000.htm।

□

6

भारतीय ई.वी.एम. छेड़छाड़मुक्त हैं

इस अध्याय में हम भारत निर्वाचन आयोग के ई.वी.एम. के छेड़छाड़मुक्त होने के दावे के तकनीकी आधार पर चर्चा करेंगे। ई.वी.एम. में छेड़छाड़ का उद्देश्य किसी के पक्ष में परिणाम लाने के लिए वोट चुराना ही हो सकता है। यह केवल तीन प्रकार से ही हो सकता है—

1. सबसे अधिक यह आरोप लगाया जाता है कि ई.वी.एम. के बैलेट यूनिट पर उस बटन से सामने की लाइट नहीं जली, जिसे मतदाता ने दबाया था, बल्कि वोट किसी अन्य प्रत्याशी को चला गया।
2. दूसरा आरोप यह लगता है कि पहले तो वोट सही प्रत्याशी को जाता है, परंतु बात में ई.वी.एम. की मेमोरी में बदलकर किसी अन्य प्रत्याशी को चला जाता है।
3. तीसरा आरोप यह है कि मेमोरी में तो वोट सही रिकॉर्ड होती है और बदलती भी नहीं, परंतु कंट्रोल यूनिट के डिस्प्ले को इस प्रकार हैक कर दिया जाता है कि परिणाम कुछ और ही दिखाई पड़ता है।

विभिन्न लोगों ने बदनामी करने से लेकर पूरी तरह से फ्रॉड और चीटिंग तक के अनेक आरोप लगाए हैं। ये आरोप अखबारों के आलेखों, टेलीविजन चर्चाओं, वैज्ञानिक आलेखों, सम्मेलनों, न्यायालयों के समक्ष याचिकाओं, निर्वाचन आयोग को लिखे गए पत्रों, आयोग के साथ बैठकों और सूचना के अधिकार के अंतर्गत लगाए गए प्रश्नों तक में लगाए गए हैं। इन आरोपों की सूची नीचे दी गई है। यह सूची संपूर्ण नहीं है, परंतु इससे यह अंदाज अवश्य लग जाता है कि किस प्रकार के आरोप लगाए गए हैं।

1. यह आरोप लगाया गया है कि ई.सी.आई.एल. एवं बी.ई.एल. पर निर्वाचन आयोग का वास्तविक नियंत्रण नहीं है। ऐसा कहकर यह संकेत किया जाता है कि ई.सी.आई.एल. एवं बी.ई.एल. सरकार द्वारा नियंत्रित होने के कारण

सरकार के पक्ष में ई.वी.एम. में दुर्भावनापूर्ण हार्डवेयर एवं सॉफ्टवेयर लगा सकती हैं।

2. ई.वी.एम. के विरोधी यह भी कहते हैं कि ई.सी.आई.एल. एवं बी.ई.एल. ई.वी.एम. का रखरखाव उप-ठेके पर देते हैं, जिन पर उनका वास्तविक नियंत्रण नहीं है, इसलिए उप-ठेकेदारों को भी ई.वी.एम. में हेरा-फेरी करने का अवसर रहता है।
3. ई.वी.एम. में लगाया गया चिप भारत के बाहर बनता है, इसलिए ई.सी.आई.एल. एवं बी.ई.एल. का वास्तविक नियंत्रण चिप पर सॉफ्टवेयर लिखने पर नहीं है। संकेत यह है कि अन्य देशों के लोग भारत के चुनावों को प्रभावित करने के लिए चिप में सॉफ्टवेयर बदल सकते हैं।
4. निर्वाचन आयोग ने सॉफ्टवेयर की जाँच नहीं की है। संकेत यह है कि निर्वाचन आयोग में कोई तकनीकी ज्ञान नहीं है, इसलिए वे यह जिम्मा नहीं ले सकते कि ई.वी.एम. छेड़छाड़ से मुक्त हैं।
5. ई.सी.आई.एल. एवं बी.ई.एल. को पेटेंट देने से इनकार कर दिया गया। संकेत यह है कि पेटेंट देने से इसलिए मना किया गया, क्योंकि ई.वी.एम. सुरक्षित नहीं हैं, परंतु पेटेंट का सुरक्षा से कोई संबंध नहीं है। पेटेंट केवल इस बात के लिए दिया जाता है कि उत्पाद/प्रक्रिया मौलिक है किसी की नकल नहीं।
6. चुनावों के बीच भंडारण ढीला-ढाला होता है। संकेत यह है कि भंडारण के समय ई.वी.एम. में छेड़छाड़ के अवसर रहते हैं।
7. ई.वी.एम. का रेंडमाइजेशन ठीक प्रकार से नहीं होता। यह निर्वाचन आयोग की इस बात का उत्तर है कि क्योंकि मतदान के दिन तक किसी को पता नहीं होता कि कौन सी ई.वी.एम. का उपयोग किस मतदान केंद्र में होगा, इसलिए केवल कुछ ई.वी.एम. में छेड़छाड़ करने से किसी प्रत्याशी को लाभ नहीं होगा।
8. चुनावों के पूर्व ई.वी.एम. की जाँच ठीक प्रकार से नहीं की जाती। संकेत यह है कि छेड़छाड़ की गई ई.वी.एम. का चुनावों में उपयोग किया जाना कठिन नहीं है।
9. मतदान के दौरान ई.वी.एम. में खराबी की घटनाओं को ई.वी.एम. में छेड़छाड़ के सबूत के रूप में पेश किया गया है।

   (क) गलत प्रत्याशी के बटन के समक्ष लाइट जलने की घटनाएँ।

   (ख) लाइट का बिल्कुल ही न जलना।

(ग) बीप की आवाज न होना या लगातार बीप की आवाज जारी रहना।

(घ) बटन अटक जाना।

ई.वी.एम. में छेड़छाड़ के आरोपों को दो भागों में बाँटा जा सकता है – हार्डवेयर में छेड़छाड़ के आरोप और सॉफ्टवेयर में छेड़छाड़ के आरोप।

सॉफ्टवेयर में छेड़छाड़ के आरोप—सॉफ्टवेयर के संबंध में 2 प्रकार के आरोप हैं—

1. ई.वी.एम. के निर्माण के समय उसके सॉफ्टवेयर में कंप्यूटर वायरस या ट्रोजन हार्स डाला जा सकता है, जिसे ई.वी.एम. के कंट्रोल यूनिट अथवा बैलेट यूनिट पर पूर्वनिर्धारित बटन दवाकर कभी भी सक्रिय किया जा सकता है। इसलिए जाँच और मॉक पॉल के समय ई.वी.एम. सही परिणाम देगी, परंतु जब मतदान के दिन ट्रोजन हार्स या कंप्यूटर वायरस को सक्रिय कर दिया जाएगा तो वह किसी खास प्रत्याशी के पक्ष में मत रिकॉर्ड करेगी। मतदाता धोखा खा जाएगा, क्योंकि लाइट उसी प्रत्याशी के बटन के सामने जलेगी, जो बटन उसने दबाया है, परंतु वोट अन्य प्रत्याशी को जाएगा। यह आरोप भी लगाया गया है कि कोई व्यक्ति अपने मोबाइल फोन/कंप्यूटर पर ब्लूटूथ या वाई–फाई के द्वारा ई.वी.एम. के परिणाम बदल सकता है।
2. निर्माण के बाद भी ई.वी.एम. में कभी भी कंप्यूटर वायरस डाला जा सकता है।

हार्डवेयर में छेड़छाड़ के आरोप—ये आरोप लगाए गए हैं कि ई.वी.एम. का हार्डवेयर विशेष रूप से चिप या डिस्प्ले कभी भी निर्वाचन आयोग के अधिकारियों की जानकारी के बगैर या उनकी मिलीभगत से बदला जा सकता है। नए हार्डवेयर में दुर्भावनापूर्ण सॉफ्टवेयर होगा, जो ई.वी.एम. का पूरा नियंत्रण किसी फ्रॉड करनेवाले बाहरी व्यक्ति को दे देगा, जो किसी भी प्रत्याशी के पक्ष में परिणाम बदल सकेगा।

सॉफ्टवेयर में छेड़छाड़ संभव नहीं है

ई.वी.एम. के निर्माण के बाद उसमें दुर्भावनापूर्ण सॉफ्टवेयर नहीं डाला जा सकता

कुछ लोगों ने आरोप लगाया है कि भौतिक रूप से कोई पुर्जा ई.वी.एम. में लगाकर उसमें दुर्भावनापूर्ण सॉफ्टवेयर डाला जा सकता है। अन्य ने आरोप लगाया है कि यह कार्य दूर से भी किया जा सकता है। आइए देखें कि यह दोनों ही बातें क्यों संभव नहीं हैं।

दूर से ई.वी.एम. तक कोई पहुँच नहीं है

लोगों ने कहा है कि जब दुनिया की सबसे सुरक्षित कंप्यूटर प्रणाली पेंटागान को हैक किया जा सकता है तो ई.वी.एम. को क्यों नहीं? ऐसा आरोप लगानेवाले शायद यह नहीं जानते कि दूर से किसी कंप्यूटर को हैक करने के लिए उसका किसी नेटवर्क से जुड़ा होना अनिवार्य है। पेंटागान अपना कार्य करने के लिए अनेक नेटवर्कों से जुड़ा हुआ है। इसलिए पेंटागान की सुरक्षा की कई परतों में भी हैक करके उस तक दूर से पहुँच बनाना, भौतिक रूप से संभव है। भारत की ई.वी.एम. किसी नेटवर्क से नहीं जुड़ी हैं। उनमें न तो कोई ट्रांसमीटर है और न कोई रिसीवर। उसमें वायरलेस संपर्क के लिए कोई एंटीना भी नहीं है। भारतीय ई.वी.एम. जी.एस.एम., ब्लूटूथ, वाई–फाई, एवं तारयुक्त किसी भी तरीके से किसी भी नेटवर्क से नहीं जोड़ी जा सकतीं। इसके अतिरिक्त हमारी ई.वी.एम. ई.एम.आई. एवं ई.एम.सी. की शर्तें भी पूरी करती हैं। इसका अर्थ यह है कि बड़े विद्युत और विद्युत–चुंबकीय संकेतों का भी उन पर असर नहीं होता है। ई.वी.एम. में दूर से कोई पहुँच नहीं हो सकती, क्योंकि उनमें न तो इसका हार्डवेयर (एंटीना, रिसीवर, ट्रांसमीटर आदि) और न ही संपर्क के लिए सॉफ्टवेयर है। ई.वी.एम. में दूर से पहुँच संभव ही नहीं है। दरवाजे बंद नहीं हैं, बल्कि दरवाजे हैं ही नहीं। कोई भी दूर से ई.वी.एम. तक पहुँच बना ही नहीं सकता। दूर से ई.वी.एम. के सॉफ्टवेयर या मेमोरी में परिवर्तन करना संभव ही नहीं है। इसलिए किसी नेटवर्क के माध्यम से दूर से कोई दुर्भावनापूर्ण सॉफ्टवेयर डालना संभव नहीं है।

भौतिक पहुँच होने पर भी सॉफ्टवेयर में परिवर्तन करना संभव नहीं है

ई.सी.आई.एल. का ई.वी.एम. का माइक्रोकंट्रोलर चिप वन टाइम प्रोग्रामेबल (ओ.टी.पी.) है और बी.ई.एल. का रॉम मास्क्ड है (इसलिए प्रोग्रामेबल है ही नहीं)। दोनों प्रकार के चिप में एक बार लिखा जाने के बाद चिप के सॉफ्टवेयर में परिवर्तन संभव नहीं है। इसलिए निर्माण के बाद चिप में सॉफ्टवेयर में बदलाव संभव नहीं है, चाहे ई.वी.एम. तक भौतिक पहुँच हो भी जाए।

दुर्भावनापूर्ण सॉफ्टवेयर निर्माण के समय नहीं डाला जा सकता

क्योंकि यह बात स्थापित है कि निर्माण के बाद ई.वी.एम. के सॉफ्टवेयर में कोई परिर्वतन संभव नहीं है, इसलिए ई.वी.एम. के विराधियों ने यह आरोप लगाना प्रारंभ कर दिया कि दुर्भावनापूर्ण सॉफ्टवेयर निर्माण के समय ही चिप में डाल दी गई है, जिसे किसी भी समय पूर्वनिर्धारित बटन दबाकर सक्रिय किया जा सकता है। यह नीचे स्पष्ट किया

गया है कि भारतीय ई.वी.एम. में ऐसा क्यों संभव नहीं है।

1. **अब चिप की प्रोग्रामिंग ई.सी.आई.एल. एवं बी.ई.एल. में ही की जाती है :** पहले ई.सी.आई.एल. एवं बी.ई.एल. द्वारा तैयार किया गया सॉफ्टवेयर चिप निर्माता के पास भेजा जाता था, जिसे चिप निर्माण के समय उसमें लिख दिया जाता था। ऐसे संदेह व्यक्त किए गए थे कि चिप निर्माता बिना ई.सी. आई.एल. एवं बी.ई.एल. की जानकारी के ही सॉफ्टवेयर में बदलाव कर सकते थे। ऐसी अटकलों पर विराम लगाने के लिए ई.सी.आई.एल. एवं बी.ई.एल. ने सॉफ्टवेयर चिप निर्माताओं को भेजना बंद कर दिया। अब चिपों पर प्रोग्राम ई.सी.आई.एल. एवं बी.ई.एल. द्वारा अपनी फैक्टरी में ही लिखा जाता है और इसके बाद चिप के दरवाजे बंद कर दिए जाते हैं। इसलिए अब चिप निर्माताओं को सॉफ्टवेयर (बाइनरी या सोर्सकोड आदि किसी भी रूप में) प्राप्त नहीं होता।
2. **सुरक्षित निर्माण प्रक्रिया :** ई.सी.आई.एल. एवं बी.ई.एल. सुरक्षित निर्माण प्रक्रिया अपनाती हैं, जिससे यह सुनिश्चित होता है कि केवल प्राधिकृत सॉफ्टवेयर ही चिप पर लिखा जाए। यह प्रक्रिया इस अध्याय में बाद में विस्तार से बताई गई है।
3. **पी.के.आई. अधोसंरचना :** भारत में निर्मित सभी ई.वी.एम. में अब पी.के. आई. है। इसमें एक पब्लिक की और एक निजी की का उपयोग किया जाता है और पब्लिक की पर अधिकृत सी.ए. द्वारा जारी डिजिटल प्रमाण-पत्र होता है। इसका उपयोग गोपनीय जानकारी के एनक्रिप्शन के लिए तो किया ही जाता है, यह ई.वी.एम. के पुर्जों की पहचान भी स्थापित करता है। पी.के.आई. का उपयोग पूरी दुनिया में डिजिटल प्लेटफॉर्मों पर प्रमाणीकरण और पहचान स्थापित करने के लिए किया जाता है। पी.के.आई. के द्वारा कंपनियाँ आसानी से क्षेत्र में अपनी ई.वी.एम. को पहचान सकती हैं और न केवल जाली और ई.वी.एम. जैसी दिखनेवाली मशीनों को पहचान सकती हैं, बल्कि यह भी पता कर सकती हैं कि ई.वी.एम. के कुछ पुर्जे तो नहीं बदले गए हैं। इससे ई.वी.एम. में हार्डवेयर हैकिंग को रोका जा सकता है।
4. **अंदरूनी फ्रॉड को रोकने के लिए कोड सत्यापन :** यह आरोप लगाया गया है कि अंदरूनी लोग चिप में लिखे जाने के पहले सॉफ्टवेयर कोड में परिवर्तन कर सकते हैं। हालाँकि सुरक्षित निर्माण प्रक्रिया के कारण ऐसा करना संभव नहीं है, फिर भी इसे रोकने के लिए एक चुनौती प्रत्युत्तर प्रणाली

ई.वी.एम. में बनाई गई है। चिप में पी.के.आई. प्रमाण–पत्र लिखे जाने के पूर्व सर्वर से ई.वी.एम. के यूनिट को एक रैंडम चुनौती दी जाती है, जिसे सर्वर सत्यापित करता है। यह रैंडम चुनौती बाइनरी प्रोग्राम कोड का हिस्सा है। चुनौती और उसके उत्तर का सत्यापन किए जाने के बाद ही प्रमाण–पत्र चिप पर लिखा जाता है।

5. **मशीन चालू होने पर स्व–जाँच और कोड सत्यापन :** जब कभी ई.वी. एम. को स्विच ऑन किया जाता है, वह एक स्व–जाँच करती है और यह सुनिश्चित करती है कि उसके सभी पुर्जे और चिप का कोड सही है। यदि ऐसा नहीं होगा तो ई.वी.एम. चालू नहीं होगी और त्रुटि दर्शाएगी।
6. **बी.यू., सी.यू. और वीवीपैट जैसे अन्य यूनिटों का हैंडशेक :** ई.वी.एम. में कम–से–कम 2 यूनिटों का उपयोग तो किया ही जाता है—एक बी.यू. एवं एक सी.यू. वीवीपैट जैसी अन्य यूनिट भी जोड़ी जा सकती हैं। इससे भी ई.वी. एम. के पुर्जों एवं कोड के सत्यापन का अवसर मिलता है। जब भी दो यूनिट आपस में जोड़ी जाती हैं तो वे एक–दूसरे के पुर्जों और कोड का सत्यापन करती हैं। इसे हाथ मिलाना (हैंडशेक) कहा जाता है। यदि वे एक–दूसरे को सत्यापित न कर सकें तो वे काम नहीं करेंगे और त्रुटि प्रदर्शित करेंगे, क्योंकि बी.यू. एवं सी.यू. को चुनावों के पहले रेंडमाइज किया जाता है, इसलिए ऐसी संभावना कम ही है कि एक ही मतदान केंद्र के बी.यू. और सी.यू. दोनों से ही छेड़छाड़ की गई हो। इसके अतिरिक्त आयोग के अधिकारी अपने साथ अधिकृत यूनिट लेकर जा सकते हैं, जिनसे मतदान के पूर्व हैंडशेक कराके जाँच कर ली जाए।
7. **भारत निर्वाचन आयोग द्वारा लागू किया गया कोड सत्यापन प्रोटोकाल :** भारत निर्वाचन आयोग ने नए मॉडल की ई.वी.एम. की एफ.एल.सी. में एक नया प्रोटोकाल लागू किया है, जिसमें कोड सत्यापन किया जाना है। कोड सत्यापन के लिए दो प्रकार की प्रक्रिया की जा सकती है—

   (क) **एफ.एल.सी.यू. द्वारा कोड सत्यापन :** ई.वी.एम. में एफ.एल. सी.यू. नामक एक नई यूनिट ई.वी.एम. में जोड़ी गई है। यह चुनौती प्रत्युत्तर प्रणाली से कोड का सत्यापन करती है। जाँच की जा रही ई.वी.एम. तथा सत्यापन करनेवाले यूनिट को एक ही चुनौती भेजी जाती है। कई अलग–अलग प्रकार की चुनौतियाँ दी जा सकती हैं। एक प्रकार की चुनौती में मेमोरी की किसी विशिष्ट लोकेशन से डेटा

माँगा जा सकता है। इसके बाद इसके हैश की गणना करके तुलना की जाती है। दूसरे प्रकार की चुनौती प्रत्युत्तर प्रणाली में जाँच की जा रही यूनिट तथा सत्यापन करने वाली यूनिट से उत्तर प्राप्त होने में लगने वाले समय की गणना करके तुलना की जाती है।

(ख) **ई.वी.एम. से कोड डंप :** नए मॉडल की ई.वी.एम. में एक ऐसी प्रणाली है, जिसमें ई.वी.एम. का पूरा कोड बाइनरी कोड के रूप में बाहर डंप किया जा सकता है और उसकी प्रत्येक बाइट को पढ़कर मूल बाइनरी कोड से उसकी तुलना की जा सकती है। यह सर्वोत्कृष्ट परीक्षण है, जिससे दुर्भावनापूर्ण सॉफ्टवेयर डालने के सभी आरोप समाप्त हो जाते हैं।

हार्डवेयर में छेड़छाड़ भी संभव नहीं है

के. हरिप्रसाद एवं साथियों द्वारा ई.वी.एम. के हार्डवेयर में परिवर्तन करके आक्रमण का प्रदर्शन किया गया था। ये आक्रमण उन्होंने एक आलेख और वीडियो में विस्तार से वर्णित किए हैं। दोनों ही indiaevm.org वेबसाइट पर उपलब्ध हैं। उन्होंने 2 प्रकार के आक्रमण किए और दोनों ही हार्डवेयर में परिवर्तन करके किए गए थे—

1. **बेईमान डिस्प्ले आक्रमण :** पहला आक्रमण सी.यू. में डिस्प्ले को बदलकर किया गया था। उन्होंने मूल डिस्प्ले को बदलकर एक ऐसा डिस्प्ले लगाया, जिसमें ब्लूटूथ वायरलेस रिसीवर लगा था। इस डिस्प्ले को ऐसे प्रोग्राम किया गया था कि वह मेमोरी में रखे डेटा को दिखाने के स्थान पर दूर से टेलीफोन द्वारा भेजे गए नंबर दिखाए। इस प्रकार उन्होंने बिना मेमोरी का डेटा बदले हुए ही बदला हुआ परिणाम दिखाया।

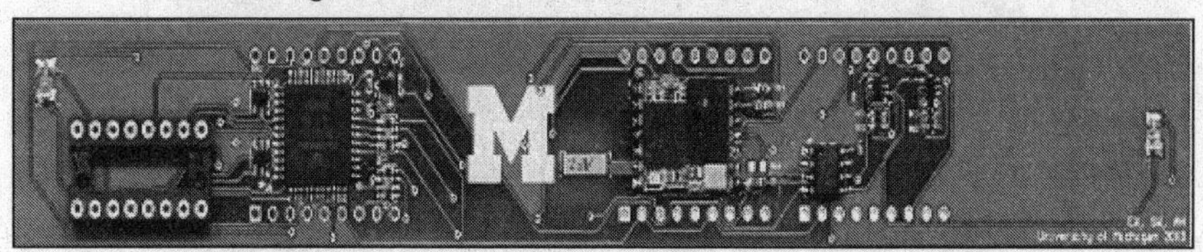

2. **मेमोरी पर क्लिप लगाकर आक्रमण :** दूसरे प्रकार का आक्रमण सी.यू. की मेमोरी में डेटा को बदलकर किया। इसमें एक युक्ति को सीधा EEPROM मेमोरी चिप पर एक क्लिप के रूप में लगा दिया। यह युक्ति मेमोरी का डेटा पढ़ सकती है और उसे बदल भी सकती है।

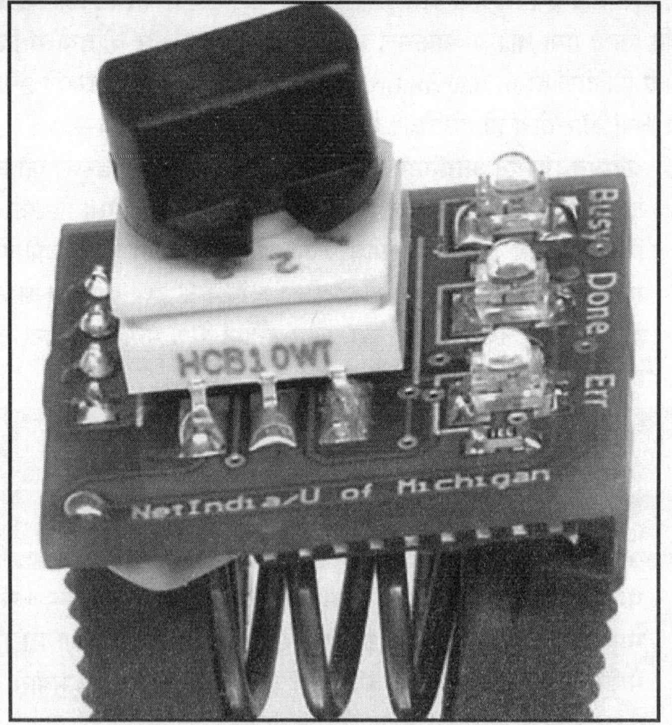

हरिप्रसाद एवं अन्य के आलेख से लिये गए फोटो [स्रोत: IndiaEVM]

हार्डवेयर बदलकर अन्य प्रकार के आक्रमण भी किए जा सकते हैं। निर्वाचन आयोग ने यह साफ किया है कि यदि हार्डवेयर को बदल दिया जाता है तो वह ई.वी.एम. निर्वाचन आयोग की ई.वी.एम. रह ही नहीं जाती, परंतु यह तर्क ई.वी.एम. के विरोधियों के लिए काफी नहीं है। यदि हार्डवेयर बदली हुई मशीन का उपयोग चुनावों में वोट चुराने के लिए किया जा सकता है तो इससे कोई फर्क नहीं पड़ता कि वह तकनीकी रूप से भारत निर्वाचन आयोग की ई.वी.एम. नहीं है। यह आवश्यक है कि ऐसा प्रबंध किया जाए कि ई.वी.एम. में कोई हार्डवेयर परिवर्तन संभव ही न हो। यह प्रबंध निम्नलिखित तरीकों से किया गया—

1. विशिष्ट संरक्षण सर्किट : ई.वी.एम. में एक विशिष्ट छेड़छाड़ पकड़ने वाला सर्किट लगाया गया है, जिसके कारण ई.वी.एम. के महत्त्वपूर्ण पुर्जों तक पहुँचने के प्रयास करने पर मशीन अनुपयोगी हो जाती है। चिप और डिस्प्ले सहित सभी महत्त्वपूर्ण पुर्जे इस सर्किट से संरक्षित हैं। यदि ई.वी.एम. का बाहरी कवर, कुछ माइक्रोन भी खोला जाता है तो यह सर्किट टूट जाता है और ई.वी.एम. अनुपयोगी होकर फैक्टरी मोड में चली जाती है। इसके बाद ई.वी.एम. को पूर्ण जाँच एवं दोबारा सक्रिय करने के लिए रीसेट करने हेतु फैक्टरी में भेजना अनिवार्य हो जाता है। ऐसा होने पर इसे विशिष्ट उपकरणों से हार्डवेयर में बदलाव के लिए चेक किया जाता है।

2. पी.के.आई. : क्योंकि ई.वी.एम. के प्रत्येक पुर्जे पर पी.के.आई. प्रमाण-पत्र होता है, जिसकी जाँच उपयोग के पहले हर बार क्षेत्र में की जाती है, इसलिए हार्डवेयर का बदलाव आसानी से पकड़ा जाएगा, क्योंकि बदले हुए पुर्जे पर वैध पी.के.आई. प्रमाण-पत्र नहीं होगा।

3. कोड सत्यापन : क्योंकि हार्डवेयर बदलाव का उद्देश्य ही ई.वी.एम. में दुर्भावनापूर्ण सॉफ्टवेयर डालना है, इसलिए कोड सत्यापन से भी हार्डवेयर का बदलाव पकड़ा जा सकता है।

यह बात साफ है कि ई.वी.एम. में दुर्भावनापूर्ण सॉफ्टवेयर डालना न तो अंदरूनी फ्रॉड से संभव है और न बाहरी हस्तक्षेप से। ऐसा करना न तो निर्माण के समय संभव है और न ही बाद में। भारतीय ई.वी.एम. में हार्डवेयर के पुर्जों में बदलाव आदि भी संभव नहीं है।

ई.वी.एम. के छेड़छाड़ से मुक्त होने के संबंध में अन्य तर्क—यह साफ है कि किसी भी स्टेज पर ई.वी.एम. में छेड़छाड़ करना तकनीकी रूप से संभव नहीं है। ई.वी.एम. में छेड़छाड़ न होने के संबंध में निर्वाचन आयोग ने कुछ अन्य तर्क भी दिए हैं—

1. अनेक चुनावों में उन्हीं ई.वी.एम. का उपयोग किया गया है, जिनमें अलग-

अलग राजनीतिक दल उस समय उनकी लोकप्रियता के आधार पर जीते अथवा हारे हैं। इससे यह साफ है कि ई.वी.एम. में कोई छेड़छाड़ नहीं हुई है।

2. ई.वी.एम. के विरोधी यह कहते हैं कि ई.सी.आई.एल. एवं बी.ई.एल. सरकारी कंपनियाँ होने के कारण सरकार द्वारा नियंत्रित है, जिसका तात्पर्य है कि निर्माण के समय सरकार उनसे सत्ताधारी दल के पक्ष में ई.वी.एम. में हेरा-फेरी करा सकती है, परंतु अनेक अवसरों पर सत्ताधारी राजनीतिक दल केंद्र तथा राज्य दोनों ही में चुनाव हारे हैं।
3. प्रत्याशियों की सूची वर्णक्रमानुसार बनाई जाती है। इसलिए एक ही चुनाव में भी अलग-अलग निर्वाचन क्षेत्रों में एक ही राजनीतिक पार्टी के प्रत्याशियों के लिए अलग-अलग बटन होते हैं। इसलिए ई.वी.एम. में किसी खास बटन के पक्ष में दुर्भावनापूर्ण सॉफ्टवेयर डालने का कोई लाभ नहीं होगा। इसके अतिरिक्त प्रत्याशियों की सूची नाम वापस लेने के अंतिम दिन के बाद ही बनती है। इसके बाद मतदान के लिए इतने कम दिन बचते हैं कि किसी का प्रत्येक मतदान केंद्र में जाकर दुर्भावनापूर्ण सॉफ्टवेयर को सक्रिय करना संभव नहीं है।
4. यदि प्रत्येक मतदान केंद्र में मतदाताओं द्वारा दुर्भावनापूर्ण सॉफ्टवेयर को बटन दबाकर सक्रिय किया जाना हो तो इसकी जानकारी इतने अधिक लोगों को होगी कि ऐसे किसी षड्यंत्र का छिपा रहना संभव नहीं होगा।
5. आज तक वीवीपैट से गलत मत छपने की एक भी शिकायत नहीं मिली है। यह ई.वी.एम. में छेड़छाड़ न होने का सर्वोत्कृष्ट सबूत है।
6. क्योंकि ई.वी.एम. में बाहर से संपर्क नहीं हो सकता, इसलिए ट्रोजन हार्स को सक्रिय करने के लिए प्रत्येक मतदान केंद्र पर कम-से-कम एक मतदाता की आवश्यकता पड़ेगी। इस प्रकार यह बात हजारों लोगों को पता होगी। ऐसे में यह बात छिपी नहीं रह सकती। आज तक कोई भी व्यक्ति ऐसी शिकायत लेकर आयोग के पास नहीं आया।

ई.वी.एम. में सुरक्षा के प्रशासनिक उपाय : सीधे तकनीकी सुरक्षा उपायों के साथ ही आयोग ने ई.वी.एम. के लिए अनेक प्रशासनिक सुरक्षा उपाय भी किए हैं—

1. **सुरक्षित भंडारण :** ई.वी.एम. को उच्च सुरक्षा में रखा जाता है। कोई अनधिकृत व्यक्ति इन तक नहीं पहुँच सकता।
2. **रेंडमाइजेशन :** कंप्यूटरीकृत रेंडमाइजेशन सॉफ्टवेयर का उपयोग करके

सी.यू. और बी.यू. को मतदान के पूर्व दो बार अलग-अलग रेंडमाइज किया जाता है, जिसके कारण मतदान कर्मचारियों को भी यह पता नहीं होता कि कौन सी ई.वी.एम. किस मतदान केंद्र में उपयोग की जाएगी।

3. **मॉक पॉल और अनेक जाँचें :** मतदान के पहले राजनीतिक दलों और प्रत्याशियों की उपस्थिति में ई.वी.एम. की बार-बार जाँच की जाती है। यह प्रक्रिया मतदान के 6 माह पहले फर्स्ट लेवल चेक (एफ.एल.सी.) से शुरू होती है। हर जाँच के समय ई.वी.एम. के सॉफ्टवेयर की जाँच भी होती है और कम-से-कम 1000 मत डालकर मॉक पॉल भी किया जाता है। राजनीतिक दलों के प्रतिनिधियों से हर बार दबाए गए बटन का रिकॉर्ड रखने का अनुरोध किया जाता है और मॉक पॉल समाप्त होने पर एक क्रमानुसार प्रिंट निकालकर उसकी तुलना की जाती है। इसी प्रकार की जाँच प्रत्याशियों के बटन सेट करने के समय भी की जाती है, जिसे सेकेंड लेवल चेक कहते हैं।

4. **मतदान के दिन मॉक पॉल :** मतदान प्रारंभ करने के ठीक पहले मतदान अभिकर्ताओं के समक्ष ई.वी.एम. में मॉक पॉल किया जाता है।

5. **सीलें :** ई.वी.एम. के विभिन्न खानों को बहुस्तरीय सीलों से सील किया जाता है, जिससे बाहर से उसके पुर्जों तक पहुँच नहीं रह जाती। प्रत्याशियों एवं राजनीतिक दलों के प्रतिनिधियों को इन सीलों पर अपने हस्ताक्षर करने की अनुमति है और मतगणना प्रारंभ होने के पहले इन सीलों और हस्ताक्षरों की जाँच करने की अनुमति भी है। इसका विवरण नीचे दिया है—

   (क) एफ.एल.सी. के बाद सी.यू. एवं बी.यू. पर एक गुलाबी कागज की सील लगाई जाती है। यह सील सुरक्षा छापाखाना नासिक द्वारा सुरक्षित कागज और सुरक्षित छपाई तकनीक का उपयोग करके बनाई जाती है। गुलाबी कागज सील लगाने के बाद बिना इस सील को तोड़े चुनावों की किसी भी स्टेज पर मशीनों का प्लास्टिक कवर नहीं खोला जा सकता।

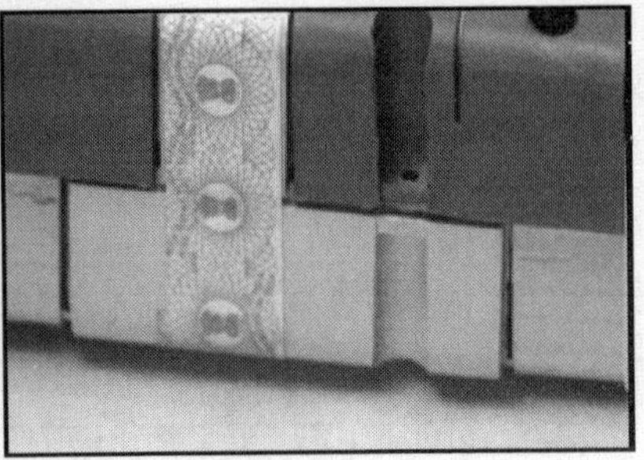

एफ.एल.सी. के बाद सी.यू. पर गुलाबी कागज की सील

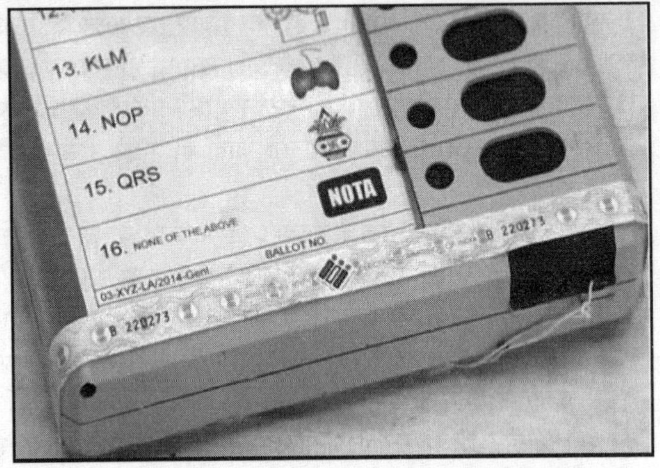

एफ.एल.सी. के बाद बी.यू. पर गुलाबी कागज की सील

(ख) प्रत्याशी सेट करने के समय ई.वी.एम. के विभिन्न खानों की सीलिंग—

(अ) प्रत्याशियों की संख्या सेट करने के बाद और बैटरी लगाने के बाद प्रत्याशी सेट और पावर पैक (बैटरी) खाने की धागे से सीलिंग।

(आ) मत–पत्र लगाने के बाद बैलेट यूनिट पर धागे की सील।

(इ) बैलेट यूनिट के कवर पर दो धागे की सीलें।

(ग) मतदान के दिन मॉक पॉल के बाद मतदान अभिकर्ताओं के समक्ष पीठासीन अधिकारी द्वारा कंट्रोल यूनिट के परिणाम खंड/तली की सीलिंग—

(अ) परिणाम खंड पर हरी कागज सील

(आ) परिणाम खंड के अंदरूनी दरवाजे पर धागे की सील

(इ) तली के खंड पर धागे के सील

(ई) बैलेट यूनिटों को एक-दूसरे से जोड़नेवाले कनेक्टर बॉक्स पर धागे की सील (यदि 16 से अधिक प्रत्याशी हों)।

(घ) मतदान समाप्त होने के बाद ई.वी.एम. को एक डिब्बे में रखा जाता है और उन्हें भी सील करके मतदान केंद्रों से सीधा स्ट्रांग रूम में ले जाया जाता है। स्ट्रांग रूम को प्रत्याशियों/प्रतिनिधियों एवं आयोग के प्रेक्षक के समक्ष सारी मशीनें जमा हो जाने के बाद सील किया जाता है और इस पर प्रत्याशियों/उनके प्रतिनिधियों को भी अपनी सीलें लगाने और अपने ताले लगाने की अनुमति है।

ई.वी.एम. के सुरक्षित स्ट्रांग रूम

सुरक्षित विनिर्माण प्रक्रिया

ई.वी.एम. के निर्माण में सुरक्षित निर्माण प्रक्रिया का उपयोग किया जाता है। इसके कारण निर्माण के समय अंदरूनी/बाहरी हेरा-फेरी संभव नहीं है। इस प्रक्रिया का संक्षिप्त विवरण नीचे दिया गया है—

1. सुरक्षित विनिर्माण स्थल

(क) अंदर आने एवं बाहर जाने का पर्यवेक्षण किया जाता है

(ख) सभी दरवाजों पर नियमित तलाशी ली जाती है।

(ग) सीसीटीवी से पर्यवेक्षण किया जाता है।

(घ) इलेक्ट्रॉनिक गैजेट (मोबाइल, लैपटॉप, यूएसबी) ले जाना मना है।

2. सुरक्षित विनिर्माण स्थल—

(क) भौतिक सुरक्षा : सीसीटीवी पर्यवेक्षण और संचलन नियंत्रण

(ख) विभिन्न स्टेजों : प्रक्रियाओं के लिए त्रिस्तरीय भौतिक पहुँच नियंत्रण

(ग) पहुँच के डेटा का लॉग रखना

(घ) सभी आनेवाले पुर्जों और सामग्री की गुणवत्ता जाँच

(ङ) विनिर्माण के समय अलार्म और अलर्ट

(च) तकनीकी विशेषज्ञ समिति द्वारा निर्धारित मानकों के आधार पर एस.टी. क्यू.सी. द्वारा थर्ड पार्टी जाँच

ई.वी.एम. का सुरक्षित विनिर्माण

पर्यावरण जाँचें

निर्माण की प्रक्रिया में न केवल ई.वी.एम. के कार्यों की जाँच की जाती है, बल्कि उन्हें कड़ी पर्यावरण जाँचों से भी गुजरना होता है। ये हैं, उच्च और निम्न तापमान की जाँच, झटका लगने पर काम करने की जाँच, ई.एम.आई और ई.एम.सी. जाँच आदि।

बिना वीवीपैट के भी ई.वी.एम. छेड़छाड़मुक्त हैं

कुछ ऐसे बयान भी आए हैं कि वीवीपैट के कारण ई.वी.एम. छेड़छाड़मुक्त हो गई हैं। यह सच नहीं है। भारतीय ई.वी.एम. हमेशा छेड़छाड़मुक्त रही हैं, चाहे उनमें वीवीपैट लगा हो अथवा नहीं। वीवीपैट का सबसे बड़ा लाभ यह है कि उसमें एक छपा हुआ मत-पत्र उपलब्ध है, जिसे विवाद की स्थिति में या मतदान के उपरांत ऑडिट के लिए गिना जा सकता है। यह केवल विश्वसनीयता बढ़ाने का तरीका है। ई.वी.एम. उनकी तकनीकी सुरक्षा एवं निर्वाचन आयोग द्वारा किए गए प्रशासनिक सुरक्षा उपायों के कारण छेड़छाड़मुक्त हैं। वीवीपैट उनके छेड़छाड़मुक्त होने का अकाट्य सबूत देती हैं। यह प्रश्न अब नहीं रह गया है कि वीवीपैट का उपयोग ई.वी.एम. के साथ करना आवश्यक है अथवा नहीं, क्योंकि माननीय सर्वोच्च न्यायालय ने निर्वाचन आयोग को चरणबद्ध

तरीके से वीवीपैट का उपयोग करने का आदेश दिया है। निर्वाचन आयोग इस निर्णय से बँधा हुआ है, परंतु यही निर्णय यह भी दिखाता है कि सर्वोच्च न्यायालय यह नहीं मानता कि ई.वी.एम. को छेड़छाड़मुक्त बनाने के लिए वीवीपैट आवश्यक है और इसी कारण न्यायालय ने वीवीपैट का उपयोग चरणबद्ध तरीके से करने की अनुमति दी है। यदि न्यायालय यह मानता कि बिना वीवीपैट के ई.वी.एम. में छेड़छाड़ संभव है तो उसने बिना वीवीपैट के ई.वी.एम. का उपयोग करने की अनुमति नहीं दी होती। मेरी व्यक्तिगत राय यह है कि वीवीपैट अनावश्यक है और उससे मतदान कर्मचारियों के लिए अनावश्यक कठिनाइयाँ उत्पन्न होती हैं, क्योंकि एक अतिरिक्त प्रिंटर यूनिट को दूरस्थ और कठिनाई से पहुँचवाले स्थानों तक ले जाना होता है और अपने हिलनेवाले पुर्जों के कारण प्रिंटर में खराबी आने की संभावना भी अधिक है। मेरी विनम्र राय है कि निर्वाचन आयोग को एक बार फिर सर्वोच्च न्यायालय के समक्ष बिना वीवीपैट के ई.वी.एम. का उपयोग करने की अनुमति देने की याचिका दायर करनी चाहिए।

ई.वी.एम. के छेड़छाड़मुक्त होने के कारण दरशानेवाली तालिका

क्र	ई.वी.एम. में संभावित छेड़छाड़ के प्रकार का आरोप	इस प्रकार की छेड़छाड़ असंभव होने का कारण
1	निर्माण के समय चिप में दुर्भावनापूर्ण सॉफ्टवेयर डालना-अंदरूनी फ्रॉड	यह संभव नहीं है, क्योंकि – क. प्रत्येक ई.वी.एम. में एफ.एल.सी. के समय सॉफ्टवेयर की जाँच एक चुनौती प्रत्युत्तर प्रणाली से की जाती है और कभी भी कोड डंप करके प्रत्येक बाइट की तुलना करके भी की जा सकती है। ख. सुरक्षित निर्माण ग. सॉफ्टवेयर अब ई.सी.आई.एल. और बी.ई.एल. की फैक्टरी में ही चिप पर लिखा जाता है।
2	दुर्भावनापूर्ण सॉफ्टवेयर निर्माण के बाद दूर से ई.वी.एम. में डाला जाता है।	यह संभव नहीं है, क्योंकि ई.वी.एम. नेटवर्क से जुड़ी नहीं हैं।

3	दुर्भावनापूर्ण सॉफ्टवेयर ई.वी. एम. के पोर्ट से बाद में भौतिक रूप से डाला जाता है।	यह संभव नहीं है, क्योंकि ई.वी.एम. के चिप ओ.टी.पी. या मास्क्ड हैं। सॉफ्टवेयर की जाँच हर स्टेज पर की जाती है। कड़ी भौतिक सुरक्षा है, इसलिए अनधिकृत पहुँच संभव नहीं है।
4	दुर्भावनापूर्ण सॉफ्टवेयर (ट्रोजन) पहले से ई.वी.एम. में है, जिसे मतदान के दिन कुछ बटन दबाकर सक्रिय किया जाता है	यह संभव नहीं है, क्योंकि— क. दुर्भावनापूर्ण सॉफ्टवेयर (ट्रोजन) को डाला ही नहीं जा सकता, इसलिए इसके सक्रिय करने का सवाल ही नहीं उठता। ख. बी.यू. पर प्रत्याशियों का क्रम नाम वापसी से अंतिम दिन तक पता नहीं होता है। ग. लोगों को इस प्रत्येक ई.वी.एम. में सक्रिय करने के लिए मतदन केंद्रों में जाना होगा, जिसमें इतने अधिक लोगों की आवश्यकत पड़ेगी कि षड्यंत्र छिपा नहीं रहेगा। घ. सभी बटनों को दबाने का पूरा रिकॉर्ड ई.वी.एम. में रखा जाता है जिसे संदेह की दशा में प्रिंट किया जा सकता है और यह पता लगाया जा सकता है कि क्या किसी विशेष क्रम से बटन दबाए गए हैं।
5	निर्वाचन आयोग अपनी ई.वी.एम. की पहचान नहीं कर सकता, इसलिए नकली ई.वी.एम. को चुनाव प्रणाली में आसानी से डाला जा सकता है	यह सच नहीं है। निर्वाचन आयोग अनेक कारणों से आसानी से अपनी ई.वी.एम. की पहचान कर सकता है, जिसमें शामिल हैं— क. ई.वी.एम. में पी.के.आई.। ख. एल.एल.सी.यू. द्वारा कोड का सत्यापन।

		ग. कोड डंप द्वारा कोड का सत्यापन। घ. आपस में जोड़े जाने पर ई.वी.एम. की विभिन्न यूनिटों का हेंडशेक। ङ. ई.वी.एम. का क्रमांक उसकी बाडी पर छपा होता है। च. चिप पर क्रमांक लेजर से छपा होता है।
6	हार्डवेयर बदलने की संभावना (हार्डवेयर हैकिंग)	यह संभव नहीं है, क्योंकि एक विशिष्ट संरक्षा सर्किट ई.वी.एम. को खोले जाने के प्रयास करने पर उसे तत्काल फैक्टरी मोड में भेजकर अनुपयोगी बना देता है, जिसके कारण उसका बाहरी कवर तक नहीं खोला जा सकता और हार्डवेयर हैकिंग असंभव है। इसके अतिरिक्त विभिन्न सॉफ्टवेयर जाँचों और पी.के.आई. से भी हार्डवेयर में बदलाव आसानी से तत्काल ही पकड़ में आ जाएगा।

संदर्भ—

1. ई.वी.एम. और वीवीपैट की एफ.एल.सी. पर भारत निर्वाचन आयोग के निर्देश, दिनांक 30 अगस्त, 2017, http://eci.nic.in/eci_main1/current/ImpIns6_18 2017.pdf से दिनांक 4-05-2018 को डाउनलोड किए गए।
2. ई.वी.एम. पर प्रस्तुतीकरण भारत निर्वाचन आयोग की वेबसाइट पर दिनांक 04-05-2018 को डाउनलोड किया गया।
3. ई.वी.एम. की विश्वसनीयता पर भारत निर्वाचन आयोग का प्रेस नोट दिनांक 16 मार्च, 2017 http://pib.nic.in/newsite/PrintRelease.aspx?relid=159351 से दिनांक 04-05-2018 को डाउनलोड किया गया।
4. A look inside the electronic voting machine दिनांक 10 मार्च,

2018 को The Hindu में प्रकाशित दिनांक 04-05-2018 को http://www.thehindu.com/news/national/a-look-inside-the-electronic-voting-machine/article23036380.ece से डाउनलोड किया गया।

5. EVM Tampering row ṣ 10 steps to secure them दिनांक 04-05-2018 को https://www.news18.com/news/politics/evm-tampering-row-10-steps-to-secure-them-1396459.html से डाउनलोड किया गया।
6. इंडियन एक्सप्रेस में छपा आलेख—ECI EVMs better than other countries दिनांक 04-05-2018 को—http://indianexpress.com/article/india/election-commission-evm-vvpat-nasim-zaidi-cec-4665543/ से डाउनलोड किया गया।
7. Status Paper on Electronic Voting Machine by Election Commission of India, दिनांक 04-05-2018 को-http://eci.nic.in/eci_main1/current/StatusPaperonEVM_09052017.pdf से डाउनलोड किया गया।
8. Security Analysis of India's Electronic Voting Machines by-Hari K. Prasad, J. Alex Halderman, Rop Gonggrijp, Scott Wolchok, Eric Wustrow, Arun Kankipati, Sai Krishna Sakhamuri and Vasavya Yagati दिनांक 04-05-2018 को-https://indiaevm.org/evm_tr2010.pdf से डाउनलोड किया गया।
9. हिंदू में 10 दिसंबर, 2017 को प्रकाशित आलेख-It takes a heck of a lot to hack an EVM, Published in the Hindu दिनांक 04-05-2018 को-http://www.thehindu.com/thread/politics-and-policy/it-takes-a-heck-of-a-lot-to-hack-an-evm/article21832708.ece से डाउनलोड किया गया।
10. IndiaEVM-indiaevm.org

□

7

खराबी आना हैकिंग नहीं है

ई.वी.एम. भी अन्य मशीनों की तरह एक मशीन ही है। उसे भी ठीक प्रकार के रखरखाव और कभी-कभी मरम्मत की जरूरत होती है। ई.वी.एम. का उपयोग बहुत कठिन परिस्थितियों और कठिन पर्यावरणीय स्थितियों में किया जाता है। कभी बहुत उच्च तो कभी बहुत निम्न तापमान, कभी बहुत उच्च आर्द्रता और कभी धूल-धक्कड़ और मुश्किल जगह पर परिवहन के झटके झेलना। ऐसे में कभी-कभी उनमें खराबी आना स्वाभाविक है। यह ई.वी.एम. को डिजाइन करनेवाले इंजीनियरों और उन्हें बनानेवाली कंपनियों के लिए गर्व की बात है कि इनमें बहुत खराबी आने की दर बहुत ही कम है।

भारत में चुनाव हमेशा पूरी तरह से लोगों की नजर के बीच होते हैं और इनमें कड़ा मुकाबला भी होता है। इसलिए ई.वी.एम. में कोई भी खराबी आने पर उसका बहुत प्रचार होता है, जिससे इसके विरोधियों को इसे हैकिंग का प्रयास कहने का बहाना मिल जाता है। खराबी आना हैकिंग नहीं है। खराबी आने से परिणाम में अवैध परिवर्तन नहीं होता है। इसमें वोट चुराए भी नहीं जाते हैं। यह एक अच्छी बात है कि जागरूक प्रेस और कुशल निर्वाचन कर्मचारी तत्काल ही ई.वी.एम. की खराबी को रिपोर्ट कर देते हैं और खराब ई.वी.एम. को तत्काल ही ठीक काम करनेवाली ई.वी.एम. से बदल दिया जाता है। ई.वी.एम. में खराबी के सभी प्रकरणों में चुनावों की प्रत्येक स्टेज के लिए निर्वाचन आयोग का स्पष्ट प्रोटोकॉल है।

खराबी के प्रकार

दो दशकों के उपयोग के दौरान ई.वी.एम. में विभिन्न प्रकार की खराबियाँ रिपोर्ट की गई हैं। कारण सहित इन खराबियों की सूची नीचे दी गई है—

1. **बटन जाम हो जाना :** कभी-कभी ई.वी.एम. के बटन जाम हो जाते हैं। यह

पूरी तरह से यांत्रिक खराबी है, जो लंबे उपयोग से किसी भी मशीन में हो सकती है। इसकी पहचान एफ.एल.सी. में आसानी से हो सकती है और इसे ठीक किया जा सकता है। इससे परिणाम में कोई अंतर नहीं आता और ऐसा होने पर ई.वी.एम. तत्काल बदल दी जाती है।

2. **घड़ी की त्रुटि :** पुरानी ई.वी.एम. कभी-कभी घड़ी की त्रुटि दिखाती थीं। ई.वी.एम. की घड़ी एक अलग कॉयन सेल से चलती है। पुराने मॉडल में इसकी आयु 10 वर्ष थी, जिसके बाद बैटरी की पावर कम हो जाने से घड़ी की त्रुटि दिखने लगती थी। अब लंबी आयु की बैटरी का उपयोग किया जाने लगा है। इस त्रुटि का भी परिणाम पर कोई असर नहीं होता और ई.वी.एम. तत्काल बदल भी दी जाती है।

3. **कम बैटरी :** कुछ अवसरों पर ई.वी.एम. ने कम बैटरी त्रुटि भी दिखाई है, जैसा कि 2006 से पूर्व के मॉडल में कुछ स्थानों, विशेषकर असम में हुआ था। ई.वी.एम. की बैटरी कई दिनों के उपयोग के लिए डिजाइन की गई है। सी.यू. में प्रत्येक चुनाव में नया बैटरी पैक लगाया जाता है। इस कारण चुनाव के दौरान कम बैटरी होने की संभावना नगण्य है। ई.सी.आई.एल. के इंजीनियरों के अनुसार यह त्रुटि एक खराब मोसफेट स्विच, जिसका उपयोग ई.वी.एम. में पावर ऑफ का लॉग रखने के लिए किया जाता है, के द्वारा अधिक विद्युत धारा खींचने से हुई। निर्वाचन आयोग ने उन ई.वी.एम. का उपयोग भविष्य के चुनावों में नहीं करने का फैसला कर लिया है, जिनमें यह त्रुटि दिखी थी, जिससे चुनाव के दौरान ई.वी.एम. बदलने की आवश्यकता न पड़े। इस त्रुटि का परिणाम पर कोई असर नहीं होता, क्योंकि मतदान का डेटा एक ऐसी मेमोरी में रखा जाता है, जिसे बैटरी की आवश्यकता नहीं है।

4. **गलत प्रत्याशी बटन के समक्ष लाइट जलना :** कुछ अवसरों पर ऐसी रिपोर्टें आई हैं कि जिस प्रत्याशी का बटन दबाया गया, उसके समक्ष लाइट नहीं जली, बल्कि किसी दूसरे प्रत्याशी के बटन के समक्ष लाइट जली। ई.सी.आई.एल. के इंजीनियरों ने स्पष्ट किया है कि यह त्रुटि ए.टी.एम.ई.एल. कंपनी से प्राप्त ई.पी.एल.डी. नामक एक पुर्जे के फेल हो जाने के कारण हुई है। निर्वाचन आयोग ने निर्देश दिए हैं कि ए.टी.एम.ई.एल. कंपनी से प्राप्त ई.पी.एल.डी. वाली सभी ई.वी.एम. में लगा ई.पी.एल.डी. किसी अन्य कंपनी के ई.पी.एल.डी. से बदला जाए, हालाँकि ई.सी.आई.एल. के इंजीनियरों

का कहना है कि लाइट गलत जलने पर भी वोट की रिकॉर्डिंग सही होती है। आयोग ऐसी त्रुटि को बहुत गंभीर मानता है। 2014 के आम चुनावों में निर्वाचन आयोग ने ऐसे सभी मतदान केंद्रों पर, जहाँ से इस त्रुटि की रिपोर्ट मिली थी, पुनर्मतदान आदेशित किया था। इस कारण इस त्रुटि का भी निर्वाचन के परिणामों पर कोई असर नहीं है।

5. **बीप की आवाज न आना, बीप की आवाज लगातार आना, बीप की आवाज अधिक देर तक आना आदि :** मतदाता द्वारा बटन दबाने पर ई.वी.एम. एक बीप की आवाज करती है, जिससे मतदान बूथ के बाहर सभी को पता लग सके कि मतदान हो गया है। कभी-कभी ऐसी घटनाओं की रिपोर्ट हुई है कि बीप की आवाज नहीं आई अथवा लगातार बीप की आवाज सुनाई दी। ऐसे सभी प्रकरणों में तत्काल ही ई.वी.एम. बदल दी गई। इसका ई.वी.एम. में रिकॉर्ड किए गए मतों पर कोई असर नहीं होता।
6. **ई.वी.एम. का फैक्टरी मोड अथवा अनजान मोड में जाना :** यह त्रुटि 2014 के आम चुनावों में हुई, क्योंकि इन ई.वी.एम. में उपयोग किया गया छेड़छाड़ पकड़नेवाला सर्किट बहुत सूक्ष्मग्राही है और थोड़ा सा झटका लगने पर भी उसने ई.वी.एम. को फैक्टरी मोड में डाल दिया। इसका स्पष्ट रूप से चुनाव के परिणामों पर कोई असर नहीं हुआ, क्योंकि फैक्टरी मोड में जाने पर ई.वी.एम. का उपयोग हो ही नहीं सकता और उन्हें बदल दिया गया। इससे मतदान अधिकारियों को असुविधा अवश्य होती है और ई.सी.आई.एल. तथा बी.ई.एल. इन सर्किटों में सुधार कर रहे हैं, जिससे भविष्य में ऐसा न हो।
7. **मतगणना के समय परिणाम न पढ़ पाना :** बहुत कम अवसरों पर ऐसा हुआ है। कभी यह हो सकता है कि मतदान के बाद लंबे समय तक भंडारण के कारण सी.यू. की बैटरी की पावर समाप्त हो गई हो। ऐसे प्रकरणों में सी.यू. की बैटरी बदलना मात्र पर्याप्त है। ई.वी.एम. की मेमोरी से डेटा पढ़ने के अन्य तरीके भी हैं, परंतु भारत निर्वाचन आयोग के मानक प्रोटोकॉल के अनुसार ऐसी सभी मशीनें मतगणना के समय अलग रखकर अन्य मशीनों पर मतगणना चालू रखी जाती है। यदि मतगणना पूरी होने के बाद जीत का अंतर खराब ई.वी.एम. में डाले गए कुल मतों की संख्या से अधिक है तो परिणाम तत्काल घोषित कर दिया जाता है। यदि जीत का अंतर कम है तो निर्वाचन आयोग उस मतदान केंद्र पर पुनर्मतदान आदेशित कर सकता है। इसलिए इस त्रुटि का भी चुनावों के परिणाम पर कोई असर नहीं पड़ता।

ई.वी.एम. की खराबी होने पर निर्वाचन आयोग का प्रोटोकॉल

निर्वाचन आयोग ने ई.वी.एम. की खराबी होने पर एक स्पष्ट प्रोटोकॉल बनाया है, जिसका विवरण नीचे दिया गया है—

1. आयोग पूर्ण रूप से जाँच की गई ई.वी.एम. का अतिरिक्त स्टॉक प्रत्येक निर्वाचन क्षेत्र में रखता है।
2. यदि मतदान प्रारंभ होने के पूर्व ई.वी.एम. में कोई खराबी आए तो रिजर्व स्टॉक में रखी गई ई.वी.एम. से खराब ई.वी.एम. बदल दी जाती है।
3. यदि मतदान प्रारंभ होने के बाद ई.वी.एम. में खराबी आती है तो रिजर्व स्टॉक की ई.वी.एम. पर प्रत्याशियों के मतदान अभिकर्ताओं के समक्ष मॉक पॉल करने के बाद ही ई.वी.एम. बदली जाती है। खराब हुई ई.वी.एम. को सील करके नई ई.वी.एम. के साथ में रखा जाता है और मतगणना के दिन उसके मत भी गिने जाते हैं।
4. यदि मतगणना के दिन ई.वी.एम. में खराबी के कारण उसके मतों को गिनना संभव न हो तो उस मशीन को अलग रखकर अन्य मशीनों पर मतगणना चालू रखी जाती है। यदि मतगणना पूरी होने के बाद जीत का अंतर खराब ई.वी.एम. में डाले गए कुल मतों की संख्या से अधिक है तो परिणाम तत्काल घोषित कर दिया जाता है। यदि जीत का अंतर कम है तो निर्वाचन आयोग उस मतदान केंद्र पर पुनर्मतदान आदेशित करता है।

ई.वी.एम. में खराबी के आँकड़े

2009 के आम चुनाव

आइए 2009 और 2014 के आम चुनावों में ई.वी.एम. की खराबी के आँकड़े देखते हैं। 2009 के आम चुनावों में कुल 5422 बी.यू. और 5372 सी.यू. खराबी आने के कारण मतदान प्रारंभ होने के पहले बदले गए। स्पष्ट है कि इसका चुनावों पर कोई असर नहीं हुआ। 2483 बी.यू. और 2744 सी.यू. मतदान प्रारंभ होने के बाद बदले गए। इसका भी चुनावों पर कोई असर नहीं हुआ, क्योंकि इनसे मतदान की जानकारी पढ़कर परिणाम की गणना की जा सकी। केवल 129 सी.यू. से मतगणना के दिन परिणाम नहीं निकाला जा सका। इन सभी प्रकरणों में जीत का अंतर इनमें डाले गए कुल मतों की संख्या से अधिक था, इसलिए इसका भी कोई असर चुनावों के परिणाम पर नहीं पड़ा।

2014 के आम चुनाव

मतदान प्रारंभ होने के पहले 4093 ई.वी.एम. बदली गईं। मतदान के दौरान 4189 ई.वी.एम. बदली गईं। यह चुनावों में उपयोग की गई कुल ई.वी.एम. का 0.41 प्रतिशत था। 290 प्रकरणों में मतगणना के दिन ई.वी.एम. में खराबी आई। एक को छोड़कर अन्य सभी प्रकरणों में जीत का अंतर इनमें डाले गए कुल मतों की संख्या से अधिक था। केवल एक प्रकरण में आंध्र प्रदेश की विधानसभा क्षेत्र क्रमांक-7—महबूबनगर के मतदान केंद्र क्रमांक 199-जुपल्ली में जीत का अंतर कम था, अत: वहाँ पुनर्मतदान कराया गया।

2014 के आम चुनावों में ई.वी.एम. में आई खराबियाँ और निर्वाचन आयोग की प्रतिक्रिया

1. 2006 के पूर्व की ई.सी.आई.एल. की कुछ ई.वी.एम. में यह शिकायत मिली कि गलत प्रत्याशी बटन के समक्ष लाइट जल रही है। आयोग ने इसका पर्यवेक्षण बहुत नजदीक से किया। ऐसे 45 प्रकरण एफ.एल.सी. और प्रत्याशी सेट करने के समय सामने आए और 13 प्रकरण मतदान के दिन मतदान प्रारंभ होने के पूर्व मॉक पॉल के दौरान रिपोर्ट हुए। इन सभी में ई.वी.एम. बदल दी गई। केवल 20 प्रकरण ही मतदान के दौरान रिपोर्ट हुए। ऐसे सभी प्रकरणों में, जिनमें मतदान के दौरान गलत प्रत्याशी के सामने लाइट जलना रिपोर्ट किया गया, आयोग ने पुनर्मतदान कराया।
2. नई अपग्रेड की गई ई.वी.एम. में एक विशिष्ट प्रकार की त्रुटि आई। इस मॉडल की 153 ई.वी.एम. मतदान प्रारंभ होने के बाद फैक्टरी मोड में चली गईं। ऐसे अधिकांश प्रकरणों में आयोग द्वारा पुनर्मतदान आदेशित किया गया।
3. 2006 के बाद की ई.सी.आई.एल. की 2 ई.वी.एम. में एक अनजान त्रुटि की रिपोर्ट हुई। दोनों प्रकरणों में पुनर्मतदान कराया गया।
4. मतगणना के समय खराबी—कुल 290 ई.वी.एम. में 2014 के आम चुनावों में मतगणना के दिन ई.वी.एम. में खराबी आई। एक को छोड़कर अन्य सभी प्रकरणों में जीत का अंतर इनमें डाले गए कुल मतों की संख्या से अधिक था। केवल एक प्रकरण में आंध्र प्रदेश के विधानसभा क्षेत्र क्रमांक 7- महबूबनगर के मतदान केंद्र क्रमांक 199-जुपल्ली में जीत का अंतर कम था। उस समय भारतीय राष्ट्रीय कांग्रेस के वामशीचंद रेड्डी भा.ज.पा. के अचारी तल्लोजू से 157 मतों से आगे थे, जबकि खराब हुई ई.वी.एम. में कुल 633 मत डाले

गए थे। वहाँ पुनर्मतदान कराया गया। पुनर्मतदान के बाद भारतीय राष्ट्रीय कांग्रेस के वामशीचंद रेड्डी, भा.ज.पा. के अचारी तल्लोजू से 78 मतों से विजयी हुए।

इन खराबियों का विवरण नीचे की तालिका में दिया गया है—

क्र.	बदलने का समय	गलत लाइट जलना	अन्य कारण	कुल	कुल उपयोग की गई ई.वी.एम. का प्रतिशत
1	मॉक पॉल के पहले (एफ.एल.सी. और प्रत्याशी सेट)	45	8777	8822	0.40%
2	मतदान के दिन मॉक पॉल के समय	13	4080	4093	0.86%
3	मतदान के दिन मतदान प्रारंभ होने के बाद	20	4169	4189	0.41%
कुल	78	17026	17104	1.67%	
4	मतगणना के दिन खराब हुई ई.वी.एम.	0	290	290	0.03%

संदर्भ—

1. एक ई.वी.एम., जो केवल भा.ज.पा. के लिए वोट करती है, ने असम में मतदान स्टाफ को स्तंभित किया, टाइम्स ऑफ इंडिया में 3 अप्रैल, 2014 को प्रकाशित, 05-05-2018 को—https://timesofindia.indiatimes.com/news/An-EVM-that-votes-only-for-BJP-stuns-poll-staff-in-Assam/articleshow/33153152.cms डाउनलोड किया गया।
2. निर्वाचन आयोग ने भिंड मध्य प्रदेश में भा.ज.पा. के पक्ष में वोट डालनेवाली खराब हुई ई.वी.एम. की जाँच आदेशित की, Firstpost.com में 1 अप्रैल, 2017 को प्रकाशित, 05-05-2018 को-https://www.firstpost.com/india/ec-orders-probes-into-reports-of-evm-malfunction-

favouring-bjp-in-bhind-madhya-pradesh-3363632.html से डाउनलोड किया।

3. असम निर्वाचन : अंतिम चरण में 189 ई.वी.एम. बदली गईं। 11 अप्रैल, 2016 को टाइम्स ऑफ इंडिया में प्रकाशित 05-05-2018 को-https://timesofindia.indiatimes.com/city/guwahati/Assam-polls-189-EVMs-replaced-during-final-phase/articleshow/51782475.cms से डाउनलोड किया।
4. कलवाकृति में वामशीचंद ने पुनर्मतदान जीता, दक्कन क्रॉनिकल में 20 मई, 2014 को प्रकाशित 15-05-2018 को-https://www.deccanchronicle.com/140520/nation-politics/article/vamsichand-wins-repoll-kalvakurthi से डाउनलोड किया।
5. जुपल्ली, अल्लागड़ा में पुनर्मतदान संभावित, दैनिक सियासत में 17 मई, 2014 को प्रकशित 15-05-2018 को-https://archive.siasat.com/news/repolling-jupally-allagadda-likely-582464/ से डाउनलोड किया।
6. निर्वाचन आयोग द्वारा लोकसभा चुनावों के लिए अधिसूचना जारी करने के बाद 9 लाख ई.वी.एम. बदलेंगी, मीडियानामा में 2 जुलाई, 2014 को प्रकाशित, 15-05-2018 को— https://www.medianama.com/2014/07/223-election-commission-electronic-voting-machines/ से डाउनलोड किया।
7. निर्वाचन आयोग की योजना 2006 के पहले की सभी ई.वी.एम. को उन्नत एम-3 मॉडल से बदलने की योजना इकोनॉमिक टाइम्स में 6 मार्च, 2017 को प्रकाशित 15-05-2018 कोhttps://economictimes.indiatimes.com/news/politics-and-nation/election-commission-plans-to-replace-all-pre-2006-evms-with-advanced-m3-machines/articleshow/57484337.cms से डाउनलोड किया।
8. FAQs Electronic Voting Machines (EVMs)-http://eci.nic.in/eci_main1/evm.aspx।

□

8

विश्व की इलेक्ट्रॉनिक वोटिंग प्रणालियाँ

मत किसी व्यक्ति की पसंद की अभिव्यक्ति होती है। प्रत्यक्ष प्रजातंत्र में सभी निर्वाचक किसी भी प्रस्ताव पर मतदान कर सकते हैं, जिससे यह तय होता है कि प्रस्ताव स्वीकृत हुआ अथवा नहीं। अप्रत्यक्ष प्रजातंत्र में समय-समय पर मतदान द्वारा लोगों के प्रतिनिधियों का चुनाव किया जाता है, जो उनकी ओर से निर्णय लेते हैं। विभिन्न प्रकार की मतदान प्रणालियाँ व्यवहार में हैं। छोटी सभाओं में मतदान 'हाँ' अथवा 'न' कहकर किया जा सकता है, उदाहरण के लिए संसद् में अधिकांश प्रकरणों में ऐसा ही होता है। ऐसा मतदान ध्वनि मत कहलाता है। इसी प्रकार हाथ उठाकर भी मतदान किया जा सकता है। जब निर्वाचक अधिक होते हैं अथवा जब मतदान महत्त्वपूर्ण मसलों पर हो तो मतदान के अधिक औपचारिक तरीकों का उपयोग किया जाता है। अधिकांश चुनावों में मत देने की युक्ति को सामान्य रूप से बैलेट कहा जाता है। इस शब्द की व्युत्पत्ति 'बॉल' (गेंद) शब्द से हुई है, क्योंकि पुराने समय में अनेक चुनावों में मतदान के लिए गेंदों का उपयोग किया जाता था। सफेद गेंद समर्थन और काली गेंद (blackballed) विरोध दरशाती थी।

गेंदों का उपयोग करनेवाली मत-पेटी

[स्रोत:विकीपीडिया]

मतदान प्रणालियों के प्रकार

1. कागज पर आधारित मतदान : मतदाता की पसंद पहले से छपे हुए मत-पत्रों पर चिह्न लगाकर या अपने पसंद के प्रत्याशी का नाम लिखकर जानी जा सकती है। स्वतंत्र भारत के पहले निर्वाचन में ऐसे मत-पत्रों का उपयोग किया गया था, जिनमें चिह्न लगाने की आवश्यकता नहीं थी। प्रत्येक प्रत्याशी के लिए पृथक् मत-पेटी रखी गई थी और मतदाता को बिना चिह्न लगा हुआ मत-पत्र अपनी पसंद के प्रत्याशी की पेटी में डालना होता था। बाद में चिह्न लगानेवाली प्रणाली प्रारंभ की गई, जिसमें सभी प्रत्याशियों के नाम मत-पत्र में पहले से छपे होते थे और मतदाता अपनी पसंद के प्रत्याशी के नाम के समक्ष चिह्न लगाकर एक ही मत-पेटी में मत डालता था। अमेरिका में कुछ चुनावों में कानून ऐसे प्रत्याशियों के नाम मत-पत्र पर लिखने की अनुमति देता है, जिनके नाम पहले से मत-पत्र पर नहीं छपे हैं।

2. मशीन से मतदान : प्रारंभिक वोटिंग मशीनें यांत्रिक थीं। बाद में इलेक्ट्रॉनिक वोटिंग मशीनें आईं। (इनका विवरण इस अध्याय में बाद में दिया गया है)।

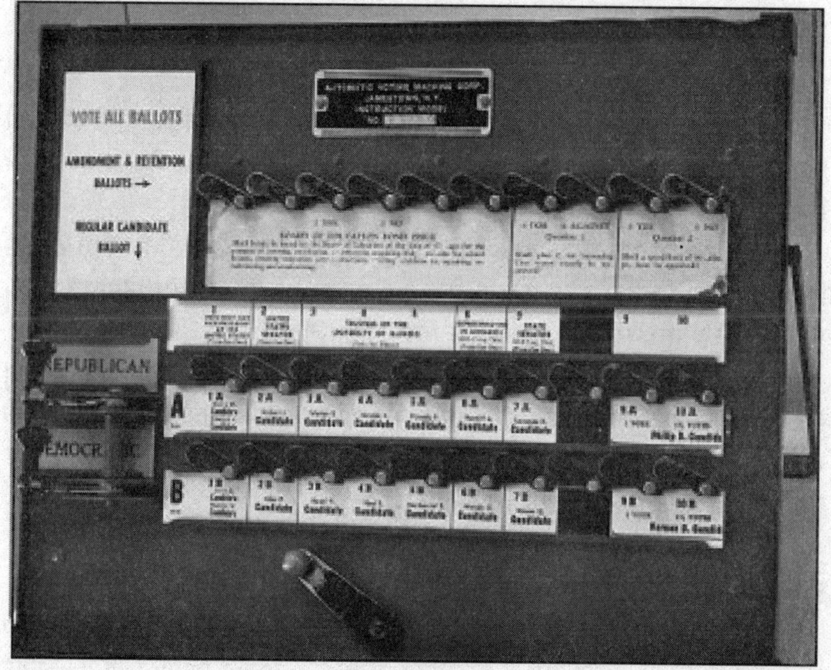

लीवर वोटिंग मशीन

[स्रोत:विकीपीडिया]

1912 में विकसित मैक टेम्मानी प्लेयर पियानो रोल वोटिंग मशीन
[स्रोत:विकीपीडिया]

3. ऑनलाइन वोटिंग : आजकल चुनावों में ऑनलाइन वोटिंग का उपयोग भी किया जाता है। भारत में इसका उपयोग गुजरात राज्य निर्वाचन आयोग द्वारा नगरीय निकायों के चुनावों में किया गया है।

4. डाक से मतदान : डाक मतदान का उपयोग अनेक देशों में नियमित रूप से किया जाता है। भारत में डाक मतदान सेवा का उपयोग मतदाताओं और निर्वाचन ड्यूटी पर निर्वाचन कर्मचारियों द्वारा मतदान के लिए किया जाता है।

5. अन्य तरीके : कुछ देशों में मतदान के अन्य तरीकों का उपयोग भी किया जाता है। गैंबिया ने निरक्षरता के कारण 1965 में गोटियों का उपयोग किया था। राजनीतिक दलों के रंग में रँगी हुई ये गोटियाँ इस्पात के ड्रमों में रख दी जाती थीं और चुनाव चिह्न तथा प्रत्याशियों के फोटो उन पर चिपका दिए जाते थे।

इलेक्ट्रॉनिक वोटिंग

'इलेक्ट्रॉनिक वोटिंग' पद का उपयोग उन मतदान प्रणालियों के लिए किया जाता है, जिनमें किसी-न-किसी रूप में इलेट्रॉनिक तत्त्वों का उपयोग किया जाता है। अनेक प्रकार की इलेक्ट्रॉनिक वोटिंग प्रणालियाँ हैं। इनमें प्रमुख हैं—

1. **पंच कार्ड वोटिंग प्रणालियाँ :** इन प्रणालियों में मतदाता बैलेट कार्ड पर अपनी पसंद के प्रत्याशी के नाम के समक्ष छेद बनाते हैं। इन छिद्रित कार्डों को बाद में इलेक्ट्रॉनिक पंच कार्ड रीडरों को उपयोग करके तालिका बनाकर गिना जाता है। वर्ष 2000 के राष्ट्रपति चुनावों में फ्लोरिडा में इनकी विश्वसनीयता पर प्रश्नचिह्न लगने के बाद से अमेरिका में इनका उपयोग नाटकीय रूप से कम हो गया है।

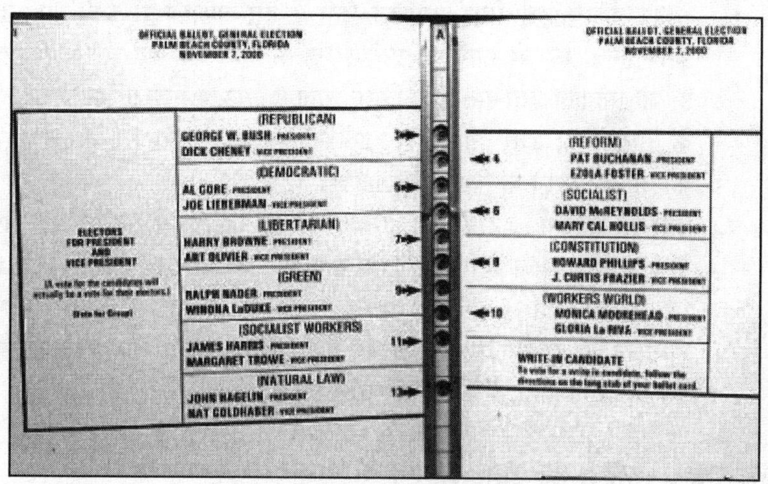

फ्लोरिडा में उपयोग किए गए पंच कार्ड बैलट
[स्रोत:विकीपीडिया]

2. **ऑप्टिकल स्कैन वोटिंग प्रणालियाँ :** इनमें मतदाता मत–पत्रों पर चिह्न लगाते हैं और इन्हें पढ़कर तालिकाबद्ध करने और गिनने का काम ऑप्टिकल स्कैनर के द्वारा किया जाता है।
3. **इलेक्ट्रॉनिक बैलेट मार्कर (EBM) :** ये सीधे वोट रिकॉर्ड करनेवाली मशीनों जैसे ही दिखते हैं, परंतु मशीन की मेमोरी में वोट रिकॉर्ड करने के स्थान पर ये मत–पत्र पर चिह्न लगाते हैं। यह नि:शक्तजनों के लिए उपयोगी हैं।
4. **डिजिटल पेन :** इन्हें डिजिटल मत–पत्रों पर चिह्न लगाने के लिए उपयोग किया जाता है। पेन में लगा एक छोटा कैमरा वोट को रिकॉर्ड कर लेता है। डिजिटल पेन का उपयोग तालिका बनाने और मतों को गिनने के लिए किया जाता है।

5. **सीधे मत रिकॉर्ड करनेवाली वोटिंग मशीन (DRE) :** मतदाता अपनी पसंद के प्रत्याशी का बटन दबाता है। इन मशीनों में टच स्क्रीन भी लगाई जा सकती है, जिसमें मत-पत्र दिखाई पड़ता है और मतदाता को केवल अपनी पसंद के प्रत्याशी की फोटो अथवा चुनाव चिह्न को छूना भर पड़ता है। मत ई.वी.एम. की मेमोरी में रिकॉर्ड हो जाता है और उसे इलेक्ट्रॉनिक रूप से तालिका बनाकर गिना जा सकता है।
6. **वोटर वेरिफाइड पेपर ऑडिट ट्रेल :** इस प्रणाली में ई.वी.एम. द्वारा इलेक्ट्रॉनिक रूप से डाले गए प्रत्येक मत के लिए एक मत-पत्र छापा जाता है, जो मतदाता द्वारा सत्यापित किया जाता है। यह प्रणाली इलेक्ट्रॉनिक फ्रॉड के आरोपों का उत्तर देने के लिए इलेक्ट्रॉनिक रूप से रिकॉर्ड किए गए मतों का ऑडिट करने के लिए बनाई गई है।
7. **इंटरनेट वोटिंग :** इंटरनेट का उपयोग मतों को तालिकाबद्ध करने और गिनने के लिए एक स्थान से किसी केंद्रीय स्थान पर भेजने के लिए किया जाता है। यह मतदान केंद्रों से भी किया जा सकता है और मतदाताओं के घरों से भी। मोबाइल का उपयोग करना भी संभव है, जिसे एम-वोटिंग कहा जाता है, परंतु इस प्रकार के मतदान की गंभीर सुरक्षा चिंताएँ हैं।

इलेक्ट्रॉनिक वोटिंग का इतिहास

1959 में यूनाइटेड एयरक्राफ्ट्स की नॉर्दर्न डिवीजन ने मत-पत्रों की गिनती के लिए स्कैनरों का उपयोग किया। इसमें मत-पत्रों पर चिह्न लगाने के लिए विशेष प्रकार की स्याही की आवश्यकता थी। ऑरेंज काउंटी कैलीफोर्निया ने 1964 में नार्डेन-कोलमैन ऑप्टिकल स्कैन का उपयोग प्रारंभ किया। लगभग 20वीं शताब्दी के मध्य में पंच कार्ड वोटिंग प्रणाली का विकास हुआ। पहली डी.आर.ई. वोटिंग मशीन को वीडियो वोटर कहते थे और उसे फ्रैंक थॉर्नबर कंपनी ने विकसित किया था। इसका सरकारी चुनावों में प्रथम उपयोग 1974 में किया गया। भारतीय इलेक्ट्रॉनिक वोटिंग मशीनें भी लगभग उसी समय विकसित हुईं और उनका प्रथम उपयोग केरल के परूर विधानसभा निर्वाचन क्षेत्र में 1982 में हुआ।

अमेरिका के संघीय निर्वाचन आयोग ने कंप्यूटरीक्रत वोटिंग के सार्वभौमिक मानक 1990 में जारी किए। इंटरनेट वोटिंग का उपयोग सर्वप्रथम अमेरिका में रिफार्म पार्टी ने 1996 में अपना राष्ट्रपति पद का प्रत्याशी चुनने के लिए किया। ई.वी.एम. में डेटा की सुरक्षा और विश्वसनीयता के संबंध में प्रश्न उठने प्रारंभ हो गए। प्रिंसटन के कंप्यूटर

विज्ञान के प्रो. एडवर्ड फेल्टन ने 13 सितंबर, 2006 को प्रदर्शित किया कि डीबॉल्ड इलेक्ट्रॉनिक वोटिंग मशीन को हैक किया जा सकता है। अपने यूरोपीय देशों में डीबॉल्ड ई.वी.एम. की विश्वसनीयता पर प्रश्न उठे और डीबॉल्ड तथा निडैप की वोटिंग मशीनें जर्मनी, डेनमार्क तथा उत्तरी आयरलैंड में प्रतिबंधित कर दी गईं। परिणामस्वरूप डीबॉल्ड को अपनी हिस्सेदारी 2009 में इलेक्शन सिस्टम एंड सॉफ्टवेयर इंक को बेचनी पड़ी।

20वीं शताब्दी के उत्तरार्ध में इंटरनेट तेजी से विकसित हुआ और इंटरनेट मतदान प्रौद्योगिकी का विकास भी तेजी से हुआ। इंटरनेट वोटिंग का उपयोग 2003 में ओंटारियो कनाडा की 12 नगर पालिकाओं में और 2005 में इस्टोनिया के नगरीय निकाय चुनावों में किया गया। इसका उपयोग स्विट्जरलैंड के 2004 के राष्ट्रीय जनमत संग्रह में भी किया गया। भारत में 2011 से गुजरात के नगरीय निकाय चुनावों में इंटरनेट वोटिंग का उपयोग किया गया है। टेक्सास के कानून के अनुसार अंतरराष्ट्रीय अंतरिक्ष स्टेशन मीर के अंतरिक्ष यात्रियों को पृथ्वी की कक्षा से इलेक्ट्रॉनिक रूप से मतदान करने का अधिकार 1997 से है। मत सुरक्षित इ-मेल द्वारा जानसन अंतरिक्ष केंद्र को भेजे जाते हैं और अंतरिक्ष यात्रियों की गृह काउंटी को अग्रेषित कर दिए जाते हैं।

इलेक्ट्रॉनिक वोटिंग से संबंधित प्रमुख मुद्दे

1. **पहुँच :** इलेक्ट्रॉनिक मशीनों में हेडफोन, सिप एंड पफ, पैरों के पैडल, जॉय स्टिक आदि का उपयोग उन्हें नि:शक्त जनों के लिए उपयोगी बनाने हेतु किया जा सकता है।
2. **गूढ़लेखी सत्यापन :** इससे मतदाताओं एवं चुनाव प्रेक्षकों द्वारा इस बात की जाँच करना संभव है कि केवल पंजीकृत मतदाताओं ने ही मतदान किया है।
3. **पारदर्शिता :** बहुत से समूहों ने आरोप लगाए हैं कि इलेक्ट्रॉनिक वोटिंग अपारदर्शी, ब्लैक बॉक्स वोटिंग है, जिसमें त्रुटि और फ्रॉड संभव है। जर्मनी के संघीय संवैधानिक न्यायालय ने निडैप डी.आर.ई कंप्यूटरों के चुनावों में उपयोग पर 2009 में प्रतिबंध लगा दिया था, परंतु इस निर्णय ने इलेक्ट्रॉनिक वोटिंग को प्रतिबंधित नहीं किया। केवल इतना अनिवार्य किया कि चुनाव के सभी अनिवार्य कदम लोक परीक्षण के लिए उपलब्ध होने चाहिए।
4. **दबाव के साक्ष्य :** 2013 में योरोप के शोधकर्ताओं ने प्रस्तावित किया कि चुनावों में दबाव का लोक साक्ष्य होना चाहिए। वर्तमान में इलेक्ट्रॉनिक वोटिंग प्रणालियों को दबाव दिखानेवाली बनाने पर शोध चल रहा है।
5. **ऑडिट ट्रेल :** ऑडिट ट्रेल अथवा वीवीपैट को इलेक्ट्रॉनिक मतदान के

सत्यापन, विश्वसनीयता और मतदान उपरांत ऑडिट के लिए प्रस्तावित किया गया है। वर्ष 2000 में डॉ. रेबेका मरक्यूरी ने अपनी पी-एच.डी. डिजर्टेशन में वीवीपैट का वर्णन किया था।

6. **हार्डवेयर :** कम सुरक्षित हार्डवेयर के साथ भौतिक रूप से हेरा-फेरी की जा सकती है। यह आरोप लगाया गया है कि मशीन में हार्डवेयर बीच में लगाया जा सकता है (man in the middle), जिससे इलेक्ट्रॉनिक वोटिंग मशीनों में फ्रॉड की संभावना हो जाती है। इसी प्रकार का एक आक्रमण एक व्यक्ति द्वारा भारत में एक चोरी की ई.वी.एम. पर दिखाया गया था। इसके बाद भारतीय ई.वी.एम. में परिवर्तन करके उनमें टेंपर डिटेक्ट सर्किट लगाया गया, जिससे हार्डवेयर के परिवर्तन का पता लग सकता है।
7. **सॉफ्टवेयर :** ब्रूस शैनियर जैसे सुरक्षा विशेषज्ञ माँग करते हैं कि इलेक्ट्रॉनिक वोटिंग मशीनों का सोर्सकोड सार्वजनिक होना चाहिए।

इलेक्ट्रॉनिक वोटिंग का अंतरराष्ट्रीय अनुभव

1. ऑस्ट्रेलिया

ऑस्ट्रेलिया में संसदीय निर्वाचन में इलेक्ट्रॉनिक मतदान का प्रथम उपयोग अक्तूबर 2001 में किया गया था। चार स्थानों पर मतदान केंद्रों में 16,559 मत इलेक्ट्रॉनिक रूप से डाले गए थे। वर्ष 2009 में विक्टोरिया में इलेक्ट्रॉनिक वोटिंग परीक्षण के तौर पर उपयोग की गई। वर्ष 2007 में ऑस्ट्रेलिया के निर्वाचन आयोग ने 29 स्थानों पर इलेक्ट्रॉनिक वोटिंग का उपयोग किया। 2007 में ही इराक, अफगानिस्तान, तिमोर, लेस्ते और सोलोमन आईलैंड में, ऑस्ट्रेलिया में रक्षा कर्मियों के लिए इंटरनेट वोटिंग का उपयोग किया गया।

2. बेल्जियम

बेल्जियम में इलेक्ट्रॉनिक वोटिंग 1991 में प्रारंभ की गई और 1999 से उसका उपयोग आम और नगरीय निकाय चुनावों में बड़े पैमाने पर हो रहा है। बेल्जियम जाइट्स और डिजीवोट इलेक्ट्रॉनिक वोटिंग प्रणाली का उपयोग करता है, जिसमें मतों को इलेक्ट्रॉनिक रूप से रिकॉर्ड नहीं किया जाता, परंतु उसका उपयोग मत-पत्रों पर चिह्न लगाने के लिए किया जाता है। यह मत को एक कार्डबोर्ड की चुंबकीय स्ट्रिप पर रिकॉर्ड करता है। मत-पेटी में एक चुंबकीय स्ट्रिप रीडर होता है, जो मतों को तालिकाबद्ध करके गिनती करता है। विवाद की स्थिति में मशीन द्वारा कार्डों की दोबारा गिनती की जा सकती है।

3. ब्राजील

ब्राजील में इलेक्ट्रॉनिक वोटिंग 1996 में प्रारंभ की गई। वर्ष 2000 से ब्राजील के सभी चुनाव पूरी तरह से इलेक्ट्रॉनिक हैं। परिणामों की गणना इलेक्ट्रॉनिक रूप से की जाती है और परिणाम मतदान समाप्ति के कुछ मिनट बाद ही घोषित हो जाते हैं।

4. कनाडा

कुछ नगरपालिकाओं में 1990 से इलेक्ट्रॉनिक वोटिंग का उपयोग हुआ है। नगरीय निकाय चुनावों में ऑप्टिकल स्कैन प्रणालियों का व्यापक उपयोग होता है।

5. इस्टोनिया

अक्तूबर 2005 इस्टोनिया कानूनी रूप से बाध्यकारी इंटरनेट वोटिंग का स्थानीय चुनावों में उपयोग करनेवाला पहला देश बन गया। 9,317 लोगों ने ऑनलाइन मतदान किया। 2007 में इस्टोनिया में दुनिया का पहला राष्ट्रीय चुनाव इंटरनेट पर हुआ। मतदान 26 से 28 फरवरी तक किया जा सकता था। कुल 30,275 नागरिकों ने मतदान किया। 2009 के स्थानीय नगरपालिका चुनावों में 104,415 (9.5 प्रतिशत) लोगों ने इंटरनेट पर मतदान किया। 2011 के संसदीय चुनावों में 24 फरवरी से 2 मार्च के बीच 140,846 लोगों ने ऑनलाइन मतदान किया। वर्ष 2014 के योरोपीय संसद् के चुनावों में 31.3 प्रतिशत मतदाताओं ने ऑनलाइन मतदान किया।

6. यूरोपीय संघ साइबर वोट परियोजना

इसे सितंबर 2000 में वोट की पूर्ण निजता देनेवाली पूर्णतया सत्यापन योग्य ऑनलाइन चुनाव कराने की विधि के रूप में लॉन्च किया गया। इसमें स्थल पर और मोबाइल दोनों प्रकार के टर्मिनल का उपयोग किया गया। इसका परीक्षण स्वीडेन, फ्रांस और जर्मनी में किया गया।

7. फिनलैंड

इंटरनेट योग्य डी.आर.ई. मशीनों का पायलट अक्तूबर 2008 में नगरपालिका चुनावों में तीन नगरपालिकाओं—करकिल्ला, काओनियाइनैन एवं विह्ती में किया गया। मतदाताओं को मतदान में कठिनाइयाँ हुईं और फिनलैंड के सर्वोच्च प्रशासनिक न्यायालय ने इन नगर पालिकाओं में दोबारा चुनाव कराने का आदेश दिया। 2017 में सरकार द्वारा नियुक्त एक कार्यदल ने इंटरनेट वोटिंग के विरुद्ध यह कहते हुए अनुशंसा की कि खतरे लाभ की तुलना में अधिक हैं।

8. फ्रांस

यू.एम.पी. पार्टी ने रिमोट इलेक्ट्रॉनिक वोटिंग मशीन से 2007 में राष्ट्रपति पद

के लिए अपनी राष्ट्रीय प्राइमरी की। विदेशों में रहनेवाले फ्रांसीसी नागरिकों की सभा के लिए अपना प्रतिनिधि चुनने के लिए अमेरिका में रहनेवाले फ्रांसीसी नागरिकों द्वारा 2003 में रिमोट वोटिंग की गई। 6 मार्च, 2017 को फ्रांस ने घोषणा की कि साइबर सुरक्षा की चिंताओं के कारण 2017 के चुनावों में इंटरनेट वोटिंग की अनुमति नहीं दी जाएगी।

9. जर्मनी

जर्मनी में डच कंपनी निडैप की वोटिंग मशीनों का उपयोग होता था। उनके उपयोग को फरवरी 2007 में जर्मनी के संघीय संवैधानिक न्यायालय में मतदान के समय पारदर्शिता न होने के आधार पर चुनौती दी गई। 2009 में जर्मनी के संघीय संवैधानिक न्यायालय के इस निर्णय के बाद कि सार्थक लोक परीक्षण न होने के कारण इलेक्ट्रॉनिक वोटिंग असंवैधानिक है, जर्मनी ने इलेक्ट्रॉनिक वोटिंग समाप्त कर दी।

10. आयरलैंड

2002 के आयरिश आम चुनावों तथा नाइस की संधि पर जनमत संग्रह में 3 निर्वाचन क्षेत्रों में पायलट आधार पर निडैप वोटिंग मशीनों का उपयोग किया गया था। 23 अप्रैल, 2009 को पर्यावरण मंत्री जॉन गार्मली ने घोषणा की कि जनता में असंतोष के कारण इलेक्ट्रॉनिक वोटिंग प्रणाली समाप्त की जा रही है।

11. इटली

9 और 10 अप्रैल, 2006 को राष्ट्रीय चुनावों में क्रीमोना नगरपालिका ने निडैप वोटिंग मशीनों का उपयोग किया।

12. कजाकिस्तान

कजाकिस्तान के 2004 के संसदीय निर्वाचन, 2005 के राष्ट्रपति निर्वाचन और 2007 के संसदीय निर्वाचन में बेलारूस में बनी साइलू इलेक्ट्रॉनिक वोटिंग प्रणाली का उपयोग किया गया। मतदाताओं को स्मार्ट कार्ड जारी किए गए, जो उन्हें मतदान केंद्रों पर ले जाने होते थे। मतदान केंद्रों पर साइलू टच स्क्रीन डिवाइस कार्डों पर मत अंकित कर देती थी। कार्ड से मत एक इलेक्ट्रॉनिक बैलेट बॉक्स में पढ़ा जाता था और इसके बाद कार्ड से मत को मिटाकर उसका अन्य मतदाता द्वारा दोबारा उपयोग किया जा सकता था। 16 नवंबर, 2011 को कजाख केंद्रीय निर्वाचन आयोग के मुखिया कुआंडिक तुर्गानकुलॉव ने कहा कि साइलू प्रणाली का उपयोग बंद कर दिया जाएगा, क्योंकि मतदाताओं को मत-पत्र पसंद हैं और राजनीतिक दल उस पर विश्वास नहीं करते और साथ ही प्रणाली को अपडेट करने के लिए धन की भी कमी है।

13. लिथुएनिया

लिथुएनिया राष्ट्रीय ऑनलाइन वोटिंग की योजना बना रहा है। उसका लक्ष्य है कि 2020 तक 20 प्रतिशत मत ऑनलाइन डाले जाएँ, परंतु लिथुएनिया के राष्ट्रपति डालिया ग्राईबाउस्क्राइते ने गोपनीयता और सुरक्षा संबंधी चिंता व्यक्त की है।

14. नामीबिया

2014 में नामीबिया इलेक्ट्रॉनिक वोटिंग मशीनों का उपयोग करनेवाला पहला अफ्रीकी राष्ट्र बन गया। उन्हें इलेक्ट्रॉनिक वोटिंग मशीनें भारत की सरकारी कंपनी भारत इलेक्ट्रॉनिक्स लिमिटेड ने प्रदान की थीं।

15. नीदरलैंड

1990 से 2007 तक बड़े पैमाने पर वोटिंग मशीनों का उपयोग चुनावों में किया गया। अधिकांश निडैप कंपनी की थीं। 2006 के संसदीय चुनावों में 21,000 लोगों ने रिनलैंड इंटरनेट इलेक्शन प्रणाली का उपयोग मतदान करने के लिए किया। 5 अक्तूबर, 2006 विज वटूवैन स्टेम कंप्यूटर निएत (हम वोटिंग मशीनों पर विश्वास नहीं करते) नामक समूह ने डच टेलीविजन पर प्रदर्शित किया कि निडैप मशीनों में हेरा-फेरी की जा सकती है। सितंबर 2007 कोर्थलास एल्टेस की अध्यक्षता में एक समिति ने सरकार को प्रतिवेदन दिया कि मत-पत्रों पर लौटना बेहतर होगा। स्टेट सेक्रेटरी अंक बिलैवेल्ड ने मत-पत्रों पर लौटने की घोषण की। सितंबर 2007 में एक डच न्यायाधीश ने चुनावों में निडैप इ-वोटिंग मशीनों के उपयोग को गैर-कानूनी घोषित कर दिया। 1 फरवरी, 2017 डच सरकार ने घोषणा की कि 2017 के चुनावों में सभी मत-पत्रों की गिनती हाथ से की जाएगी।

16. नॉर्वे

2003 में तीन नगर पालिकाओं में वोटिंग मशीनों के उपयोग के पायलट किए गए। नॉर्वे की सामाजिक शोध संस्था ने एक अध्ययन किया, जिसमें कहा गया कि मतदाताओं के समक्ष गोपनीयता और मतों की सुरक्षा की चिंता थी।

17. फिलीपींस

मई 2010 में फिलीपींस की सरकार ने पहला पूर्णतया इलेक्ट्रॉनिक रूप से गिनती करनेवाला चुनाव कराने की योजना बनाई थी। प्रणाली की प्रारंभिक जाँच 3 मई, 2010 को की गई। निर्वाचन आयोग (कोमलेक) ने पाया कि 82,000 में से 76,000 प्रीसिन्क्ट्स में खराब मेमोरी कार्ड थे। पूरे देश में मेमोरी कार्ड बदले गए। इसके बाद कुछ मतदाताओं को संदेह हुआ। 10 मई, 2010 को फिलीपींस का पूरी तरह इलेक्ट्रॉनिक वोटिंगवाला

पहला राष्ट्रपति चुनाव हुआ। कोमलेक ने कहा कि 82000 में से केवल 400 मशीनें खराब हुईं। मतदाताओं की अधिकांश शिकायतें लंबी लाइनों में इंतजार करने और नई प्रौद्योगिकी की समझ की कठिनाइयों से संबंधित थीं।

18. रोमानिया

सीमित आधार पर इलेक्ट्रॉनिक वोटिंग 2003 में लागू की गई, जिससे इराक और युद्ध के अन्य क्षेत्रों में सैनिकों व अन्य लोगों को मतदान का अवसर मिल सके।

19. दक्षिण कोरिया

दक्षिण कोरिया में ऑप्टिकल स्कैनरों का उपयोग किया जाता है। मतदान लाल स्याही और रबर की मोहर से किया जाता है। मत-पत्र कागज की मुद्रा के आकार के होते हैं और ऑप्टिकल स्कैनर नकद गिननेवाली मशीनों जैसे दिखते हैं। मत-पत्रों को शॉर्ट करने के बाद उन्हें नकदी गिननेवाली मशीनों जैसी मशीनों से गिना जाता है।

20. स्पेन

अपनी पार्टी के सिद्धांत तय करने के लिए पोडेमॉस नामक राजनीतिक दल ने 2014 में अगोरा खुला स्रोत सॉफ्टवेयर का उपयोग करके इंटरनेट पर रायशुमारी की। अनेक शहरों के महापौरों ने इलेक्ट्रॉनिक मतदान का उपयोग करके जनता से परामर्श करने की प्रक्रिया की घोषणा की है।

21. स्विट्ज़रलैंड

9 फरवरी, 2014 वासेनार अनुबंधवाले देशों में रह रहे लोगों के लिए ही इंटरनेट वोटिंग उपलब्ध थी, क्योंकि यह माना जाता था कि उनके संचार मानक उच्च थे। इसके बाद यह सभी के लिए खोल दी गई है।

22. इंग्लैंड

मई 2006, जून 2004, मई 2003, मई 2002 और मई 2000 में इलेक्ट्रॉनिक वोटिंग के पायलट किए गए हैं। 2000 का लंदन का महापौर और एसेंबली चुनाव ऑप्टिकल स्कैनिंग वोटिंग प्रणाली द्वारा कराया गया। 2004 के लंदन के महापौर चुनाव और योरोपीय संसद् के चुनाव में भी ऑप्टिकल स्कैनरों का उपयोग किया गया।

23. स्कॉटलैंड

2007 के स्काटिश संसद् के आम चुनावों और स्काटिश परिषद् के चुनावों में ऑप्टिकल स्कैनरों का उपयोग किया गया। यू.के. इलेक्टोरल आयोग द्वारा बनवाई गई एक रिपोर्ट में बैलेट के डिजाइन में महत्त्वपूर्ण त्रुटियाँ पाई गईं और 150,000 खराब हो

गए मत मिले। 2012 एवं 2017 के परिषद् चुनावों में इलेक्ट्रॉनिक मतगणना बिना किसी समस्या के हुई।

24. संयुक्त राज्य अमेरिका

संयुक्त राज्य अमेरिका में राज्यों के अलग-अलग निर्वाचन कानून हैं। डी.आर.ई. मशीन, ऑप्टिकल स्कैनर प्रणाली, पंच कार्ड प्रणाली सहित अलग-अलग प्रकार की इ-वोटिंग प्रचलन में है। 2012 से मुख्यतया 2 प्रकार की इ-वोटिंग प्रणालियों का उपयोग किया जा रहा है—डी.आर.ई. और स्कैन। हालाँकि प्रारंभ में अधिकांश इ-वोटिंग मशीनों में पेपर ट्रेल नहीं थी, परंतु अब यह बदल रहा है। 2010 तक 40 राज्यों ने पेपर ट्रेल अनिवार्य कर दिया था।

25. वेनेजुएला

वेनेजुएला ने 1998 के राष्ट्रपति चुनावों में इलेक्ट्रॉनिक वोटिंग प्रारंभ की। 2004 का वेनेजुएला के रिकॉल जनमत संग्रह में वीवीपैट का प्रथम उपयोग हुआ।

लोकप्रिय संस्कृति में इलेक्ट्रॉनिक वोटिंग

1. **मैन ऑफ द ईयर**—रॉबिन विलियम्स की 2006 की फिल्म 'मैन ऑफ द ईयर' में इलेक्ट्रॉनिक वोटिंग मशीनों में एक सॉफ्टवेयर त्रुटि के कारण एक राजनीतिक टाक शो के होस्ट को अमेरिका के राष्ट्रपति का चुनाव जीतते हुए दिखाया गया है।
2. **रनऑफ**—2007 में प्रकाशित मार्क कोगिंस के उपन्यास 'रनऑफ' में एक राष्ट्रीय चुनाव में इ-वोटिंग की सुरक्षा को तोड़कर हेरा-फेरी करना दिखाया गया है।
3. **हैकिंग डिमोक्रेसी**—एच.बी.ओ. पर दिखाई गई हैकिंग डिमोक्रेसी नामक एक 2006 की डाक्यूमेंटरी फिल्म में विशेष रूप से अमेरिका में 2000 और 2004 के चुनावों में वोलूसिया काउंटी फ्लोरिडा में हुई इलेक्ट्रॉनिक वोटिंग प्रणाली की विसंगतियों और अनियमितताओं की जाँच करते हुए अमेरिकी नागरिकों को दिखाया गया है।
4. **इनफैंटरी**—22वीं शताब्दी के संबंध में एक वीडियो गेम—इनफैंटरी दिखाया गया है कि व्यक्तिगत मोबाइल डिवाइस पर वोटिंग होने के कारण मुख्य रूप से घरेलू लोगों और सेवानिवृत्त लोगों की एक वोटिंग क्लास बन गई है, जो खाली समय होने के कारण मतदान में भाग लेते हैं। इसलिए राजनीति में उनकी राय की ही प्रभुता है।

इलेक्ट्रॉनिक वोटिंग के लाभ

यह दावा किया जाता है कि इलेक्ट्रॉनिक वोटिंग नि:शक्त जनों द्वारा मतदान को आसान बनाती है, क्योंकि इसमें मानवीय त्रुटि नहीं हो सकती, इसलिए इसे अधिक विश्वसनीय होना चाहिए। इसमें तालिका बनाने और परिणाम मतदान केंद्रों में भेजने में फ्रॉड की संभावना रुकती है। बहुभाषीय मत-पत्रों के लिए यह एक सरल उपाय है। सैनिकों और विदेश में रहनेवाले नागरिकों जैसे विशिष्ट समूहों के लिए इंटरनेट पर वोटिंग आसान पहुँच का साधन है।

इलेक्ट्रॉनिक वोटिंग के खतरे

हैकिंग के आक्रमण और कुछ अंदरूनी लोगों द्वारा हेरा-फेरी का भय। त्रुटियों के स्रोत का पता लगाना कठिन हो सकता है। इलेक्ट्रॉनिक वोटिंग में पुनर्मतगणना कठिन या असंभव भी हो सकती है। अंतरराष्ट्रीय मानकों और प्रमाणीकरण की आवश्यकता है। निर्वाचन आयुक्तों के नियंत्रण का स्तर कम होता है, क्योंकि विक्रेताओं और तकनीकी विशेषज्ञता पर उच्च निर्भरता होती है।

इलेक्ट्रॉनिक वोटिंग प्रणालियों की लागत

यह विवादित है। इ-वोटिंग के विरोधी कहते हैं कि इसे प्राप्त करने और रखरखाव की लागत पारंपरिक मतदान प्रणालियों से अधिक है। दूसरी ओर इसके चाहनेवाले कहते हैं कि लंबे समय में इ-वोटिंग की लागत कम होती है, क्योंकि छपाई और डाक आदि का खर्च नहीं होता। कुछ लोगों का यह भी मानना है कि यदि मतदान का प्रतिशत और मतदाताओं तक पहुँच को बढ़ाया जा सके तो लागत महत्त्वहीन है। इ-वोटिंग प्रणाली की लागत में सॉफ्टवेयर, सूचना प्रौद्योगिकी अधोसंरचना, प्रमाणीकरण, ऑपरेशन और रखरखाव, बाहरी लेखा परीक्षण, मतदाता जागरूकता आदि की लागत जोड़नी चाहिए।

संदर्भ—

1. गांबिया गोटियाँ लुढ़काकर मतदान करता है, द टेलीग्राफ में 29 नवंबर, 2016 को प्रकाशित।
2. गांबिया चुनाव : मतदाता राष्ट्रपति चुनने के लिए गोटियों का उपयोग करते हैं, बी.बी.सी. न्यूज 30 नवंबर, 2016।
3. न्यूयॉर्क में लीवर वोटिंग मशीन को राहत मिली, प्रेस एंड सन बुलेटिन (बिंघमटन, न्यूयॉर्क), अगस्त 2007।

4. ई.जी. आर्नाल्ड, कैलीफोर्निया में मतदान प्रणालियों का इतिहास 06-03-2016 को वेबैक मशीन में आर्काइव किया गया, कैलीफोर्निया सेक्रेटरी ऑफ स्टेट बिल जोंस, जून 1999।
5. डगलस डब्ल्यू. जोंस और बारबरा सिमॉन्स, ब्रोकन बैलेट्स, सी.एस. एल.आई. प्रकाशन, 2012; देखें सेक्शन 5.2, पेज 96।
6. आई-वोटिंग ई-इस्टोनिया। मूल से 11-02-2017 को आर्काइव किया गया।
7. फैल्डमैन, हाल्टरमैन एवं फैल्टेन, "Security Analysis of the Diebold AccuVote-TS Voting Machine।" यूजनिक्स मूल से 8 दिसंबर, 2015 को आर्काइव किया गया और 3 दिसंबर, 2015 को रिट्रीव किया गया।
8. U.S. Election Assistance Commission. Ș2005 Voluntary Voting System Guidelines." मूल से 7 फरवरी, 2008 को आर्काइव किया गया (पी.डी.एफ.)
9. जर्मनी के संघीय संवैधानिक न्यायालय का निर्णय, 3 मार्च, 2009। Bundesverfassungsgericht.de. मूल से 11 जुलाई, 2011 को आर्काइव किया गया। 24-05-2010 को रिट्रीव किया गया।
10. Nedap/Groenendaal ES3B voting computer a security analysis (chapter 7.1) (PDF). मूल से 07-01-2010 को आर्काइव किया गया (पी.डी.एफ.). 24-05-2010 को रिट्रीव किया गया।
11. Verifiable Internet Voting in Estonia http://research.cyber.ee/~jan/publ/mobileverification-ie वेबैक मशीन पर 09-12-2014 को आर्काइव किया गया।
12. अंतरिक्ष यात्री वोट घर भेजते हैं। सी.एन.एन. 2 नवंबर, 2010। मूल से 3 मार्च, 2016 को आर्काइव किया गया।
13. Infantry Archive, 'The Collective Era'. freeinfantry.com, मूल से 03-01-2017 को आर्काइव किया गया 21-09-2016 को रिट्रीव किया गया।
14. Wij vertrouwen stemcomputers niet (in Dutch). Wijvertrouwenstemcomputersniet.nl, मूल से 16-12-2008 आर्काइव किया गया। 24-05-2010 को रिट्रीव किया गया।
15. Blackballing, Wikipedia-https://en.wikipedia.org/wiki/Blackballing

16. वोटिंग मशीन, Wikipedia-https://en.wikipedia.org/wiki/Voting_machine#/media/ File:Voting_machine.png
17. वोटिंग मशीन, Wikipedia-https://en.wikipedia.org/wiki/Voting_machine#/media/ File:Voting_machine_Denver_Colorado_1912.JPG
18. सन् 2000 में फ्लोरिडा में संयुक्त राज्य अमेरिका के राष्ट्रपति चुनाव की पुनर्मतगणना, Wikipedia-https://en.wikipedia.org/wiki/2000_United_States_presidential_election_recount_in_Florida

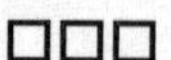